OMTRENT WILFRIED MARTENS

Hugo de Ridder

OMTRENT WILFRIED MARTENS

lannoo

Omslagontwerp Studio Lannoo
Eerste druk: 10.000 exemplaren
Gezet, gedrukt en gebonden bij
Drukkerij-Uitgeverij Lannoo nv, Tielt - 1991

Printed in Belgium
D/1991/45/102 - ISBN 90 209 1920 2 - NUGI 642 (654)

Inhoud

1	De spiegelscène	7
2	Van Sleidinge naar Diksmuide	13
3	Unionistisch federalisme	31
4	Een schuimbekkend personage	49
5	Mei ’68 in Houthalen	55
6	The making of a president	73
7	Hertekening van het profiel	93
8	Het Magdalenatrauma	109
9	Ommekeer in Horta	123
10	De nacht van Buyle	139
11	De vrienden van Poupehan	145
12	Op verzoek van de koning	165
13	Een meevoelende vrouw	181
14	De Europese dimensie	187
15	Sfinx en communicator	195
	Data in het leven van Wilfried Martens	215
	De functie van eerste minister	221
	Noten	225

HOOFDSTUK 1

De spiegelscène

Diep geschokt hoorde ik als dertigjarige op 22 november 1963 in de vooravond het nieuws van de aanslag op J.F. Kennedy. De dader had niet alleen een Amerikaanse president vermoord, maar tevens een idool van een hele generatie politiek ontwakende jongeren. Geen toespraak eindigde in die dagen zonder zijn begeesterende oproep: 'Vraag niet wat je land voor jou kan doen, maar wel wat jij voor je land kunt doen.'

Ik herinner me dadelijk een aantal vrienden te hebben opgebeld van wie sommigen sedertdien in de politiek zijn gegaan. Allen waren even ontroerd als ik. Nu, bijna dertig jaar later, is die emotie moeilijk te begrijpen. Welke jongeman zou de Kennedy-zin nu niet op een brede, begrijpelijke grijnslach onthalen?

In juli 1964 stond ik op de heuvel van Arlington aan het graf van de vermoorde president. Het was het begin van een wekenlange trip doorheen de Verenigde Staten om de verkiezingscampagne tussen president Lyndon B. Johnson en zijn zeer conservatieve opponent Barry Goldwater te volgen. Ik dweilde de campagnehoofdkwartieren af. Nooit hoorde ik in meer laatdunkende termen spreken over mijn politiek boegbeeld. *Bosses* van de democraten legden mij uit hoe de toespraken van Kennedy werden gefabriceerd en uitgetest door reclamebureaus en hoe gering de inbreng van de spreker zelf was. De conservatieven hadden lugubere verhalen over de strijd tussen de Ierse en de Italiaanse maffia, over de slippertjes van *dear John* en hoe J.F.K. zich permanent volpropte met pijnstillers en peppillen. Als die verhalen 's avonds werden verteld door charmante gastvrouwen, werd het mij soms te machtig en wendde ik vermoeidheid voor om in bed mijn vuisten te ballen van machteloze woede.

Het heeft allicht mijn verder leven bepaald. Het verklaart waarom ik zelf niet in de politiek ben gegaan en ook waarom ik steeds een zekere afstand heb nagestreefd, ook al lag voor mij een politiek mandaat heel dicht in de buurt van roeping en hoogste dienst aan de gemeenschap.

Die VS-reis speelde me voortdurend door de geest toen ik, in voorbereiding van dit boek, een vijftigtal vrienden en tegenstrevers van Wilfried Martens ben gaan opzoeken. Niet dat Martens ooit mijn idool zou geweest zijn. Integendeel. Hij leek me te weinig bevlogen, te zakelijk, te veel jurist. Toch boeide hij mij door zijn vasthoudendheid, zijn incasseringsvermogen en ook door de ogenschijnlijke gladheid waarmee hij een nieuwe koers kon uitzetten.

Mijn rondgang leverde prachtige maar ook gevaarlijke gesprekken op. Vermits mijn tegenspelers de zekerheid kregen dat hun kritische bedenkingen niet zouden geciteerd worden zonder hun toestemming, lieten de meesten zich ongeremd gaan. De uitgetikte versie van al die bandopnamen zou allicht aanleiding geven tot gevechten tussen de keien van de Wetstraat of tot handgemeen in het parlementair halfrond. Ik stond daarmee voor een bijzonder delicate opdracht: een evenwichtig en waarheidsgetrouw politiek portret te schetsen.

Het werd een van de boeiendste periodes in mijn professioneel leven. Met Martens ging de film van mijn eigen bestaan aan mij voorbij. Alles wat ik beschrijf, heb ik zeer intens meegemaakt. Slechts tweemaal kom ik even van achter de schermen te voorschijn met een eigen verhaal, omdat het persoonlijk getuigenis enkele facetten van de waarheid beter belicht. Het gaat om het zogeheten 'afzwerings-interview' dat ik van Martens afnam op 4 februari 1972, waarin hij als kandidaat CVP-voorzitter vaarwel zei aan de 'speeltjes van zijn jeugd', en om het Magdalenatrauma van 1 april 1979, twee dagen voor Martens eerste minister werd.

Omdat mensen belangrijk zijn

Dit is geen biografie, maar een beschrijving van allerhande gebeurtenissen omtrent Wilfried Martens. Sommige feiten beschreef ik reeds uitvoerig, zoals de geboorte en het schielijk overlijden van het Egmontpact (*De keien van de Wetstraat*), de val van Martens in maart-april 1981, de plaatsing van de kernraketten in maart 1985 (*Geen winnaars in de Wetstraat*) en de regeringscrisis van oktober 1987 tot mei 1988 (*Sire, geef me 100 dagen*). Ze komen slechts beknopt in dit boek aan bod, tenzij er mij nieuwe of onbekende aspecten werden onthuld.

Dit boek staat vooral stil bij de keerpunten in het leven van Wilfried Martens: van studentenleider tot unionistisch federalist, zijn overgang van VVB naar CVP in 1964; zijn verkiezing tot partijvoorzitter in 1972 vier jaar na zijn jongerenmanifest voor progressieve frontvorming; het Magdalenatrauma en zijn eerste moeilijke ervaringen als regeringsleider met de socialisten tussen 1979 en 1981; de liberale ommekeer op Horta in de zomer van 1981; en nadien de Poupehangesprekken tot 1987, gevolgd door de verrassende coalitie met de socialisten. Ten slotte wordt gepeild naar zijn overlevingsgeheim.

Ik heb hierbij de grootste openheid nagestreefd, omdat ik — zoals in mijn vorige boeken — de mening blijf toegedaan dat het publiek recht heeft te weten op welke wijze dit land écht wordt bestuurd, en dat wijkt nogal eens grondig af van wat beschreven staat in handboeken of gedoceerd wordt aan universiteiten.

Terzake smaak ik een late voldoening. De professorale kritiek op mijn boeken luidde dat ik te veel aandacht schonk aan mensen en te weinig aan structuren. Welnu, in een rapport van Leuvense onderzoekers over de machtsverhoudingen in België[1] wordt aangetoond dat de kracht van de persoonlijkheid vaak de structuren overstijgt. Toen Cecil De Strycker of Jean Godeaux gouverneur was van de Nationale Bank, had niemand hen ooit als de tweede belangrijkste man in het economisch beleid gecatalogiseerd. Trouwens, uit dit boek zal blijken dat men de positie van de huidige gouverneur, Alfons Verplaetse, nog onderschat.

Slechts op één punt leg ik een grote terughoudendheid aan de dag. Door enkele opdrachten en contacten heb ik mij een zeer scherp en gedetailleerd beeld kunnen vormen van wat er zich aan de drie kanten van het Brusselse Warandepark heeft afgespeeld tijdens de negen dagen voor en na de bekendmaking van het nieuws dat de koning het abortusontwerp niet zou ondertekenen. Het waren soms hoogstaande, meestal schrijnende gebeurtenissen, die allen die het van dichtbij hebben meegemaakt, nog ten zeerste beroeren. Hierover gedetailleerd berichten, nu de wonden nog niet geheeld zijn, dient de democratie niet en evenmin de waarheid vermits zowel grootsheid als lafheid van gezagdragers op het staatshoofd kan afgewenteld worden zonder enige repliek. Toch worden er aspecten van het probleem behandeld omdat ze een belangrijk element zijn in het politiek optreden van de regeringsleider.

De lezer zal in dit boek tevergeefs zoeken naar een definitief en afgerond oordeel over Wilfried Martens. Daarvoor is het nog te vroeg en overigens heb ik steeds gehuiverd om over het leven van anderen de staf te breken. Wie kent ooit de échte motieven? Wie weet wat er omgaat in een andere persoon? Wat drijft de mens? *What makes Sammy run?*

Waarom sterven op 33?

Die vraag obsedeert mij en ik heb al eens getracht een antwoord te zoeken in een ongepubliceerd, en alsnog onpubliceerbare Wetstraatroman over een politieke idealist. De spiegelscène wil ik de lezer niet onthouden.

De stembussen worden nu uitgeschud. De radio heeft het over een kalme verkiezingsdag. Bert Offermans zit aan tafel, moe, uitgeleefd. De kater na de laatste meeting. Zijn vrouw kijkt hem aan alsof hij een vreemde is. Hij vlucht naar de slaapkamer. In de spiegel ziet hij het grauwe aangezicht van een man met wie hij nooit bevriend zou willen zijn. Het rusteloze werken heeft harde lijnen getrokken in het landschap van zijn gelaat. Hij gooit zich op bed en voelt de depressie in hem opkomen. In zijn hoofd hamert de vraag: met wat ben je nu feitelijk bezig? De strijd voor een betere samenleving of de strijd voor je eigen overleving?

Zijn blik wordt aangezogen door een ivoren kruisbeeldje aan de muur. Plots overvalt hem de gedachte: Christus, waarom moest je sterven op 33 jaar? Wat een houvast heeft een man van vijftig aan jouw leven? Op 33 was ik een zuivere, idealistische jongeman. De moeilijkheden, de gemeenheden, de lafheden zijn pas achteraf gekomen. De eerste dertig jaren waren de gemakkelijkste schijf uit mijn leven. De ondraaglijke leegheid van stille avonden of politiekloze vakantiedagen overviel mij toen nog niet. En evenmin dat beklemmende gevoel niet te kunnen terugkeren op gedane stappen, de stommiteit niet kunnen herstellen waarvan je bij de gedachte alleen reeds ineenkrimpt van machteloos zelfverwijt. Dan kwam de eerste ontrouw. De eerste politieke leugen. De eerste slag onder de gordel. Ook het bevrijdend machtsgevoel. Vooraf te weten wat anderen zal overkomen, de zaken te dirigeren, vergaderingen te bespelen, mensen op meetings en congressen te beheersen, op te zwepen of te ontroeren.

'Ja, Bertje,' lispelt hij hoorbaar, 'je voelt jezelf een legende worden, een danspop met loden voeten die steeds weer rechtveert. Je merkt het vooral aan de jonge en niet meer zo jonge vrouwen die rond je drentelen op recepties of vergaderingen. Je straalt zoveel uit dat het van binnen erg leeg wordt. Waar is je ideaal van vroeger? Je bent toch niet zo cynisch geworden dat je daar niets meer om geeft?'

In de politieke luwte van de verkiezingsnamiddag, terwijl tien-

duizenden stemmen tellen, rijpt een fel besluit: Offermans gaat het anders aanpakken, opnieuw aan de basis werken, zelfs al moest hij er zijn standing en zijn chauffeur voor opgeven. Hij wil zijn kinderen opnieuw recht in de ogen kunnen kijken.

Bert valt in een diepe, droomloze slaap. Om zes uur lopen de telefoontjes binnen. Zijn partij doet het wel niet zo goed, maar zijn naamstemmen schieten de hoogte in. Hij voelt zich herleven.

Enkele uren later, onder de spots van de televisie, gevangen in de smachterige blikken van enkele televisiediva's en omstuwd door politici en journalisten, hoort hij zichzelf zeggen: 'Als het staatshoofd mij daartoe zou roepen, zal ik, trouw aan mijn gedragslijn, niet afwijken van de weg die ik steeds bewandeld heb.'

Zoals gezegd gaat het hier om de romanfiguur Bert Offermans en elke gelijkenis met bestaande personen is dus ongewild of louter toevallig.

HOOFDSTUK 2

Van Sleidinge naar Diksmuide

1 augustus 1950. De nasale stem van Maurice Dieudonné loopt over van nauwelijks ingehouden emotie in het ochtendnieuws van het NIR: 'De koningskwestie kende vannacht een dramatische wending. Om verdere onlusten te voorkomen heeft Leopold III de wens uitgesproken dat het parlement een wet zou goedkeuren om de koninklijke prerogatieven over te dragen op zijn zoon, kroonprins Boudewijn. Leopold III hoopt dat rond de jonge prins de beloofde verzoening tot stand zal komen.'

Dit nieuwsbericht wekt in heel het land verslagenheid. Enkele maanden voordien, op 12 maart 1950, heeft 57,68 procent van de bevolking zich in een referendum uitgesproken voor de terugkeer van Leopold III, in Vlaanderen zelfs 72 procent, en in Wallonië slechts 42 procent. Op 22 juli is Leopold III tussen een haag van rijkswachters in het grijze morgenlicht, naar het paleis van Laken teruggekeerd. Hierop braken vooral in Wallonië onlusten en werkstakingen uit en tijdens een woelige manifestatie te Grâce-Berleur schoot de rijkswacht drie manifestanten neer. Socialisten en communisten dreigden met een mars op Brussel.

Ook in het boerderijtje aan de Wittemoer 13, op drie kilometer van de dorpskom van Sleidinge, heerst er verbijstering. Een veertienjarig jongetje ligt aan de voorkant van de hoeve met ingehouden adem te luisteren naar het radiootje dat hij van zijn moeder Stella kreeg. Al sinds Pasen moet hij met hevige gewrichtsreuma het bed houden. Enkele dagen geleden velde de huisdokter het verdict: Wilfried kan wel zijn humaniora uitdoen, maar mag nadien hooguit wat licht bureauwerk verrichten.

Wilfried Martens, oudste van vijf zonen, volgt sedert weken de politieke gebeurtenissen op de voet. Vanuit zijn kamertje hoort hij boven het geratel van de melkemmers en het gekrijs van de varkens die hun ochtendtrog gevuld krijgen, een schelle stem roepen tot Oktaaf, zijn stiefvader: 'Leopold heeft het afgegeven...!'

Het ziekelijk, bijziend jongetje, zonder relaties in de wereld, dat het Meetjesland omzeggens nooit verliet, tracht zich in te beelden hoe de jonge prins Boudewijn zich nu moet voelen in dat grote paleis.

Drieëndertig jaar later, dag op dag, op 1 augustus 1983 zal premier Wilfried Martens, in het Kasteel van Laken, tegenover koning Boudewijn zitten. Hij heeft van de artsen vernomen dat het defect aan zijn hartklep, een gevolg van het acuut gewrichtsreuma uit zijn jeugd, dringend moet worden geopereerd door een inplanting van een kunstklep. De koning spreekt hem bezorgd moed in. Hij stelt hem zijn buitenverblijf van Opgrimbie ter beschikking voor de herstelperiode waarvan hij hoopt dat ze voorspoedig en kort zal zijn.

Echt een armoedig jongetje

Ieder mens draagt een stuk van zijn jeugd mee in zijn verder leven. Velen gaan die jaren idealiseren, het goede zowel als het kwade. Armoede wordt een haast romantisch begrip. De tocht tweemaal per dag op klompen naar de dorpsschool, het roggebrood, de karnemelkse pap, de diefstal van een ingezouten varken of een op hol geslagen paard bij de Duitse inval, worden mooie verhalen voor de dankbare biograaf. Het leert weinig over de jonge knaap die Wilfried echt was. Dat doet wél een getuigenis van onderwijzer André De Coninck uit Sleidinge:

'Wilfried is niets veranderd met volwassen te worden. Beslist niet. Gewoon omdat Wilfried nooit jong geweest is, nooit echt kind. Geestelijk is hij altijd een buitengewoon knappe jongen geweest. Maar lichamelijk ! Vaak heb ik zitten denken: jongen, je zal het nooit kunnen dragen. Wilfried had altijd van die blauwe randen onder zijn ogen, haren die nooit mals waren. Echt een armoedig jongetje. Harde werkers waren het wel, die Martensen, en dus heb ik ook heel veel respect voor wat Wilfried bereikt heeft. Het doet me oprecht plezier want uiteindelijk is hij toch een van ons.

'Als meester had je echter niets aan zo'n jongetje. Niet de minste streep dankbaarheid, geen streepje genegenheid. Leren dat kon hij wél en als zodanig behaalde je als onderwijzer ook alle eer van zo'n leerling. En toch zag ik de jongens liever anders. Met een hele klas vol kleine Martensen zou je als onderwijzer een bijzonder triest leven gehad hebben. Ik begrijp het natuurlijk wel een beetje. Met zijn zwakke gezondheid was Wilfried soms voor ettelijke dagen afwezig. En terug op school, zat hij er weer bij alsof er niets aan de hand geweest was. Gesloten, met een zuur gezicht. En ook met een verbeten trek om de mond.

'Straks heb ik nog zitten zoeken naar een klasfoto van toen, maar ik heb hem niet gevonden. Wilfried, die zou je d'er zo kunnen uithalen, met zijn vage glimlach, die eerder een spotlach, dan een lach was. Martens dat was een jongetje dat nooit écht leefde. Hij was weinig vragend, weinig handelend, zijn vinger ging nooit de lucht in. Maar hij wist het! Ziek of niet, op school of niet: Wilfried raakte nooit achterop.

'Zoals hij nu is, zo is hij altijd geweest. Soms zie ik hem op de televisie. Dan komt hij ergens een trap af, het hoofd lichtjes gebogen, over zijn bril heen kijkend, zonder ook maar een vleugje humor. Vroeger had hij dat ook: ik herinner mij nog goed dat hij in de klas altijd een beetje schuin zat te kijken, het licht afgewend, net alsof die jongen bang was voor het licht. Martens, moest je dan zeggen, kijk eens naar hier jongen. Dat deed hij dan wel maar je wist nooit hoe hij zoiets opnam.'[1]

Zoals velen van zijn generatie in dorps- en gemeentescholen begint Wilfried Martens zijn vierde graad. Dat zijn twee leerjaren na het lager onderwijs die de jongens en meisjes hun leerplicht tot veertien jaar moeten helpen volmaken. De onderpastoor van Sleidinge, eerwaarde heer Drossens, komt de weduwe Martens opzoeken om de schrandere leerling naar het bisschoppelijk Sint-Vincentius-college van Eeklo te loodsen als inwonend leerling, in de stille hoop dat er een priesterroeping zou inzitten. Een 'fonds voor meerbegaafden' zou financieel bijspringen.

Het eerste jaar van de Latijns-Griekse humaniora (1949-1950) verloopt moeizaam. Wilfried wordt ziek, is bijna vijf maanden afwezig. Achteraf zal hij die periode beschrijven als bijzonder leerrijk. De radio leert hem algemeen Nederlands te spreken. Hij volgt de reportages over de Romebedevaart met Cardijn, leeft mee met de dramatische ontwikkeling van de koningskwestie, leest de editorialen van *Het Volk* en verslindt Felix Timmermans. Door hard blokken kan hij de verloren leerstof inlopen.

In de vijfde Latijnse gaat plots alles veel beter. Hij is ouder, ernstiger en rijper dan zijn klasgenoten. Het internaatsleven legt bovendien een harde discipline op. Zeven weken aan één stuk worden de jongens op college gehouden en kunnen dan enkele dagen naar huis. De vrije tijd gaat naar de jeugdbeweging. Wilfried is het soort jongen dat het lastig heeft met turnen, dat moeilijk over de bok geraakt, maar op goed gedrag en vlijt heeft hij altijd veel punten. Een enkele keer is hij de eerste van de klas, meestal de tweede.

Hij werkt hard, maar eigenlijk komt het studeren voor hem op de tweede plaats. De collegepriesters zien in hem dadelijk een chef. Hij wordt opgenomen in de KSA en komt er snel aan de leiding. In de Mariacongregatie brengt hij het tot prefect zodat hij de rozenkrans mag voorbidden. De actie voor een zuivere taal begeestert hem evenwel het meest en zij zal aan de basis van zijn politiek ontwaken liggen. Vanaf zijn veertiende jaar zweert hij zijn dialect af en begint samen met een vijftal andere klasgenoten Algemeen Beschaafd Nederlands te praten. Zoals in de radio. Vele leerkrachten op het college spreken nog een soort tussentaal en moedigen het gebruik van het ABN zeker niet aan. Integendeel, ze zien er een uiting in van Vlaams extremisme.

De stap naar het ABN is voor veel jongeren wellicht de meest ingrijpende beslissing uit hun jeugd. Je moest er karakter voor hebben en tegen uitsluiting kunnen. Zeker in minder gegoede gezinnen was het consequent spreken van algemeen Nederlands een bewijs dat je hogere aspiraties had. Wie 'op de letter ging praten' koesterde plannen om zijn milieu te verlaten. Dat leidde tot vervreemding, soms zelfs tot een breuk met de familie. In het begin ondervond de ABN-spreker de plagerijtjes van vrienden, broers en zussen. Ze imiteerden je. Als ze merkten dat het je niet deerde, lieten ze je links liggen.

De ABN-spreker zocht de aanwezigheid van gelijkgezinden. Er groeide een soort taalelite. Je voelde je goed als je elders ging spreken in een andere stad, een andere provincie en als men je daar prees om je taalkennis en je perfecte uitspraak. Het was een dagelijkse strijd. Je deed inspanningen om de taal te verfijnen, bijna Hollands te gaan praten tot ergernis van velen. 'Zij hebben het hoog in hun bol,' zei men tot die jonge studenten die, om het volk te verheffen, zich eerst van het volk moesten verwijderen.

Op zaterdag 18 april 1953, de vooravond van zijn zeventiende verjaardag, trekt Wilfried met zijn collegemakkers in de vroege ochtend op bedevaart naar Oostakker. Voor de Mariagrot herinnert hij zich hoe hij in 1943, in volle oorlogstijd, met zijn vader op dezelfde plaats had gebeden. Hij schrijft daarover in een schoolopstel, waarvan de bekroning typerend is voor die tijd:

'Ik heb je nooit goed gekend, vader. Veel van je heb ik niet onthouden. Die beeweg met je heb ik niet vergeten. En het komt me voor dat het de schoonste daad is die ik van je heb gezien.

'Vader, ik ben nu zeventien jaar. Ik ben lang ziek geweest. Moeder dacht op zeker ogenblik dat ik bij je was in de hemel. Dat is niet gebeurd. Ik ook wil, net als jij toen, Maria dankbaar zijn. Vandaag ben ik hier. Over een paar maanden ga ik naar Lourdes, vader!

'Vader, ik dank je omdat je me altijd getoond hebt een Mariakind te zijn. Thuis zal ik van je vertellen, van die keer toen ik met je naar hier kwam.'[2]

De katholieke lucht van Leuven

De jonge Martens is intussen voorzitter geworden van de ABN-kernen, en als zeventienjarige gaat hij voor het ABN pleiten bij de laatstejaars van de colleges in het Meetjesland. Hij wint het welsprekendheidstoernooi in de retorica en krijgt enige bekendheid met een brochuurtje over het ABN. Aanvankelijk wil Martens sociaal assistent worden of zo. Opnieuw is er een leraar, kanunnik De Schepper, die hem aanzet hoger te mikken, mee te dingen naar een studiebeurs om voor advocaat te kunnen studeren.

Haast vanzelfsprekend wordt het Leuven. Het was in de tijd dat monseigneur Van Waeyenbergh, de Leuvense rector magnificus, de keuze van de studentenstad bij uitstek verdedigde met het argument dat 'de studenten er katholieke lucht inademden'.

Wilfried fietst in de paasvakantie naar een KSA-kamp, doet onderweg een schitterend examen op de Kunstherlevingslaan te Brussel en krijgt hiervoor als wees — ook zijn pleegvader is inmiddels gestorven — een toereikende beurs.

Het eerste jaar aan de universiteit is hard werken. Wilfried moet onderscheiding halen, wil hij zijn toelage behouden. De strengheid van het Pauscollege — 's ochtends vroeg naar de mis en 's avonds om 23 uur binnen — is hem een steun. Het eerste opvallende optreden van Wilfried Martens aan de universiteit heeft niets met politiek te maken. In de eerste kandidatuur rijdt hij op een zondagavond met de bromfiets naar Café Sanderus in Sleidinge om te gaan kaarten. Op de terugtocht moet hij tegen iemand aangereden zijn. Hij wordt thuis pas wakker als de dokter de laatste haakjes in zijn hoofd zet. 's Anderendaags verschijnt hij in Leuven in de cursus geschiedenis van de oudheid van professor Peremans, met een enorme zwachtel om zijn hoofd.

In het tweede jaar verhuist hij naar de Jan Stasstraat 2 waar hij samenwoont met een tiental studenten waarvan de meesten actief zijn in het Hoogstudentenverbond voor Katholieke Actie. Het HVKA is beter bekend onder de naam *Universitas*, het tijdschrift van het verbond. De bezielende figuur in dat statige burgerhuis aan de Jan Stasstraat is professor Albert Dondeyne, auteur van '*Geloof en Wereld*' en '*Foi chrétienne et pensée contemporaine*'.

Dondeyne is voor de studenten die in de 'Jan Stas' verblijven een soort oudere broer. Talrijk zijn de studenten voor wie een gesprek met die priester, tijdens een moeilijke periode aan de universiteit, levensbepalend is geweest. Hij kon immers luisteren als weinigen. Hij had een doortastende en klare kijk op de complexiteit van de problemen. Een van zijn gezegden was dat het leven niet inwendig verscheurd is, maar dat het krachten kent welke in eenklank zijn met elkaar.

Achteraf zal Martens zeggen:

'De Universitas-ervaring, die ik later slechts ten volle heb leren waarderen, heeft me voor het nationalisme behoed. Wij kwamen allen uit de katholieke actie met alle gevaar voor fanatisme daaraan verbonden. De filosoof Dondeyne leerde er ons verdraagzaamheid, respect voor andersdenkenden, de kritische zin tegenover het eigen milieu, tegenover bepaalde verschijnselen in de Kerk. Daar is hij een voorloper gebleken. De Vlaamse beweging werd er gesitueerd in een ruimer geheel. De Vlaamse volkswil, de Vlaamse eenheidspartij en dat soort ideeën meer, waarmee wij waren grootgebracht, werden uitgerafeld en onwerkelijk bevonden. Dondeyne toonde ons ook de verschillende dimensies in de waarheid: de wetenschappelijke, de filosofische, de religieuze.'[3]

Toch blijft Martens een buitenbeentje in de Jan Stasstraat. De Universitassers van toen zijn veeleer celebraal, bestuderen de democratisering van het onderwijs en onderzoeken de oorsprong van de studentenbevolking. Wilfried Martens legt zich meer toe op de politieke actualiteit en voelt zich beter thuis in het KVHV (Katholiek Vlaams Hoogstudenten Verbond) dat meer aansloot bij de nationalistische richting. Hij komt terecht in het jeugdverbond van de Katholieke Actie, treedt toe tot de politieke redactie van *Ons Leven*, houdt in heel het Vlaamse land redevoeringen tegen de talentelling en wordt in mei 1957 met algemeenheid van stemmen verkozen tot voorzitter van het Vlaams Jeugdcomité voor de Wereldtentoonstelling.

De strijd voor een Vlaamse Expodag

De strijd voor de Vlaamse dag op de Wereldtentoonstelling 1958 moet in het juiste kader worden gezien. De ondervoorzitter van het Vlaams Economisch Verbond, G. Van De Perre, schreef reeds in december 1954: 'Deze Wereldtentoonstelling moet klaar laten blijken dat het België van vandaag, dat de aandacht van de wereld vraagt, niet meer het België is van 1830, doch een staat waarin twee volksgemeenschappen leven met eigen aard, taal en cultuur, verbonden door een gemeenschappelijke traditie en door de wil om samen te leven. Samen hebben zij van Brussel de hoofdstad van hun land gemaakt. Thans wordt haar de gelegenheid geboden te tonen, vooraleer een kruispunt te zijn van twee beschavingen, dat zij waarachtig de hoofdstad kan zijn van de twee taal- en cultuurgemeenschappen die in België leven.'

De VEV-ondervoorzitter herinnerde aan de moeilijkheden bij de Wereldtentoonstellingen van 1913 en 1935 waar de Nederlandssprekenden in dit land telkens aan het kortste einde trokken of protestmanifestaties moesten organiseren om gelijkberechtiging af te dwingen. Hij ging verder: 'Zal het in 1958 beter gaan? Wij hopen het van harte, alhoewel de samenstelling van het commissariaat-generaal ons geen enkele geruststelling geeft. Zo wij alleen maar een vergelijking maken tussen de taalrol van de leden van het commissariaat en die ambtenaar zijn, komen de Vlamingen weer eens ver achteraan.'[4]

Ondanks deze tijdige waarschuwing verbetert de zaak er niet op voor de Nederlandstaligen. Steeds meer blijkt de Expo '58 onder leiding van commissaris-generaal baron Moens de Fernig een Franstalig onderonsje te worden met de Vlamingen op mindere posten. Pas na lang aandringen duldt de commissaris-generaal een adjunct naast zich, de Vlaming Marcel Thienpont.

Halverwege 1957 slaagt Wilfried Martens erin alle Vlaamse studenten en jeugdbewegingen, ongeacht hun politieke of filosofische overtuiging, te doen samenwerken in een gecoördineerde en doelgerichte actie van het Vlaams Jeugdcomité. Dit is geen geringe prestatie op een ogenblik dat de schoolstrijd nog wordt uitgevochten en burgers en studenten in levensbeschouwelijke kampen opdeelt. Vergrijsde flaminganten tonen zich bij de aanvang erg sceptisch en noemen de actie zelfs kansloos.

Het gaat om het eerste publieke optreden van Wilfried Martens. Daarom blijven we er wat langer bij stilstaan, temeer omdat het enkele kenmerken bevat die typisch zijn voor al zijn latere acties. Nu nog verwijst hij zijn medewerkers op het ministerieel kabinet vaak naar die krachtmeting.

Hij begint, in samenwerking met de Vlaamse Volksbeweging, aan een grootscheepse voorlichtingsactie. Onder zijn naam wordt een overzichtelijk vouwblad verspreid, waarin de belangrijkste grieven en doelstellingen van de actie staan opgesomd. 'Expo '58: Een krachtmeting', zo luidt de titel. De inhoud is nu nog interessant:

'Normaal ware geweest, dat commissaris-generaal Moens de Fernig had kunnen aantonen hoe vreedzaam de twee volkeren in het land, waar de Wereldtentoonstelling ingericht wordt, naast elkaar leven, hoe zij gelijkwaardig behandeld worden als voorbeeld voor "alle volkeren van om het even welk ras". Dat is niet gebeurd. De Vlamingen kregen geen eigen paviljoen, geen eigen nationale dag. Zo zullen aard, zeden, taal, kunst, cultuur, handel, ambachten en nijverheid van Vlaanderen op de Wereldtentoonstelling doodgezwegen worden, ofwel voortdurend weergegeven in een "Belgische spiegel".

In het commissariaat-generaal zijn er bij de topfuncties 70 procent Franssprekenden, tegen 30 procent Nederlandssprekenden. Van de 70 architecten komen er slechts 7 uit het Vlaamse land. Nochtans verwacht de Wereldtentoonstelling 96.000 Nederlandstaligen, 69.600 Franstaligen en 10.000 anderstaligen, of ruim 30 procent meer Nederlandssprekenden.

De Wereldtentoonstelling kost de Belgische staat 15 miljard. Daarom werd de uitvoering van de autosnelweg Antwerpen-Duitsland uitgesteld. Vlaanderen telt nog 90.000 werklozen en ongeveer 200.000 mobiele arbeiders. Voor de oprichting van nieuwe nijverheden in het Vlaamse land is er geen geld. Ook niet voor de gezondmaking van het Vlaams landbouwbedrijf (waarvan de uurlonen rond de 15 frank schommelen) en ook niet voor de steun aan de (Vlaamse) kinderrijke gezinnen.

Maar wie zal van de Wereldtentoonstelling profiteren? In hoofdzaak: de exposanten (bijna uitsluitend Walen en Brusselaars), de Brusselse *marchand*, het personeel van de Wereldtentoonstelling, en de stad Brussel (door een concentratie van miljarden voor wegen en openbare werken in het Brusselse).

Reeds dikwijls hebben de Vlaamse jongeren zich bereid verklaard enthousiast mee te werken aan de Wereldtentoonstelling. Het onrecht zoals het nu bestaat, kunnen zij echter niet dulden. Daarom vormen zij samen een muur om halt te roepen. Het "Vlaams Jeugdcomité voor de Wereldtentoonstelling", dat alle jeugdbewegingen, jeugdbladen en -groepen vertegenwoordigt, heeft de commissaris-generaal verwittigd dat de Wereldtentoonstelling zo haar gangen niet kan gaan.

De heer Thienpont, adjunct-commissaris-generaal, heeft uitdrukkelijk beloofd dat de vele fouten zullen hersteld worden, voor zover de druk van buiten komt. De Vlaamse jongeren zijn bereid deze woorden in hun volle betekenis te aanvaarden.

Maar er is meer. De Wereldtentoonstelling wordt een krachtmeting, omdat ze een peiling wordt naar de weerstandskracht van de Vlaamse jongeren. Deze grootse demonstratie van moderne techniek, cultuur en levensvormen, welke Europa en de wereld in Brussel opgebouwd hebben, kan hen niet onverschillig laten. Zij zullen vastberaden hun plaats kiezen. Daarom bereiden zij zich nu voor door beschaafd te spreken, door een eigen stijl aan te leren, en alle Vlamingen bewust te maken van het grote belang van de Wereldtentoonstelling. Daarom ook zullen de Vlaamse jongeren aanwezig zijn op onze eigen Vlaamse dag in het begin van de Wereldtentoonstelling.

Maar vooral zullen zij hiervan overtuigd zijn: dat de Wereldtentoonstelling geen vernedering voor Vlaanderen zal worden, maar de uitdrukking van een levenskrachtig volk.'

Martens ontpopt zich meer en meer als de militant van een zaak; hij reist het Vlaamse land af, houdt vier à vijf toespraken per week, schrijft moties en brieven naar verantwoordelijken. Hij vraagt ontvangen te worden door de burgemeester van Brussel, door de minister van Economische Zaken Roger Motz, verantwoordelijk voor de Wereldtentoonstelling, en de minister van Binnenlandse Zaken Piet Vermeylen. Bovenal zorgt hij ervoor dat de pers de teksten ontvangt. Elke brief wordt een open brief. De antwoorden worden eveneens publiek gemaakt. Geleidelijk aan wordt de actie opgevoerd en de pers volgt.

De eerste veroordeling

Op 17 november 1957 organiseert het Jeugdcomité een eerste grote dag van protestmeetings over het hele Vlaamse land. In Brussel houdt Martens zelf de slottoespraak.

'Het belangrijkste actiepunt van het Jeugdcomité is te bewijzen dat de Vlamingen het stadium der folkloristische belangstelling achter de rug hebben. Daarom is echter ook noodzakelijk dat ze van nu af aan beschaafd beginnen te spreken. Wie zulks niet doet kan ook geen medezeggenschap opeisen in de culturele strijd van Vlaanderen.' Onder luid applaus kondigt Martens aan dat het Jeugdcomité, mét of zonder de inrichters van de Wereldtentoonstelling, op 11 juli de Guldensporenslag zal herdenken op de

Heizelvlakte.

De actie spitst zich van dan af volledig toe op het houden van de Vlaamse dag tijdens de Expo '58. De regering blijkt gevoelig voor de bedreiging, want het prestige van België zou weleens een lelijke knauw kunnen krijgen door Vlaamse incidenten op dit wereldgebeuren. Wanneer minister Motz echter geen antwoord geeft op de talrijke brieven en moties, worden nieuwe middelen ingezet.

Woensdagavond 19 februari 1958 trekt een groep studenten omstreeks 23 uur naar de woning van minister Motz te Schaarbeek met spandoeken: '11 juli op W.T. '58'; 'Pas op, Tijl komt'; 'Schrijf eens, Motz'. 's Anderendaags dringen de studenten de zitting van de Kamer binnen en beginnen van op de publieke tribunes te roepen: 'Motz, antwoord.' De studenten vergissen zich echter van persoon want de socialistische partijvoorzitter Max Buset, die wat op Motz gelijkt, staat op het spreekgestoelte. Motz is niet eens in de vergaderzaal.

De ordeverstoorders onder wie Wilfried Martens, worden aangehouden en ter beschikking gesteld van de procureur des Konings. Later op de avond worden ze vrijgelaten op verzoek van kamervoorzitter Kamiel Huysmans, die laat verstaan dat hij het hele incident opvat als een studentikoze grap. Twee dagen later, vooral onder druk van de Franstaligen, besluit Huysmans toch klacht in te dienen wegens verstoring van de orde in de Kamer. Enkele maanden nadien veroordeelt de boetstraffelijke rechtbank de negen studenten tot 500 frank boete plus de proceskosten. De beklaagden werden verdedigd door de bloem van de Vlaamse advocatuur: de meesters, senatoren of professoren Custers, De Baeck, Delva, Van Cauwelaert, Verougstraete en Raport. Ze gaven de feiten toe maar wezen op de zuiverheid der inzichten van deze idealisten. Waarom, zo vroegen ze, voor zo een kleinigheid de carrière van deze studenten door een strafregister in gevaar brengen?

De rechtbank liet zich niet vermurwen en Wilfried Martens liep zijn eerste veroordeling op. Na de uitspraak kreeg hij een telefoontje van Albert De Smaele, directeur-generaal van *De Standaard*, die zei dat de krant de boetes voor Martens en zijn medestanders zou betalen.

Na dit parlementair intermezzo organiseert het Jeugdcomité op 9 maart 1958, samen met de Vlaamse Volksbeweging te Brussel, opnieuw een protestmanifestatie tegen de on-Vlaamse geest in de diensten van de Wereldtentoonstelling. VVB-voorzitter Maurice Coppieters zegt in zijn toespraak dat als de Vlamingen de wereld kunnen tonen dat er iets misloopt in België, 1958 hét grote jaar in de Vlaamse geschiedenis wordt. En hij besluit: 'Laten wij de strijd voeren het hoofd omhoog, naar God van wie alles komt' (lang applaus).

Wilfried Martens pakt het zakelijker aan. Hij dankt in het bijzonder de Vereniging der Vlaamse Studenten, waarbij ook vrijzinnigen aangesloten zijn die de jongste tijd de grote stoot hebben gegeven:

'Onder de druk van de jeugd werd de verfransende invloed van de Wereldtentoonstelling gestremd, naar buitenuit zal de tweetaligheid geëerbiedigd worden. Trots kan ik u aankondigen: er komt een Vlaamse dag en wel op 6 juli. Het Vlaams comité zal eraan meewerken maar het moet geraadpleegd over het programma. Als de Vlamingen andermaal bedrogen worden, zal de reactie heftig zijn. Trouwens op de opening van de Wereldtentoonstelling en nadien zal het Jeugdcomité ervoor zorgen, desnoods "hardhandig", om de rechten van de Vlamingen te doen eerbiedigen' (luide toejuichingen).

Bij de opening van de tentoonstelling op 17 april 1958 voeren de studenten hun bedreiging metterdaad uit. Ze delen massaal leeuwevlaggetjes uit en zelfs de Franstalige schooljeugd zwaait ermee naar de koning. Tegelijkertijd laten ze honderden ballonnetjes met Vlaamse leeuwtjes vliegen. Opnieuw wordt Wilfried Martens door de politie opgepakt, maar na enkele uren vrijgelaten.

Op zondag 6 juli heeft dan de memorabele Vlaamse Expodag plaats. Vlaamse universiteitsrectoren, ministers, gouverneurs, parlementsleden verdringen zich op de eerste rijen. Een machtige uitvoering van 'De Schelde' van Peter Benoit bekroont de geslaagde dag. Samen met baron Moens de Fernig is Wilfried Martens de grote afwezige. Hij blokt voor zijn examens in Leuven. Tijdens de plechtigheden trekt een kleine groep flaminganten naar het Franse paviljoen om er de Franstalige opschriften te gaan bekladden. Dit incident lokt afkeuring uit, ook bij de organisatoren van de Vlaamse dag, maar krijgt internationale weerklank, temeer omdat twee dagen later de Franse president René Coty het Franse paviljoen komt bezoeken.

Naast de Vlaamse dag werd er ook een Waalse dag georganiseerd op 7 september. Daarover schrijft Martens in een opmerkelijk artikel in *Ons Leven*:

'Hoe meer en hoe duidelijker de Belgische dualiteit op deze Waalse Expodag kan op het voorplan geschoven worden, hoe klaarder aldus de discrepantie tussen het Vlaamse, respectievelijk het Waalse volksleven en het huidige regime van het officiële België kan blijken, hoe dichter wij zullen staan bij een crisis en dus ook bij een oplossing. Oplossing die zal bestaan in een normalisatie van de verhoudingen tussen de Vlaamse en Waalse volksgemeenschappen in een vernieuwd en harmonieus België.'[5]

Eens de Vlamingen zelfbestuur zullen krijgen...

Het hoogtepunt voor de tweeëntwintigjarige boerenzoon is echter de 31ste IJzerbedevaart van 24 augustus 1958. Wilfried Martens mag er 'de boodschap namens de jeugd' uitspreken. Deze boodschap bevat zowat alle ingrediënten en actiepunten die de jongeman in de komende maanden en jaren zullen leiden: strijd tegen de achteruitstelling van de Vlamingen, tegen de verfransing van Brussel, een planmatig opgevatte Vlaamse actie, fijn en beschaafd gesproken Nederlands, samenwerking met jongeren van alle opinies en zelfbestuur voor de Vlaamse en Waalse volksgemeenschappen.

> 'Vlaamse Jeugd, wanneer wij vandaag de doden van de IJzer komen herdenken, dan beklemt ons een grote zorg. Veertig jaar geleden werd als erkenning van het offer van onze Vlaamse gesneuvelden de koninklijke belofte "gelijkheid in rechte en in feite" afgelegd. Maar in het voorbije jaar hebben wij veel geleerd.
>
> Wij hebben op doordringende wijze de machten leren kennen, die de Vlamingen dwingen steeds weer als minderwaardigen en als provincialen voor de wereld te verschijnen. Wij ondervonden hoe sterk die machten zijn, hoe zij in alle kringen doordringen en welke hun werkwijze is.
>
> Aan de hand van concrete gegevens, van ambtenarenlijsten en van cijfers, hebben wij langs het schandaal van de Wereldtentoonstelling om, kunnen vaststellen hoe scherp de Vlaamse kwestie zich op dit ogenblik aan ons opdringt en hoe zwaar deze kwestie weegt op de gemeenschappelijke toekomst van de Vlaamse jongeren. De bekommernis om dit onrecht ongedaan te maken, om die sombere Vlaamse toekomst op te helderen heeft de Vlaamse jeugdleiders ertoe gedwongen u, jongeren, gedurende het afgelopen jaar op te roepen tot studie, tot bezinning en tot actie.

Dag na dag zijn wij aldus gestoten op het verfranste kader van de Wereldtentoonstelling, een zuiver exponent van de Vlaams-vijandige machtsconcentratie te Brussel. Brussel telt 1.200.000 inwoners, 1 op 8 in dit land. Naar Brussel lopen alle draden der administratie, zoals de grote spoorlijnen en autostrades. Deze stad is het centrum van pers, radio en televisie; het aantrekkingspunt van de vrije beroepen; de werkplaats voor 100.000 Vlaamse pendelarbeiders.

Maar in Brussel nam ook op 100 jaar de invloed der Franssprekenden toe van 32 procent tot 70 procent. Brussel werd eerst een eiland midden in het Vlaamse land en na de jongste talentelling bijna een schiereiland. De verbinding met Wallonië zal weldra volledig zijn wanneer bij een volgende talentelling Sint-Genesius-Rode begeeft. En wanneer komt de brug tot stand over de bedreigde randgemeenten heen met Mechelen? Wanneer met Asse? Wanneer met Leuven? Brussel is een rood licht, maar Vlamingen uit Ronse en de Voerstreek zeggen ons dat een rode streep loopt langsheen de ganse taalgrens, waar zich hetzelfde verlies voltrekt aan grond en aan mensen.

Onze zorg om het onrecht dat niet hersteld werd, en om de groeiende verwikkeling van de positie van de Vlaamse gemeenschap wordt nog vergroot door nieuwe gevaren. De machthebbers gebruiken het voorwendsel van de Wereldtentoonstelling om de centralizerende verfranste kracht van Brussel met ongemene scherpte door te zetten. Wij weten nu dat Brussel Europese hoofdstad wordt. De machthebbers zullen ook dit middel hanteren om de Vlamingen verwijderd te houden van de kernpunten van de macht. Het zal hen voorwaar niet moeilijk vallen: de Vlamingen beschikken niet eens over het noodzakelijke apparaat om hun cultuur en volksgemeenschap te affirmeren in de Belgische Staat. Wat dan met de Europese instellingen?

Vlaamse Jeugd, ondanks de ingewikkelde vormen, waarin de Vlaamse problematiek zich op dit ogenblik voordoet, is ons inzicht omtrent de te volgen weg en de uiteindelijke voltooiing van de Vlaamse strijd veel duidelijker geworden. De toestand is in het kort te omschrijven als een strijd van het Vlaamse individu en van het Vlaams privé-initiatief om zichzelf en de Vlaamse gemeenschap te beschermen tegen de drang van de franskiljonse en conservatieve krachten van dit land. Wij kennen de resultaten van deze ongelijke strijd: na de laatste oorlog moesten wij niets anders dan nederlagen ondergaan. Het Vlaamse volk brengt als een zeer loyale partner in het kader van de Belgische staat de offers opdat deze staatsorganisatie zou kunnen voortbestaan. Maar de Vlaamse gemeenschap krijgt niet eens het levensminimum terug. Dit is inderdaad de kern van de zorgen der Vlaamse werklozen, der textielarbeiders en der jonge landbouwers, die gemiddeld 15 frank per uur verdienen.

Zolang wij niet beschikken over een eigen apparaat, zijn wij gedoemd minderwaardigen te blijven en uiteindelijk als volk te verdwijnen. Maar eens de Vlamingen zelfbestuur zullen verkrijgen en zo in staat zullen zijn om te voorzien in de specifiek Vlaamse economische noden, om een vooruitstrevende sociale politiek te voeren tot welvaart van de ganse Vlaamse gemeenschap, om het Nederlands en de Nederlandse cultuur van bovenuit te steunen en aan te wakkeren, dan zullen wij ons als volk kunnen herstellen. Dan ook en eerst dan, zullen wij zonder vrees voor ons eigen bestaan kunnen medewerken aan de opbouw van de Europese gemeenschap. Ziedaar dan de voltooiing van ons werk: een perfecte aanpassing van de staatsstructuur en een democratische herverdeling van de machtsposities van dit land op basis van de Vlaamse en Waalse volksgemeenschappen.

Maar dit doel zullen wij stap voor stap moeten verwezenlijken. De actie rond de Wereldtentoonstelling bestond er hoofdzakelijk in het Vlaamse vraagstuk voor de brede lagen van de bevolking duidelijk te stellen en bovendien en uiteindelijk de weg te vinden van een eendrachtig jeugdfront in Vlaanderen. Wij mogen op deze geheiligde plaats zeggen, dat wij in het jaar 1958 begonnen zijn met de opbouw van een nieuwe Blauwvoeterie. Jonge arbeiders, landbouwers, middenstanders en studenten hebben elkaar gevonden in de studie van de Vlaamse waarheid en in de strijd voor die waarheid. De volgende stap moet een stap naar de verovering zijn: binnen de twee jaar moeten wij erin slagen het Vlaamse landsgedeelte definitief te beveiligen tegen iedere afbrokkeling. De Vlaamse jeugdleiders zullen de opgenomen verantwoordelijkheden niet ontvluchten; zij zullen het werk voortzetten. De Vlaamse jeugd vat, met gans het weerbare Vlaanderen, het eerste strijdobject aan: de definitieve vastlegging van de taalgrens en de regeling van het probleem Brussel! Onze planmatig opgevatte Vlaamse actie is in wezen radicaal. Zij plaatst ons voor nauwkeurig omlijnde en verwezenlijkbare opdrachten, zodat onze verantwoordelijkheid duidelijk vaststaat. Zij laat toe alle krachten in Vlaanderen rond één punt te verzamelen en dwingt ons niet te begeven voor wij slagen!

Jonge Vlamingen! Wij zullen de eerste Nederlandse generatie zijn, die zal opgenomen worden in een Europees verband. Zoals de andere Europese jongeren moeten wij zeer bekwame technickers worden, menselijk gesproken volwaardige en zuivere vertolkers van onze cultuur. Maar verschillend van de jongeren uit andere landen hebben wij een grote achterstand in te halen. Het Nederlands, het fijn en beschaafd gesproken Nederlands, beheersen wij nog niet en wij missen vaak de moed het zuiver gesproken woord in te schakelen in een algemene Vlaamse levensstijl. Naast deze vorming moeten wij bovendien een ernstige inspanning leveren om de Vlaamse strijd te doen slagen. Wij weten tot welke consequenties deze strijd voert: volhardende studie, dagelijkse opoffering van onze zekerheid, sterke ascese. Wij zeggen het nu anders, maar het is de leuze van de IJzerhelden: "Alles voor Vlaanderen, Vlaanderen voor Christus". Onze arbeid voor Vlaanderen wordt echter licht in het besef, dat wij de eendracht gevonden hebben en dat wij kunnen samenwerken met jongeren van alle opinies.

Vlaamse jongeren van heden, wij voelen ons onverbreekbaar verbonden met de IJzerjeugd. Deze band dwingt ons ertoe een onweerstaanbaar, eendrachtig Jeugdfront te vormen en de Droom van de IJzerhelden uit te bouwen tot stralende Werkelijkheid.'

Niet de leukste vrijer

De jonge Martens is nu goed en wel gelanceerd. Met de lauweren van zijn geslaagde actie op de Wereldtentoonstelling en zijn toespraak tot de jeugd, wordt hij zonder concurrentie praeses van de Vlaamse overkoepelende studentenvereniging VVS voor het academisch jaar 1958-1959 en het jaar nadien praeses van het KVHV.

Wie op die studentenjaren terugkijkt, moet zich wel hoeden voor mythevorming. Wilfried Martens staat niet alleen. Af en toe komen 'Vlaamse groten' zoals CVP-volksvertegenwoordigers Jan Verroken en Louis Kiebooms, of flamingantische oud-studenten zoals Paul Daels, Johan Fleerackers en Hugo Schiltz in het Verbondshuis een gemeenschappelijke strategie met de studenten afspreken. Staf Verrept, ofschoon geen student meer, is zowat de mentor en inspirator van Martens. In de comités en actiegroepen voor de Vlaamse Expodag en tegen de talentelling treffen we namen aan zoals Vic Anciaux, Jos Chabert, Mik Babylon, Walter Luyten, Bob Wezembeek, Luc Delanghe... Wanneer het luidruchtige groepje KVHV'ers, met Martens en Babylon als vedetten, binnenvallen bij Tante Marie, het keukentje van Universitas waar ze voor 32,5 frank kunnen eten, worden ze door de meer bedaagde Universitassers bekeken als arrivisten, niet langer conform aan het meer beschouwende Dondeyne-ideaal.

Mik Babylon bijvoorbeeld is een meer charismatische figuur die actie aan fuiven en feestvieren kan koppelen. Zijn medestudenten voorspellen hem een grote politieke carrière. Martens leeft meer teruggetrokken, is geen feestvierder. Je ziet hem zelden op een clubavond. Zijn afkomst en gebrek aan geldmiddelen zijn daar niet vreemd aan.

'Nooit heb ik een student zo hard en zo systematisch weten werken,' zullen vele medestudenten achteraf over hem getuigen. Wilfried is enorm druk bezig aan de universiteit en ook daarbuiten, ook al is zijn gezondheid niet optimaal. Zijn vele spreekbeurten over heel het Vlaamse land kan hij slechts houden dank zij

Wim Vandermeulen, een bemiddelde medestudent die zijn gedemodeerd Opeltje onvoorwaardelijk ter beschikking stelt. 'De chauffeur van de Führer' noemt men hem plagend.

Als voorzitter van KVHV zal Martens zich vooral inzetten voor geslaagde acties tegen de nakende talentelling, tegen de verfransing van Brussel en voor amnestie. Als kersverse KVHV-praeses helpt hij in september 1959, samen met het comité voor gemeenschappelijke amnestie-actie, een betoging van 20.000 man op de been te brengen.

In welke geest dat toen gebeurde blijkt uit een artikel dat hij schreef in *Ons Leven*:[6]

'Er moet een amnestie-ultimatum gesteld worden aan onze zwakke regeerders. Een dergelijk lichtzinnig beleid, zoals het nu gevoerd wordt, kan geen maanden meer geduld worden. Samen met de andere Vlaamse verenigingen, zullen ook de afgevaardigden van de studentenorganisaties ontvangen worden door de eerste minister (Gaston Eyskens). Wij wachten nog slechts korte tijd op daden. Komen de lang verwachte daden van onze regeerders er niet, dan zullen wij handelen, kort en krachtig...'

Die dreigende taal tot de regeerders vinden we terug in heel wat toespraken van de jonge Martens.

Als studentenleider kan Wilfried zich enorm kwaad maken als de ordewoorden niet stipt worden opgevolgd. Hij loopt dan ziedend van woede door het Verbondshuis in de Vaartstraat 55 waar hij als praeses woont. Soms nog in pyjama wekt hij zijn medestudenten met de kranten al in de hand en leest hun paragrafen voor, die hij onmiddellijk giftig commentarieert als ze te lauw uitvallen voor de Vlaamse zaak. De nog unitaire CVP-PSC krijgt het dikwijls te verduren.

Wilfried is het studententype dat in bijzonder korte tijd de leerstof assimileert. Na het aandachtig bijwonen van een cursus heeft hij de stof al onder de knie. Hij ziet onder meer op naar professor Jan De Meyer, die grondwettelijk recht geeft en professor Verbeke met zijn cursus metafysica.

Zijn snel verstand laat hem toe goede examens te doen ondanks zijn tijdverslindend engagement. Martens blijft de KSA-idealen van zijn collegetijd trouw: je moet veel teruggeven aan de maatschappij die je de kans gaf te studeren.

Hij ontpopt zich tot een competent ploegleider. De leden van het praesidium van het KVHV, zo stelt hij, zijn ook goede studenten. Ze moeten slagen in hun examens om herverkozen te kunnen worden. Dat is een nieuwigheid en breekt met een traditie van feestvierende boemelstudenten. Hij is enorm bezorgd om hen en gaat ze persoonlijk aanmoedigen als ze in de rij staan te wachten op hun ondervraging en neemt met de meest bedreigden nog enkele *tuyaux* door.

Toch blijft Martens afstandelijk. Hij moet vaak rusten en vroeg gaan slapen. Zelfs zijn verkering is speciaal. Als voorzitter van de VVS heeft hij in Antwerpen Lieve Verschroeven leren kennen, die economie studeert aan de Handelshogeschool voor Juffrouwen. Bij een studentencongres einde 1958, zijn ze elkaar in de coulissen van de congreszaal tegen het lijf gelopen.

Lieve Martens zal hierover later zeggen:

'Zijn eerste woorden waren: "Ha ha, U bent dus die juffrouw die zo veel voor het congres heeft gewerkt." Mijn eigen reactie was zo een beetje in de zin van: "Ha, tiens dat is hem nu." Die allereerste ontmoeting is me sterk bijgebleven. Ook voor hem was dat zo. Het beste bewijs: hij begon studentenvergaderingen te organiseren speciaal om opnieuw met mij in contact te komen. Dat overkoepelend overleg tussen Leuven en Antwerpen is hij verder gaan uitspinnen en uiteindelijk werden dat vergaderingen waar er maar twee deelnemers waren. Mijn eerste indrukken over Wilfried waren: een markante persoonlijkheid, zeer verstandig, eerlijk, betrouwbaar en ernstig. Tegelijk met zijn ernst merkte ik een zekere timiditeit en onhandigheid. Die combinatie vertederde mij zeer. Hij was zeker niet de leukste vrijer die je je kon voorstellen, noch de plezantste, noch de lolligste. Omdat we zover uit elkaar woonden, hij in Sleidinge, ik in Antwerpen, is hij ook zeer vroeg in ons gezin opgenomen. Vaak bracht hij zijn weekends bij ons thuis door.'[7]

Het is niet alleen een romantische toestand. Wilfried eist ook van zijn verloofde dat ze zich zou interesseren voor zijn actie. Als Lieve in juli-augustus 1959 een seminarie gaat volgen in Zürich, stuurt hij haar het pas verschenen boek van A.W. Willemsen op: *Het Vlaams-nationalisme, 1914-1940.* Bij haar terugkomst zal hij haar daarover kritisch ondervragen en zich publiekelijk ergeren als zij iets verkeerd inschat.

Zijn laatste maanden aan de universiteit rond juni 1960 verlopen minder goed. Hij valt weer ziek en kan zijn examens pas na de vakantie afleggen. Lieve is zeer bezorgd en komt hem dikwijls bezoeken en theetjes klaarmaken.

In die periode zal zijn leven ook een definitieve richting aannemen. Paul Daels van de Vlaamse Volksbeweging komt hem in Leuven vragen of hij zou willen werken op het secretariaat van de Vlaamse Volksbeweging. Hij aanvaardt en in oktober haalt hij met onderscheiding zijn einddiploma's van doctor in de Rechten, licentiaat in het Notariaat en baccalaureus in de Thomistische Wijsbegeerte.

HOOFDSTUK 3

Unionistisch federalisme

In interviews heeft Wilfried Martens de staatshervormingen van 1980 en 1988 beschreven als de voltooiing van een jeugddroom en de realisatie van zijn rapport over het unionistisch federalisme dat hij op 4 februari 1962 te Antwerpen op het congres van de Vlaamse Volksbeweging verdedigde.

Gaan we op een en ander dieper in. Het VVB-congres van 1962 kwam niet uit de lucht vallen. Het geslaagde Vlaams offensief van 1959-1960 tegen de wettelijk verplichte talentelling had de tegenstellingen tussen de Franstaligen en Nederlandstaligen opgevoerd. De wijze waarop de revolutionaire winterstakingen van 1960-1961 eindigden, verhevigde nog de spanning. De Luikse vakbondsleider André Renard, adjunct-secretaris-generaal van het ABVV, weet de mislukking van de staking tegen de eenheidswet van Gaston Eyskens aan de houding van het 'reactionaire Vlaanderen'. Op 26 februari 1961 nam hij ontslag uit de ABVV-leiding en in april stichtte hij de *Mouvement Populaire Wallon*, de beweging die ging ijveren voor een federale herinrichting van de Belgische eenheidsstaat.

De CVP-liberale regering Eyskens-Lilar werd vervangen door het rooms-rode, 'travaillistische' kabinet Lefèvre-Spaak (25 april 1961 - 24 mei 1965). Dit had in zijn programma een definitieve vastlegging van de taalgrens, een oplossing voor de Brusselse randgemeenten en de aanpassing van het aantal kamer- en senaatszetels aan de werkelijke bevolkingscijfers ingeschreven. De regering stelde ook besprekingen in het vooruitzicht over een grondwetsherziening. De vooruitgang van de Volksunie (van één kamerzetel naar vijf) was hieraan niet vreemd.

Een eerste Vlaamse mars op Brussel op 22 oktober 1961 tégen gebiedsroof, voor Brussel Vlaams, tégen de verfransing van de Voerstreek en tégen faciliteiten in de randgebieden was namens de Vlaamse Volksbeweging mede georganiseerd door Wilfried Martens. Er stapten naast de Volksunie-parlementsleden verschillende Vlaamse CVP-mandatarissen en talrijke CVP-burgemeesters op, onder leiding van de voorzitter van de Vlaamse CVP-vleugel Jos De Saeger. In de betoging werden ook federalistische leuzen voor zelfbestuur meegedragen en hier en daar weerklonk de strijdkreet 'Voor Belgikske nikske'.

Op een congres in Oostende in december 1961 had de nieuwe CVP-PSC-voorzitter Paul Vanden Boeynants een 'compromis der Belgen' uitgewerkt. Hij pleitte voor een 'opstand der gematigden'. Hoeveel hem hieraan gelegen was, moge blijken uit het feit dat hij aan vier Vlaamse editorialisten een reis naar Parijs met echtgenotes beloofde als zijn compromis zou worden goedgekeurd. Zowel het ene als het andere gebeurde.

Concrete suggesties voor federalisering

In dat klimaat komt het VVB-congres van 4 februari 1962 bijeen met om 11.30 uur de fameuze sectievergadering in de grote zaal van het Billard-Palace aan het Koningin Astridplein met als thema: concrete suggesties voor de federalisering van de staatsstructuren in België. Referaathouder is Mr. W. Martens, voorzitter van de informatiedienst van de VVB, lid van het hoofdbestuur.

Belangrijk om te weten is dat het rapport niet op voorhand ter beschikking was. Wilfried Martens zegt de tekst op zaterdagnamiddag 3 februari uitgetikt te hebben in Deurne, thuis bij zijn schoonouders. Er waren wel enkele vergaderingen aan voorafgegaan, onder meer ten huize van Paul Daels in Bonheiden en een vergadering van het VVB-bestuur in de Graaf Van Egmont te Brussel.

De federalistische optie van het rapport was trouwens niet nieuw, ook al waren er aan de VVB-top mensen zoals Fernand Bové en Dries Caluwaerts die oordeelden dat de federale gedachte weliswaar een na te streven ideaal was, maar niet te fél moest worden beklemtoond. Voorzitter Maurits Coppieters en de bestuursleden Paul Daels en Staf Verrept waren wél overtuigde federalisten. Trouwens, op het eerste algemeen congres van de VVB te Mechelen in oktober 1960, was een resolutie goedgekeurd waarin werd aangedrongen op een evenwichtig federaal bestel 'waardoor onze volksgemeenschap eindelijk de politieke volwaardigheid kan verwerven'.[1]

De grote zaal van het Billard-Palace blijkt te klein voor de toehoorders van de vijfentwintigjarige advocaat. De aanwezigen zitten tot op het podium.

'De politieke gebeurtenissen van het voorbije jaar tonen aan', zo begint spreker met schelle stem, 'dat de hervorming van de Belgische staatsstructuur de eerste opgave voor het land is geworden, vermits gedeeltelijke maatregelen reeds nu onvoldoende gebleken zijn en de verwarring nog aanwakkeren. De Vlaamse en Waalse gemeenschappen moeten binnen het gemeenschappelijk vaderland een effectieve autonomie verwerven in een federaal staatsbestel.'

Spreker somt dan de voorwaarden op die moeten vervuld zijn om dit te verwezenlijken:

'1° Het grondgebied der Vlaamse en Waalse gemeenschap moet door taalgrensafbakening als homogeen cultuurgebied erkend worden. Het grondgebied is als het ware de infrastructuur der deelstaten Vlaanderen en Wallonië. Wanneer de VVB nu zulke hardnekkige strijd levert voor het behoud van het sedert eeuwen als Vlaams erkend gebied, dan is dit niet omdat de Vlaamse grond iets heiligs zou zijn, maar wel omdat dit gebied noodzakelijk is als onderbouw, waarop de Vlaamse gemeenschap haar eigen instellingen kan laten werkzaam zijn.

'Aan de ondermijning van de cultuurhomogeniteit van het Vlaamse land moet resoluut een einde gesteld worden. Daarom moet de taalgrens vastgelegd worden. Daarom ook moeten alle faciliteiten in de taalgrensgemeenten worden afgeschaft en kunnen er nergens nieuwe worden ingevoerd. Daarom ook moeten alle transmutatieklassen en elke vorm van Franstalig onderwijs in Vlaanderen worden afgeschaft. In een federaal bestel wordt de taalgrens aldus de grens der deelstaten. De taalgrens wordt een grondwettelijke bepaling en behoort tot de fundamentele overeenkomsten waarop de inrichting van de staat gebouwd is.

2° De Vlaamse en de Waalse gemeenschap moeten over een eigen wetgevende vergadering, regering en rechterlijke macht beschikken.

Voor het eerst zou aldus in een assemblée de Vlaamse volkswil tot uiting komen, op basis van een absoluut evenredige vertegenwoordiging langs algemene en directe verkiezingen. Deze assemblées zullen soeverein zijn op het bevoegdheidsgebied, dat door de federale grondwet aan de deelstaten wordt toegekend. Zij zullen de regeringen der deelstaten controleren in de uitvoering van de politiek der deelstaten.

De rechterlijke structuur van het Vlaamse en Waalse land zal bestaan uit de vredegerechten, de rechtbanken van eerste aanleg, een of meer Hoven van Beroep en een Raad van State.

Voorts dienen deze instellingen van de deelstaten vervolledigd te worden door de oprichting van een sociaal-economische raad met adviserende en gebeurlijk verordenende bevoegdheid, die de arbeiders, de patroons en de zelfstandigen hechter bij het economisch beleid zal betrekken.

3° De Vlaamse en Waalse gemeenschap moeten een aangepaste politieke zelfstandigheid verwerven.

De VVB voorziet niet dat Vlaanderen (en Wallonië) volledig politiek zelfstandig worden. Daardoor zou vanzelf het federaal systeem, dat essentieel een stelsel is van verdeling der politieke macht tussen federatie en deelstaten, in de grond geboord worden. De deelstaten dienen wél te beschikken over een volledige cultuurautonomie, dit wil zeggen: een eigen politiek en wetgeving met doelmatige controle, dank zij het al of niet goedkeuren van de begroting. De cultuurautonomie omvat: onderwijs (volledig mét de taalwetgeving), cultuur, toerisme, lichamelijke opvoeding en sport, radio en televisie. Deze eigen politieke bevoegdheid der deelstaten is noodzakelijk. Vlaanderen moet bijvoorbeeld zijn achterstand inlopen op het gebied van het voortgezet en hoger onderwijs voor een snellere toepassing van de democratisering; het moet dringend de leerprogramma's aanpassen, die nu volledig in Franse geest zijn opgevat en niet aangepast aan de eigen aard van de Vlaamse jongeren.

Hetzelfde imperatief, ingegeven door de noodzaak bijvoorbeeld van een aparte demografische en woningbouwpolitiek, geldt voor de bevoegdheden inzake de volksgezondheid en het gezin. Voor de binnenlandse zaken zijn de hele gemeentelijke en provinciale administratie, de arrondissementele inrichting, de gemeentefinanciën, de toepassing van de taalwet in bestuurszaken essentiële opdrachten van een zelfstandig Vlaams en Waals politiek gezag.

De rechterlijke inrichting tot en met het Hof van Beroep en de Raad van State, en vooral de benoeming van de magistraten moet in Vlaamse handen komen en zal een échte revolutie teweegbrengen in dit milieu.

Tenslotte dienen de deelstaten te beschikken over de ruimst mogelijke bevoegdheid inzake de regionale sociaal-economische politiek, de landbouw en de openbare werken.'

Martens gaat ook dieper in op federalisme en economie en stelt dat het proces dat zich op economisch gebied in de Euromarkt voltrekt, een typisch federaliserend proces is. Het federalisme wordt trouwens door de auteurs R. Bowie en Carl V. Friedrich gedefinieerd als een systeem van 'economische eenheid in politieke verscheidenheid'.[2]

'Op economisch gebied behouden de deelstaten een ruim initiatiefrecht en beschikken zij over de middelen om hun politiek door te voeren. In de optiek van de VVB zal de activiteit van de deelstaten precies liggen op het gebied van de regionaal sociaal-economische expansie. In die omstandigheden zou de Economische Raad voor Vlaanderen niet alleen een adviserend lichaam zijn, maar een waarachtig departement van economische zaken, met autonome werkingsmacht.

De openbare werken liggen binnen de bevoegdheid van de deelstaten met uitzondering van de communicatiemiddelen.

4° Er kan van federalisme geen sprake zijn wanneer deelstaten of federatie niet over eigen inkomsten beschikken, d.w.z. wanneer zij door de federale grondwet de bevoegdheid hebben gekregen elk een deel der belastingen te heffen. Hier, zoals in de verschillende andere activiteiten van een federaal bestel, is een evenwichtige bevoegdheidsverdeling een strikte vereiste voor het regelmatig functioneren van het geheel. Dit gebeurt vanzelfsprekend binnen hetzelfde kader: eenheid van monetaire politiek (zelfde munt!) over het ganse land, zoals de gelijkschakeling van de geldverrichtingen nu een betrachting is in Europees verband.

5° Brussel vormt een bondsgebied en géén aparte deelstaat en wordt gevormd door de negentien gemeenten van de Brusselse agglomeratie. Dat betekent dat de zogenaamde Brusselse randgemeenten integraal tot de Vlaamse deelstaat behoren. Brussel is op wetgevend, uitvoerend en rechterlijk vlak volledig afhankelijk van het federaal gezag, uitgezonderd wat de huidige gemeentelijke en provinciale bevoegdheden betreft. De raad van het bondsgebied zal op paritaire wijze worden samengesteld door Vlamingen en Franssprekenden. Deze raad zal de Brusselse senatoren verkiezen en een paritair samengesteld college benoemen, belast met het bestuur van het bondsgebied. Het voorzitterschap van dit college zal beurtelings door een Vlaming en een Franssprekende worden waargenomen.'

Voor het moeilijke probleem van de proportionaliteit en pariteit in het federale staatsverband stelt Wilfried Martens de volgende oplossing voor: de eenheid van het land op federaal niveau komt tot uiting in het staatshoofd en de Kamer van volksvertegenwoordigers, die zal samengesteld worden op proportionele wijze, dank zij algemene verkiezingen over het hele land. De federale regering zal van deze Kamer van volksvertegenwoordigers het vertrouwen moeten bekomen. Anderzijds zullen de Vlaamse en de Waalse gemeenschap op federaal niveau waarborgen van gelijkheid verkrijgen, dank zij een paritaire Senaat, die zal verkozen worden door de wetgevende vergaderingen der deelstaten en voor een negende door de raad van het bondsgebied Brussel (de helft Vlamingen en de helft Franssprekenden).

De rechterlijke structuur van de federatie zal bestaan uit de rechterlijke inrichting van bondsgebied Brussel, de Raad van State der federatie en het Hof van Cassatie.

Ten slotte zegt Wilfried Martens:

'De vrijwaring der levensbeschouwelijke vrijheden is een probleem voor elk staatsgezag, hoe het ook ingericht werd. Dit probleem wordt scherper gesteld in een federaal verband, maar kan ook juist daar een gezondere oplossing krijgen. Onontbeerlijk is in ieder geval de controle van de Raad van State op de toepassing van de federale grondwet en de andere federale overeenkomsten. De Raad van State dient niet alleen de macht te bezitten om de betwistingen nopens de afbakeningen der bevoegdheden tussen federatie en deelstaten te beslechten, maar moet ook als een rechtbank met snelle procedure openstaan voor de individuen, wanneer zij klachten neerleggen over de schending van de fundamentele overeenkomsten, die de vrijwaring der levensbeschouwelijke vrijheden regelen.'

CVP'ers voelen zich genomen

Heel dit betoog wordt gebracht met de helle, doordringende stem van de jonge advocaat. Spontane bijval krijgt Martens wanneer hij uitvalt tegen eerste minister Theo Lefèvre en de partijvoorzitters Vanden Boeynants en Vanaudenhove 'die het federalisme zonder meer afwijzen als onbruikbaar en er een karikaturale, verwarrende voorstelling van geven'. Er komt ook daverend applaus als spreker uitroept dat de Vlaamse Volksbeweging geen faciliteiten voor Franstaligen kan dulden in de Vlaamse randgemeenten rond Brussel. Een oorverdovend handgeklap volgt op zijn stelling dat Brussel nooit de rol van een aparte deelstaat mag vervullen in zijn federale staatsvisie.

De eerste politieke reacties op dit referaat zijn, op zijn zachtst uitgedrukt, uiteenlopend. Velen horen voor het eerst in hun leven een gedetailleerd federalistisch staatsmodel uiteenzetten. Florimond Grammens staat achteraan in de zaal te molenwieken en spreekt publiekelijk zijn afkeuring uit. Aanwezige CVP-politici zeggen dat de VVB het masker heeft afgerukt en vrijzinnigen bedanken voor dat klerikale Vlaanderen.

Dit koel onthaal bij CVP en vrijzinnigen kan de geestdrift van de 2000 Vlamingen, tijdens de namiddagvergadering in de Handelsbeurs, niet temperen. Onder luid applaus begint voorzitter Maurice Coppieters:

'Wat vijf jaar geleden nog totaal ondenkbaar was, is hier thans gebeurd: katholieken, socialisten, liberalen en communisten, maar allen Vlamingen, zijn hier samen vergaderd, verenigd in die éne gemeenschappelijke geest: hun liefde voor Vlaanderen en voor het Vlaamse volk. Voor de eerste maal in de geschiedenis van België werd dit verwezenlijkt.'

Op de aanwezigheidslijst vinden we inderdaad de namen van de kamerleden Blanckaert (CVP), Kiebooms (CVP), De Handschutter (CVP), Fimmers (CVP), Matheyssens (Volksunie), Maria Verlackt (CVP), Posson (CVP) en Wouters (Volksunie) en van senator De Baeck (CVP); voorts Paul Vanden Bussche administrateur van de BRT, Portier, voorzitter van het Algemeen Nederlands Zangverbond, Fleerackers secretaris van de Cultuurraad voor Vlaanderen, Vande Zande, Szondy en Bové, bestuursleden van het Verbond voor Vlaams Overheidspersoneel, Bologne en Romain van *La Wallonie Libre*, Goeyens van het Verbond voor Vlaamse Oudstrijders, Kruithof van het Humanistisch Verbond, Engels, arrondissementeel ACW-secretaris, Rubbens afgevaardigd beheerder van de Bond van Grote en Jonge Gezinnen, Wildiers van het Vlaams Economisch Verbond, en gemeenteraadslid Hugo Schiltz (destijds verkozen op een CVP-lijst).

Verwijzend naar de oproep van de CVP-PSC-voorzitter Vanden Boeynants stelt Coppieters de 'opstand van de realisten' tegenover de 'opstand van de gematigden' of moet ik zeggen 'het slaaplied van de gematigden' (hoongelach).

Over het referaat van Martens zegt Coppieters:

'Wij hebben vanochtend een jongeman gehoord die een heldere blauwdruk heeft geschetst van een federalisme, dat niet leidt tot scheiding, maar tot vereniging. De unitaire staat moet zélf dit "unionistisch federalisme" tot stand brengen maar wel op een manier dat geen enkele groep gedupeerd wordt. Hiertoe zijn drie voorwaarden absoluut noodzakelijk: 1° één afgebakend territorium van de twee groepen en een territorium dat als ontmoetingscentrum kan dienst doen; 2° de nodige politieke instellingen ter behartiging van de specifieke sociale, economische en culturele aangelegenheden van de gemeenschappen, evenals van de gezamenlijke belangen; 3° institutionele waarborgen om de levensbeschouwelijke vrijheid binnen elke gemeenschap te verzekeren.'

Ook na deze toelichting ontstaat er, ondanks het oorverdovend applaus, geroezemoes bij de personaliteiten. Vooral de CVP'ers voelen zich genomen door de ironiserende aanvallen op de 'opstand van de gematigden' en op de congresresoluties van Oostende die ze twee maanden voordien hadden goedgekeurd.

De pers reageert uiteenlopend. Karel De Witte schrijft in *Gazet van Antwerpen* van maandag:

'Men moet het belang van het te Antwerpen gehouden congres allicht niet overschatten. Het blijkt niet zeer waarschijnlijk dat het federalisme binnen afzienbare tijd in het domein der politieke verwezenlijkingen zal komen. Het is ook niet zo dat een meerderheid in dit land er werkelijk voor gewonnen is of dit in de nabije toekomst zal zijn.'[3]

Manu Ruys schrijft in *De Standaard* van dinsdag:

'Meer en meer wint de gedachte veld dat de Vlaamse gemeenschap een publiekrechtelijk statuut en eigen politieke en economische instellingen nodig heeft om zichzelf te kunnen blijven in België en om als een deel van de grote Nederlandse gemeenschap in Europa te kunnen opgroeien. Dat is geen utopisch streven, maar nuchter politiek denken. Coppieters heeft verklaard dat "de opstand der gematigden" vervangen wordt door "de opstand van de realisten". Wij geloven inderdaad dat het vandaag zover is.'[4]

Zes dagen na het congres verschijnt de ontslagbrief van Renaat Merecy, directeur van de Rijksnormaalschool te Lier, de enige representatieve socialist in het hoofdbestuur van de Vlaamse Volksbeweging. Merecy stelt dat het hoogtepunt van het VVB-congres vanzelfsprekend lag in de concrete voorstellen tot federalisering van de Belgische staat, verdedigd door meester Wilfried Martens. Welnu, de VVB is volgens Merecy hiermee aan haar specifieke opdracht voorbijgegaan en heeft blijk gegeven van politiek irrealisme.

'Er is naar mijn mening een eigenaardige wending in de politieke gedachtengang van sommige hoofdbestuursleden van de VVB voorgevallen: aangezien de splitsing van het ministerie van Nationale Opvoeding en Cultuur op blijkbaar onoverkomelijke moeilijkheden stuit, is het de vraag of het niet beter is ineens naar een federale staatsorganisatie te stuwen, dan vallen de moeilijkheden ineens weg. Op de samenkomst te Rijmenam heeft Mr. Martens zich trouwens expliciet in deze zin uitgelaten. Betekent dat echter niet een vlucht uit de actuele moeilijke werkelijkheid naar de zoveel gemakkelijker wensdroom? Het komt me voor van wel.'[5]

's Anderendaags, 9 februari, schrijft CVP-kamerlid Louis Kiebooms, een geruchtmakend artikel. Samen met De Saeger, Verroken, Vanden Daele, De Boodt, Vandekerckhove, Sledsens en Karel Van Cauwelaert is Kiebooms lid van de Vlaamse Acht, een groep die binnen de CVP de Vlaamse standpunten bepaalt en contacten onderhoudt met Vlaamse verenigingen en actiegroepen waaronder de VVB.

Kiebooms meent dat de VVB met haar congres van 2 februari, haar statuut van overkoepelende Vlaamse organisatie dreigt kwijt te spelen. Ietwat smalend schrijft hij:

'Het wordt nog erger wanneer men de voorzitter de draak hoort steken met "de opstand der gematigden" en de alleenzaligmakende stelling van het federalisme, als de officiële theorie van de VVB hoort verkondigen. Ook ik heb niets tegen de studie van structuurhervormingen. Integendeel! Hoe meer men over de politieke theorieën studeert, hoe meer men de overtuiging opdoet dat de politiek niet zozeer een "wetenschap" dan wel een "kunst" is!

'Was dat nu nodig voor de eendracht onder de Vlamingen het federalisme als de "stellingname" van de VVB te proclameren? Laat het nu nog zijn dat de voorzitter het voorstelt als een "unionistisch federalisme"! En ik wil geloven dat de heer Coppieters het goed meent met Vlaanderen en België en vele zijner medestrijders niet de verdwijning, maar wel de grondige omvorming, de consolidatie van België verlangen. Hij neme het mij echter niet kwalijk, wanneer ik de indruk heb dat niet alle federalisten het menen zoals hij, maar dat er heel wat oude VNV'ers hun grondige afkeer tegen België nog niet hebben afgelegd en in hun binnenste nog steeds de geheime gedachte koesteren dat wellicht toch eens de dag zal aanbreken dat de "ongeluksstaat" zal uiteenspatten en dat Vlaanderen dan in de armen van zijn Noordnederlandse stambroeders zal terecht komen!'

En verder verwijt de heer Kiebooms de VVB stellingen aan te nemen en proclamaties te verkondigen, die haar in de ogen der mensen onvermijdelijk als de gangmaker van de Volksunie moet doen overkomen.[6]

Federalisten leven in een dromenland

Na gesprekken met andere leden van de Vlaamse Acht wordt de veroordeling door Kiebooms nog scherper. Op 23 februari 1962 schrijft hij:

'Tot voor het jongste congres kon men niet zeggen dat de VVB partij koos inzake de twee grote stromingen die zich in de Vlaamse Beweging voordoen, namelijk enerzijds deze die de verwezenlijking van de doeleinden dier beweging mogelijk achten zonder de fundamentele wijziging van de Belgische staatsstructuur, en anderzijds deze die de verwezenlijking niet mogelijk achten zonder dergelijke wijziging. De VVB deed een beroep op de Vlaamsgezinden uit de drie partijen en ook op andere Vlamingen om rond, wat zij zelf heeft genoemd, een "urgentieprogramma" deze eendracht te bevorderen. Nog voor het urgentieprogramma is verwezenlijkt, komt de VVB nu opeens tot de bevinding dat dit urgentieprogramma voorbij gestreefd is en dat voortaan het federalisme, waarvan tot nog toe op politiek vlak alleen de Volksunie exponent was, als dé richting dient verkozen. De VVB vergist zich wanneer ze meent dat de eendracht der Vlamingen alleen rond een federalistische formule kan tot stand gebracht worden. Zij vergist zich ook wanneer zij meent dat alleen door de federalistische formule, gemakkelijker een akkoord met de Walen en de Brusselaars zal worden bereikt over de hervormingen, die nodig zijn om de belangen van het Vlaams volk én van de Waalse gemeenschap veilig te stellen. (...) Ik geef toe dat het federalisme zoals het door de VVB wordt voorgestaan, Belgisch getint is en minder afstotend werkt dan het revolutionair gedoe van de MPW (*Mouvement Populaire Wallon*). Maar beweren dat "de unitaire Belgische staatsmachine hopeloos is vastgelopen" en dat "een nuchter onderzoek" de huidige politieke toestand noodzakelijk doet besluiten, dat de énige mogelijkheid om uit deze politieke crisis te geraken, gelegen is in een degelijke en grondige reorganisatie van het Belgisch staatsbestel en wel door federalisme, is voor het minst blijk geven van gemis aan politieke realiteitszin. In de politieke partijen, in de pers, grote organisaties, in de kringen die iets zijn in dit land, is er niet alleen geen behoefte aan, maar wordt de federalistische idee grondig verworpen. Als dit de houding is van de VVB, dan betekent het vluchten in de theoretische studie van niet-realistische doelstellingen, het ontlopen van verantwoordelijkheden inzake een hele reeks concrete en verwezenlijkbare maatregelen. Op dit ogenblik is de agitatie rond het federalistisch begrip verderfelijk én voor de Vlaamse zaak én voor België.'[7]

Een paar dagen later zal de voorzitter van de Vlaamse Vleugel van de CVP, Jos De Saeger, in een veel geciteerd maar weinig gelezen interview met Mark Grammens het federalisme een vluchtmisdrijf noemen.

'Wij zijn verplicht aan praktische politiek te doen terwijl de federalisten in een dromenland leven. Het is zeer gemakkelijk om onder Vlamingen op papier een ideale staat te schetsen, maar de werkelijkheid ziet er anders uit. Het federalisme komt mij voor als een vlucht uit de praktijk van de dagelijkse problemen, als een vlucht voor de te nemen verantwoordelijkheid voor concrete oplossingen. (...) De hele economische tendens gaat meer en meer in de richting van een verwijding. Federalisme is inkrimping. Laten we Europese federalisten zijn. Federalisme is in België een anachronisme. (...)

'Wat ik de Vlaamse federalisten verwijt is dat zij een splijtzwam zijn in de Vlaamse Beweging. (...) Het streven naar federalisme heeft op zichzelf al de kloof tussen de gelovigen en de vrijzinnigen in Vlaanderen groter gemaakt. In het begin heb ik de poging van de VVB om verschillende ideologische strekkingen samen te brengen, zeer gewaardeerd, maar deze poging is nu blijkbaar een mislukking geworden door de schuld van de federalisten, die pogen hun visie op te dringen en daardoor de linkse Vlamingen afstoten...'[8]

Wilfried Martens schrijft achteraf zijn rapport volledig uit onder de titel 'Unionistisch Federalisme', ofschoon hij tijdens zijn referaat in het Billard-Palace die term zelf niet in de mond nam. De uitdrukking, zo geeft hij toe,[9] komt van Coppieters.

Martens zal aan zijn rapport ook een paragraaf toevoegen als antwoord op de kritiek die overal is losgekomen:

'Wij stellen vandaag de unitaire politici voor een dilemma: zij aanvaarden de consequenties van het unitaire stelsel met de absolute toepassing van de proportionele toepassing voor Vlaanderen op elk gebied: in de parlementaire vertegenwoordiging, in de administratie, in de verdeling van de kredieten, en zij voeren deze consequent door vóór het einde van deze legislatuur. Dan zijn wij met hen en met een unitair bestel akkoord. Indien dit niet gaat en de unitaire politici onmachtig blijken te zijn deze consequenties van een unitair stelsel voor Vlaanderen te verwezenlijken, vragen wij hen: welke oplossing is er nog buiten een grondige staatshervorming volgens federaal recept?'

Hij redeneerde altijd in machtstermen

De toenmalige VVB-voorzitter Maurice Coppieters (1956-1963), charismatisch scoutsleider en cultuur-flamingant en later VUvolksvertegenwoordiger, zegt ons hierover:[10]

'Het VVB-congres van Antwerpen met het rapport Martens, was een triomfantelijke gebeurtenis, maar meteen ook het einde van de macht en de invloed van de VVB. We verloren op twee fronten. Ik had met de allergrootste moeite de socialist Renaat Merecy tot het VVB-bestuur aangetrokken en ook de Oostendse liberaal Albert Jassogne. Dat was geen gemakkelijke onderneming in het toenmalige klimaat van schoolstrijd en scherpe ideologische tegenstellingen in Vlaanderen. Enkele dagen na het congres diende Merecy zijn geruchtmakend ontslag in. Het prille vertrouwen met de vrijzinnigen was gebroken.

'Door het congres werd ook het feitelijke vertrouwenspact met de christelijke arbeidersbeweging opgezegd. Het ACW stond aanvankelijk zéér positief tegenover de VVB. De progressieve christelijke wereld wenste na de Tweede Wereldoorlog een grote Vlaamse beweging te steunen zonder nationalistische partij. Figuren zoals Herman Deleeck en Frans Van Mechelen beklemtoonden vooral de sociale aspecten van de Vlaamse strijd, zoals werk in eigen streek, oprichting van een staalnijverheid in Vlaanderen, de democratisering van het hoger onderwijs, de aanleg van de E3 tussen Antwerpen, Gent en Kortrijk. Ik herinner mij nog dat ik als VVB-voorzitter op een avond ben uitgenodigd door een twintigtal Leuvense professoren, onder leiding van eerste minister Gaston Eyskens. Ik gaf een uiteenzetting over de doelstellingen van de Vlaamse Volksbeweging waarop Eyskens zei: "Dat is de weg die we moeten volgen en niemand gaat hier buiten zonder zich lid te maken van de VVB." Ook monseigneur Cruysberghs van de Boerenbond stond zéér welwillend tegenover de beweging.

'Wij hebben in 1962 het effect van onze duidelijke federalistische geloofsbelijdenis onderschat. Ofschoon professor Raymond Derine, een gewiekst politiek tacticus, ons herhaalde malen had gewaarschuwd: "Let op, met onze federalistische stelling verliezen we het contact met de grote partijen en verbreken we de band met de vrijzinnigen." Maar Wilfried Martens was door zijn lectuur tot het besluit gekomen dat het Belgische probleem alleen structureel kon worden opgelost. Hij vond dat de VVB te veel de politieagent van de taalwetten speelde. Wilfried kon zéér overtuigend argumenteren en vond medestanders voor die stelling. Hij was ook zéér lichtgeraakt. Hij was water dat kookte op 30°C. De gevolgen bleven niet uit. We werden steeds meer vereenzelvigd met de nationalisten. De CVP-leiding verklaarde zich tégen de tweede mars op Brussel van 14 oktober 1962, maar liet haar leden vrij.

Slechts drie CVP-parlementsleden zouden aan de mars deelnemen: Van Den Daele, Verbaanderd en Van Damme.'

In 1963 onderneemt de VVB nog een poging om terug aansluiting te krijgen bij de verloren gegane troepen. In een congres te Leuven op 9 en 10 maart houdt prof. Raymond Derine een referaat waarin hij ondermeer zegt:

'Wij wensen geen etikettenoorlog te voeren. De VVB heeft als motto gekozen: pragmatische federalisering. Wil men echter aan de hervormingen die wij voorstellen, het etiket "ruime decentralisatie" verbinden, dan hebben wij daartegen geen bezwaar... Het is duidelijk dat het standpunt, op ons vorig congres ingenomen, geenszins overeenstemt met het federalisme van de *Mouvement Populaire Wallon*. Waarom zouden wij dan heel wat goedgestemde personen afstoten door nutteloos een gecompromitteerd uithangbord te gebruiken?' Ook zei referaathouder Derine:

'Het land moet regeerbaar blijven... Wij staan autonomie voor waar zulks mogelijk is, en een stevig centraal gezag waar zulks nodig is.'

Deze afzwakking van het VVB-standpunt wordt fel op de korrel genomen in flamingantische milieus. In toespraken beklemtoont Wilfried Martens echter dat het standpunt van de VVB — althans inhoudelijk — onveranderd gebleven is.

Opvallend is dat het federalistisch voorstel van Martens bijzonder weinig weerklank krijgt in de talrijke politieke besprekingen, zoals de Ronde Tafel-conferentie die de Constituante voorbereidt (1966-1967) en de Werkgroep van de 28 (1969) die een akkoord over de grondwetsherziening van 1970 bereikt. In die Werkgroep is weliswaar enkele minuten over federalisme gesproken, maar door de woordvoerder van de Waalse federalisten prof. Perin, wordt gezegd dat het van realisme zou getuigen hun voorstel naar betere tijden te verwijzen.

Na afloop van de werkzaamheden van de Werkgroep op 12 november 1969, kan premier Gaston Eyskens verklaren: 'Het begrip federalisme werd tijdens onze besprekingen even vermeld, maar we hebben een federale staatsstructuur niet besproken.'[11]

Wilfried Martens zal echter — zoals we in de volgende hoofdstukken zullen zien — planmatig zijn ideeën doorduwen. Nauwelijks voorzitter van de CVP-jongeren lanceert hij het autonomiemanifest (1967) waarin zijn VVB-ideeën worden geactualiseerd. Nauwelijks CVP-voorzitter organiseert hij tot ongenoegen van

Gaston Eyskens en Leo Tindemans het congres van Antwerpen (6-7-8 oktober 1972) over de vernieuwing van de instellingen. Nauwelijks eerste minister zal hij de grondwetsherziening van 1980 doorvoeren waarin hij een aantal punten van het Egmontpact, dat hij drie jaar voordien sloot met andere partijen, zal verwezenlijken. En in 1994 zou de derde fase de voltooiing moeten vormen van zijn ideeën over het unionistisch federalisme.

De VVB-periode is voor Martens een goede leerschool. Zoals in zijn studententijd werkt hij hard. Hij is advocaat te Gent, pleit vooral pro Deo's, rotst het Vlaamse land af voor allerlei spreekbeurten met een VW-kevertje en steekt veel tijd in het opstellen van een maandelijks *Documentatieblad*, waarin alles wat in binnen- en buitenland verscheen over de Vlaamse kwestie en federalisme wordt ontleed en van commentaar voorzien.

Enkele getuigenissen over Martens van mensen die met hem samenwerkten in die periode:

Een VVB-bestuurslid:

'Wilfried Martens was een van de meest actieve elementen in het VVB-hoofdbestuur met zéér gevoelige voelhorens naar alles wat leefde in de politieke wereld en in de Vlaamse strijdverenigingen. Hij was gulzig naar informatie en bezat een enorme belezenheid. In elke discussie stelde hij de vraag: "Tot wat moet dat leiden?" Hij redeneerde altijd in machtstermen. Een slag op tafel moest een slag op tafel zijn. Hij was zichtbaar ongelukkig als een mars, een motie, een betoging niet het geplande effect had. Hij was wars van wilde kreten, kwam op voor een drukkingsgroep zonder romantiek maar met goed bestudeerde acties.'

Een ander VVB-bestuurslid:

'Martens had fysieke moed. Tijdens de tweede mars op Brussel, op 14 oktober 1962, stond hij op de trappen van de Brusselse Beurs en zag hij, samen met de andere Vlaamse vooraanstaanden, hoe op een straathoek naast de Beurs een aantal opgehitste Franstalige herrieschoppers de Vlaamse betogers écht lastig vielen. Als medeorganisator voelde hij zich verantwoordelijk en trok door de jouwende menigte naar het politiekantoor. Hij moest enkele klappen incasseren. Ik bewonderde hem. Hij was enkele maanden voordien getrouwd, was niet sterk en toch gooide hij zich in het gewoel, terwijl de andere heren van het Comité zich laafden aan de toejuichingen van de voorbijstappende Vlamingen.'

Maar niet iedereen spreekt zo positief. Een derde VVB-bestuurslid zegt:

'Ik heb hem steeds gezien als een zwak jongetje zonder veel

levenskansen, die de beperkte tijd die hem nog toegemeten was, zo goed mogelijk wilde gebruiken om geschiedenis te schrijven. Daarom werd hem veel gegund en veel vergeven.'

Een vooraanstaand ACW'er beschrijft hem als volgt:

'Martens was voor ons een roeper, een volkstribuuntje, een nationalist, een van de velen die politiek gingen leven van de Vlaams-Waalse tegenstellingen en weinig anders in hun mars hadden. Wij waren dan ook zeer verwonderd en zelfs opgetogen hem achteraf terug te vinden in het ontzuilingsdebat en de progressieve frontvorming.'

Wapengroep in Wezembeek-Oppem

Dan komt wat in de flamingantistische geschiedenis beschreven staat als 'het verraad van Hertoginnedal' (5 juli 1963) en dat hoe dan ook voor velen de scheiding der geesten heeft betekend. Hertoginnedal was echter voorafgegaan door de waarschuwingsbetoging van Wezembeek-Oppem op 29 juni 1963 waar Wilfried Martens volgens een taaie legende om 'wapens' heeft geroepen.

Om dit te kunnen situeren is het goed eraan te herinneren dat op 8 november 1962 het eerste taalontwerp-Gilson dat de taalgrens definitief afbakende, overigens niet zonder moeilijkheden wet is geworden. Nu staat een tweede taalontwerp van Gilson over de taalregeling te Brussel en omgeving op de politieke agenda. Het ontwerp is onder druk van de Vlamingen reeds enkele keren aangepast en op het ogenblik van de betoging voorziet het in de volgende regeling: het arrondissement Brussel zou gesplitst worden in een eentalig Vlaams arrondissement Halle-Vilvoorde en in een tweetalig arrondissement Brussel-Hoofdstad. Dit laatste zou omvatten: de negentien gemeenten van de Brusselse agglomeratie en daarbij nog zes Vlaamse randgemeenten die voortaan tweetalig zouden worden namelijk Drogenbos, Kraainem, Linkebeek, Sint-Genesius-Rode, Wemmel en Wezembeek-Oppem. Dit compromisvoorstel is echter door de Vlaamse vleugel van de CVP, onder leiding van Jos De Saeger verworpen. De regering Lefèvre-Spaak komt hierdoor in ernstige moeilijkheden.

Zevenduizend Vlamingen geven de laatste zaterdag van juni, net vóór de grote vakantie, gevolg aan de oproep van het Actiecomité tegen Gebiedsroof om een 'laatste verwittigingsbetoging' te houden. Op grond van kranteverslagen, gedenkschriften, briefwisseling en ondervragingen van ooggetuigen, kunnen we de redevoering die meester Wilfried Martens er namens de Vlaamse Volksbeweging hield opnieuw samenstellen.

'Wat we hier meemaken is het pokerspel van de grondspeculanten. Zij willen de grond hier verkopen aan de meestbiedende en dat is de Franstalige kapitalist. Zij interesseren zich slechts voor de tweetalige bankbiljetten. Het is onbegrijpelijk en ongehoord dat de Vlaamse socialisten dit spel toelaten (applaus). Vroeger zegde een Antwerpse socialist: ''Wij laten Brussel niet los.'' Maar wij kennen het spreekwoord: ''In Antwerpen pater en in Brussel kater'' (applaus).

'Het gaat echter om nog veel meer. In Leuven en ook andere Vlaamse steden waar nationale instellingen gevestigd zijn, wil de regering scholen en diensten oprichten voor de Franstaligen. Wij moeten in het offensief gaan en de vernederlandsing eisen van alle bedrijven — hoe klein ook — in Vlaanderen. Wij verwerpen radicaal alle faciliteiten in de Vlaamse randgemeenten. De vraag rijst trouwens of de wetten op de ordehandhaving niet door het parlement gejaagd werden om deze aanslag op de randgemeenten voor te bereiden. De Vlaamse parlementsleden moeten de politiek van de regering afkeuren en de Vlaamse ministers moeten ontslag nemen. (Hierop begint de massa ''ontslag'', ''ontslag'' te scanderen.)

'Als de samenzwering tegen Vlaanderen toch slaagt, dan moeten de Walen en de Brusselaars weten dat er een definitieve mars op Brussel komt met als doel de omverwerping van het unitaire en kapitalistische België (langdurig applaus). We zullen die betoging houden op een ogenblik dat erg ongelegen komt voor het parlement (applaus). Komt uw dictaat tot executie, dan Theo (Lefèvre) is het revolutie!' (ovationeel, oorverdovend applaus).

Een groep Vlaamse militanten naast het podium begint te roepen: 'Geef ons wapens.'

Op dat ogenblik ontstaat een incident als de burgemeester van Wezembeek-Oppem, Graaf de Grunne, aan zijn politiecommissaris in het Frans komt zeggen dat de betoging niet te lang meer mag duren. Woedende betogers bekogelen hem met eieren en appels en de ordedienst van het Actiecomité kan met moeite de burgemeester ontzetten.

Ondertussen is de roep 'geef ons wapens' door verschillende groepen betogers overgenomen. Meester Roossens van het Actiecomité tracht vanaf het spreekgestoelte de massa te bedaren:

'Wij hebben een wapen, ons wapen is doeltreffender dan stenen. Wij hebben de massa achter ons en zullen met die massa élke politieker wegvagen, die ons verraadt' (toejuichingen). Roossens brengt nadrukkelijk hulde aan de Vlaamse CVP-parlementsleden. 'Maar ik waarschuw voor de plannen van deze regering. Die willen "gestes" doen om de Vlaamse parlementsleden toe te laten hun gezicht te redden. Wie zijn gezicht wil redden met "gestes" zal zijn zetel verliezen' (ovationeel applaus).

Drie dagen na die betoging, op 2 juli, biedt eerste minister Theo Lefèvre zijn ontslag aan. Dit wordt niet aanvaard door de koning. Dan komt het fameuze conclaaf van Hertoginnedal met topfiguren uit de twee regeringspartijen: christen-democraten en socialisten. Op 5 juli 1963 komt een nieuw compromis uit de bus. De zes randgemeenten zullen voortaan een afzonderlijke administratieve entiteit vormen met een eigen arrondissementscommissaris en afhangen van een nieuw te benoemen vice-gouverneur van Brabant die speciaal zal waken over de toepassing van de taalvoorschriften. In de randgemeenten komt er een vorm van administratieve tweetaligheid: er mogen Franse kleuter- en lagere scholen ingericht worden, indien ten minste zestien huisvaders hierom verzoeken. Franstalig middelbaar onderwijs mag evenwel niet ingericht worden.

Enkele weken later wordt de nieuwe wet goedgekeurd door Kamer en Senaat. Veel CVP-parlementsleden drukken op de stemknop 'met de dood in het hart'. Het Vlaams Actiecomité voor Brussel en Taalgrens noemt het compromis onaanvaardbaar. Het wordt als een Vlaamse nederlaag aangevoeld en lokt bittere en bitse reacties uit.

VVB-voorzitter Maurits Coppieters en de voorzitter van de studiedienst van de VVB, Ferdinand De Bondt, herinneren zich in die periode — waarin velen met een Vlaamse kater zaten — enkele gesprekken gevoerd te hebben met Wilfried Martens.[12] Hij zette aan tot strategisch denken:

'De buitenparlementaire actie is ontoereikend gebleken. We kunnen alleen iets bereiken via de macht, dus via een grote partij. We moeten niet gaan ploeteren in een nationalistische oppositiepartij. Dat zet geen zoden aan de dijk. Indien gij Coppieters, gij De Bondt, ik Martens samen met Paul Rubbens, Frans van Mechelen, Jos Dupré, Raymond Derine nu eens allemaal in de CVP gingen militeren, dan zou die partij toch moeten veranderen. Zo'n druk zou onweerstaanbaar zijn.'

HOOFDSTUK 4

Een schuimbekkend personage

Waarom ging Wilfried Martens niet van de Vlaamse Volksbeweging naar de Volksunie? Velen hadden dit verwacht. Het VVB-publiek dat hij jarenlang had toegesproken en opgeroepen tot manifestaties, bestond voor een ruim deel uit nationalisten en VU-gezinden. De 'derde mars op Brussel' (die om opportuniteitsredenen op 10 november 1963 in Antwerpen doorging en bekend blijft als de 'federalistische mars') bracht 10.000 mensen op de been, maar zonder enige CVP-deelneming. Vlaamse CVP-prominenten begonnen de VVB-man dan ook af te schrijven.

Martens heeft in verschillende gesprekken de redenen opgegeven waarom hij niet naar de Volksunie ging: ze zijn zowel inhoudelijk als gevoelsmatig en tactisch van aard. Door zijn moeder is hij in contact gekomen met het dagblad *Het Volk*, de spreekbuis van de christelijke arbeidersbeweging. Het sluit aan bij zijn natuurlijk milieu. Ook in zijn VVB-periode hanteert hij een zeer progressieve taal en familiaal draagt hij een grote sociale bewogenheid mee. Tactisch weet hij dat hij, om iets te verwezenlijken in de politiek, zich moet aansluiten bij een sterke politieke formatie. De stap naar de Volksunie zou hem veroordelen tot eeuwige oppositie of tot politieke steriliteit.

In de Volksunie overheerst nog het conservatisme van Frans Van der Elst, Wim Jorissen, Hector De Bruyne en Leo Wouters. Tot die groep voelt hij zich zeker niet aangetrokken. Dit zal later trouwens nog een discussiepunt worden tussen hem en Fernand De Bondt na het manifest over de partijvernieuwing. De Bondt verweet de CVP-Jongeren dat zij onvoldoende aandacht hadden voor de progressieve krachten die zich op dat ogenblik in de Volksunierangen begonnen te manifesteren en dat de aandacht van Martens te exclusief ging naar de zogeheten progressisten bij de socialisten:

'Een radicaal progressieve partij zal uiteraard Vlaams zijn in Vlaanderen en in het federale streven zullen de progressieve elementen ook vanuit de Volksunie de stuwende kracht moeten vormen,' aldus De Bondt.[1]

Hoe dan ook, na de bekendmaking van zijn toetreden tot de CVP zullen de VU-militanten en nationalistische bladen hem beschuldigen van verraad en hem verwijten dat hij zich aan de meest biedende heeft verkocht.

De invloed van Het Volk

Hoe is Wilfried Martens lid van de CVP geworden? Formeel is de CVP-voorzitter van de Gentse sectie Sint-Paulus, dokter Paul Rubbens, hem begin 1965 een lidkaart komen aanbieden in de Guido Gezellestraat. Daar is echter heel wat aan voorafgegaan.

Martens heeft als VVB-directeur veel persoonlijke contacten met Verroken en De Saeger, meestal in het Astoriahotel te Brussel. Hij krijgt bewondering voor de Vlaamse inzet van beiden, ook al vindt hij hun houding te toegeeflijk.

Er is ook begin 1964 een memorabele avond in Brasschaat. Een bijzonder Vlaams-kritisch publiek, met zelfs gewezen Oostfrontstrijders, is in het atelier van kunstschilder Frans Mertens bijeengekomen om twee kemphanen mekaar te zien afmaken: Leo Tindemans, de nationaal secretaris van de nog unitaire CVP-PSC, en Wilfried Martens, de federalist van de Vlaamse Volksbeweging. In plaats van een duel wordt het een hoffelijk gesprek en Martens sluit zich niet aan bij de extremisten. Als beiden na de avond naar hun wagen wandelen zeggen ze tegen elkaar: 'We moeten contact houden.'

In voorbereiding van het VVB-congres van Kortrijk van 1964 komt Martens Tindemans zelfs opzoeken op het CVP-secretariaat dat tijdelijk is ondergebracht aan de Louisalaan 101 te Brussel. Martens legt uit dat hij op het congres wil pleiten voor een stelselmatige overdracht van algemene bevoegdheden naar eigen Vlaamse en Waalse instellingen met wetgevende en reglementerende macht.

Tindemans zegt hem: 'De CVP kan dit niet overnemen voor haar onmiddellijke actie, maar op termijn moet het zeker verwezenlijkt worden.' Tindemans is trouwens rapporteur op de eerste studiedag van de Vlaamse CVP (26.9.1964). Wilfried Martens komt luisteren en bij hem groeit de overtuiging dat hij zich moet losmaken uit het VVB-keurslijf. Hij leert daar ook CVP-voorzitter Vandekerckhove beter kennen.

Een andere belangrijke ontmoeting uit die periode is die met de gebroeders Miel en Karel Van Cauwelaert, allebei politieke editorialisten op *Het Volk*. Martens kent *Het Volk* en zijn editorialist

Schildwacht (Karel Van Cauwelaert) van in zijn jeugd. Ook de VVB-publikaties worden op de persen van *Het Volk* gedrukt en Wilfried zit af en toe in een kantoortje in de Gentse Forelstraat drukproeven te lezen.

In de loop van 1964, nodigen Miel en Karel hem uit op hun bureau in de Koningsstraat 105 in Brussel. Ze zeggen hem zonder veel omwegen dat hij te knap is om zijn leven te verslijten als advocaat aan de balie van Gent: 'Je moet in de politiek gaan en eigenlijk zou je bij ons moeten komen als journalist om je op zo'n carrière voor te bereiden.'

Martens antwoordt dat hij dat niet kan na de vele inspanningen die hij heeft gedaan om aan de balie te komen. Allebei dringen aan opdat hij toch bij de CVP zou aansluiten en voorspellen hem een grote politieke toekomst. Het is in de herinnering van Martens een belangrijk, zelfs beslissend gesprek.

Financieel heeft het jonge echtpaar Martens-Verschroeven het niet florissant. Het advocatenkantoor brengt nauwelijks wat op, het werk voor de VVB al evenmin. Lieve moet als lerares economie zorgen voor het basisinkomen van het gezin. Om de zaak toch enigszins leefbaar te maken gaat Wilfried twaalf uur Nederlands geven in het college van Eeklo.

Lieve zal hierover later zeggen:

'We hadden het niet breed, maar het waren mooie drukke tijden. Bijna elke avond was Wilfried voor de Vlaamse zaak op stap. Ik ging meestal met hem mee. We hadden een Volkswagentje en daarmee tuften we overal naartoe. Ik nam mijn schoolboeken mee, bereidde mijn lessen voor, terwijl Wilfried de massa toesprak of vergaderde. Ik heb eindeloos veel lessen in cafés voorbereid.'[2]

Martens begint dadelijk na de aanschaf van de CVP-lidkaart activiteiten te ontwikkelen binnen de Gentse CVP. Met Pol Pataer, Jacques De Visscher, Guido De Wilde en Ghislaine De Boodt blaast hij de arrondissementele CVP-Jongeren nieuw leven in. In het kader van de verjonging van de partij wil CVP-voorzitter Robert Vandekerckhove hem graag een verkiesbare plaats bezorgen op de CVP-lijst van Gent voor de parlementsverkiezingen van 1965. Dat mislukt en Wilfried Martens moet vrede nemen met de laatste plaats op de kamerlijst, waar hij 1330 stemmen achter zijn naam zal verzamelen.

De verkiezingen van 23 mei 1965 vormen echter een catastrofe voor de aftredende rooms-rode coalitie. Christen-democraten en socialisten verliezen samen 39 kamerzetels. CVP-PSC spelen

398.062 kiezers kwijt en de socialisten 468.787, of samen meer dan 850.000 kiezers minder voor de regeringspartijen. Grote overwinnaar is de vernieuwde PVV-PLP van Omer Vanaudenhove die 470.461 kiezers wint en van 20 naar 48 kamerleden opklimt. Ook de Volksunie verdubbelt haar stemmenaantal en zit nu met twaalf in plaats van vijf kamerleden in de Kamer. Mik Babylon, strijdcompagnon van Martens in Leuven, is verkozen in Roeselare op de VU-lijst met 6906 naamstemmen en Maurits Coppieters, strijdcompagnon in de VVB, wordt VU-kamerlid voor Sint-Niklaas met 7877 naamstemmen. Het pas opgerichte FDF heeft meteen drie gekozenen.

De grote hervormingen van Lefèvre-Spaak hebben hun effect dus niet gemist: de fiscale hervorming en de artsenstaking dreven veel kiezers naar de liberalen, de vastlegging van de taalgrens, Hertoginnedal en de marsen op Brussel versterkten de taalpartijen Volksunie en FDF. Historisch belangrijk is dat voor de eerste maal sedert 1919, socialisten en christen-democraten geen twee derde meerderheid meer hebben in het parlement en dus de hulp van een derde partij behoeven indien ze de grondwet willen wijzigen.

Een omstreden kabinetslid

Op 27 juli 1965 wordt een nieuwe rooms-rode regering Harmel-Spinoy beëdigd. Enkele dagen later krijgt Wilfried Martens een telefoontje van Jan Grauls, kabinetschef van premier Pierre Harmel, met de vraag of hij adviseur wil worden voor wetenschapsbeleid, cultuurautonomie en decentralisatie. Zo begint Martens in augustus 1965 voor het eerst op een ministerieel kabinet te werken.

Op 10 september komt er tegen deze aanstelling een heftige aanval van *La Libre Belgique*. Het blad noemt de benoeming van Wilfried Martens een 'flagrant geval, zoniet van politieke inbraak dan toch van binnensluiping'. Het blad herinnert eraan dat Wilfried Martens als leider van de Vlaamse Volksbeweging de baanbreker was van de twee marsen op Brussel en van de federalistische mars op Antwerpen. Ook ontpopte hij zich tot een dorpse vrijheidsstrijder (*Gambetta de faubourg*) tegen de gebiedsroof van randgemeenten rond Brussel en keerde hij zich heftig tegen de besluiten van Hertoginnedal. 'Elke politiek waarnemer zou er honderd tegen één op gewed hebben dat Martens een kiesdraver was van de Volksunie.' Het blad is ook heel verbolgen dat Martens bij de jongste verkiezingen kandidaat was op de CVP-lijst van Gent. Dat bewijst, aldus *La Libre* dat men met een arrivist te maken heeft die bereid is tot alles wat hem vooruit kan helpen. De Franstalige krant betreurt dat de heer Harmel 'die men toch een hoge politieke moraliteit toeschrijft' een dergelijk man in zijn kabinet heeft opgenomen. Tot slot stelt het blad de vraag wat de jonge Vlaamse intellectuele elite hiervan denken moet, die haar plaats bezet ziet door een 'schuimbekkend personage' dat zijn politieke opgang slechts te danken heeft aan zijn 'racistische uitvallen'.

De andere Franstalige kranten doen er nog een schepje bovenop en *La Métropole* is erachter gekomen dat Wilfried Martens een veroordeling heeft opgelopen, zowel in eerste instantie als in beroep, als verantwoordelijk uitgever van een VVB-pamflet waarin de Vlaamse bevolking aangeraden werd producten te boycotten van firma's die de taalwetten niet toepasten.

Het doet de hetze rond Martens nog toenemen. De liberaal Defraigne, later kamervoorzitter, stelt een parlementaire vraag: 'Meent de eerste minister niet dat, in het raam van de politiek van eendracht en bedaring die uw regering voorwendt te willen volgen, het niet past dat de persoon die bovenvermelde kritiek heeft uitgelokt, bij uw kabinet in dienst is?'

Premier Harmel is door die herrie ten zeerste verontrust en suggereert zijn adviseur het kabinet te verlaten. Martens neemt contact op met CVP-voorzitter Vandekerckhove die kordaat zegt dat daarvan geen sprake kan zijn. Inmiddels worden er in de Vlaamse pers namen bekendgemaakt van leden van Franstalige kabinetten die ook extremistische uitspraken hebben gedaan. Na drie weken aarzelen stelt Harmel eigenhandig het antwoord aan Defraigne op, laat het aan Martens lezen die het nog wat afzwakt, en dit wordt gepubliceerd in het *Bulletin van Vragen en Antwoorden*:

'Een burgerlijke veroordeling tot schadeloosstelling kan men in hoofde van een persoon niet te zwaar aanrekenen, wanneer ze uitgesproken is tegen iemand die niet de auteur is van de gevraagde teksten doch enkel de verantwoordelijke uitgever. Het getuigt meestal van onvoorzichtigheid of van jeugdige onbezonnenheid. (...) Ik kan bevestigen dat de door het geacht lid bedoelde persoon de publikatie betreurt van een tekst die vatbaar was voor kritiek en ook kritiek heeft uitgelokt. Het getuigenis van de personaliteiten die ik desaangaande heb geraadpleegd en mede het dagelijks optreden van de bedoelde persoon, geven mij de overtuiging dat hij oprecht voorstander is van een politiek van eerbied tegenover de individuele rechten van iedere burger, gepaard met een geest van eendracht, dat wil zeggen van verdraagzaamheid en onderling begrip.'

Hiermee kan Martens zijn adviseurschap in de Wetstraat 16 voortzetten.

Gelijkaardige aanvallen van de Franstalige pers moet Martens ook incasseren op het ogenblik dat hij voorzitter wordt van de CVP-Jongeren en, in mindere mate, bij zijn verkiezing als CVP-voorzitter.

Een bepaalde Vlaamse pers zou in scherpte niet onderdoen. Zo schrijft *'t Pallieterke* bij zijn aanstelling tot jongerenvoorzitter van de CVP:

'Studentenleider, jeugdleider, barricadebeklimmer, misleider, kabinetsattaché, jongerenvoorzitter... och, het politiek kronkelpad is lang en lang niet ten einde. Wanneer dergelijke weg gepaard gaat met onmogelijke eigenwaan, een persoonlijke verwaandheid zoals men er zelden ontmoet, een eigendunkerig krophalzen, wordt het een potsierlijk geheel dat toch net het formaat mist om indruk te maken.'

HOOFDSTUK 5

Mei '68 in Houthalen

Houthalen - 12 mei 1968. Aan een tafel in de grote zaal van Hengelhoef zitten tegenover mekaar: Wilfried Martens (32) en Jean-Luc Dehaene (28). Op de achtergrond brengt een transistorradio de jongste berichten over de snel uitdijende meirevolte in Parijs.

Beide jongemannen hebben in hun mappen moties en programma's van D'66 en de PPR, twee nieuwe Nederlandse partijen die van zich doen spreken. Ze overleggen hoe deze Ontmoetingsdagen van de CVP-Jongeren best kunnen worden afgerond. Plots zegt Wilfried Martens vastberaden: ''t Is het moment.'

De CVP incasseerde enkele maanden voordien op 31 maart 1968 haar derde nederlaag op rij. Alle aanwezige jongeren hebben op de verkiezingsavonden nog nooit anders gezien dan droeve gezichten en ontgoocheling. In de Lambermont zit op hetzelfde ogenblik Paul Vanden Boeynants teksten te breien (achteraf wordt het een bijbel genoemd) die de basis moeten leggen voor wat de regering Eyskens-Cools zou worden.

Op het spreekgestoelte van Hengelhoef houdt Wilfried Martens, sedert een jaar voorzitter van de CVP-Jongeren, een begeesterd pleidooi voor meer politieke duidelijkheid:

'De CVP biedt geen samenhangend beeld meer. Haar profiel is volkomen vertekend door passionele vraagstukken zoals repressie, koningskwestie en schooloorlog. De CVP is in feite de partij van de katholieken gebleven. Zij is een centrumpartij geworden, met vleugels over de volle breedte van het politieke spectrum, wat de onduidelijkheid in het politieke leven vergroot. Als er van een partij niets meer overblijft dan de politieke formatie zelf en de leiders van die partij met het programma alle kanten uit kunnen, ontstaat een politieke situatie waarin alles om het even is, behalve de macht (luid applaus). Wij jongeren menen dat onze maatschappelijke opvattingen slechts kunnen gerealiseerd worden met een grondige hervorming van de huidige maatschappelijke structuren. Daarom richt ik vanaf deze tribune een oproep tot allen binnen en buiten de partij voor een hergroepering van gelijkgezinden in een progressieve formatie' (langdurig handgeklap).

Met de toespraak van Martens voelen de aanwezigen zich in eenklank met de geschiedenis. Ze beluisteren opnieuw de radio die berichten blijft spuien over de brandende barricades in de Parijse straten van het *quartier Latin* en de onverzettelijkheid van de studenten tegenover de kalmerende en dreigende oproepen van president de Gaulle.

De CVP-Jongeren beleven hun eigen meirevolte in Limburg op een Ontmoetingsdag die officieel gewijd was aan een onderzoeksrapport van Robert Gijs, de Belgische directeur van *International Research Associates Europe.* Jonge kiezers tussen 20 en 30 jaar wordt daarin hun opinie gevraagd of er nog behoefte is aan een christen-democratische partij.

Uit het onderzoek komen twee zaken duidelijk naar voor: primo, de publieke opinie ziet de partijen minder als vertegenwoordigers van waarden of idealen, maar veeleer als beleidsapparaten of machines die onderling concurreren op het vlak van de competentie; secundo, jonge kiezers blijken weinig belangstelling aan de dag te leggen voor een twee-partijenstelsel, vermits slechts 16 procent van de ondervraagden hun voorkeur uitdrukken voor de stelling 'Het zou beter zijn dat al de behoudsgezinden in ons land zich in een partij verenigen en dat de vooruitstrevenden hetzelfde doen', terwijl 74 procent opteert voor de alternatieve formule: 'Het is beter dat er partijen bestaan waarin zowel vooruitstrevenden als behoudsgezinden zitten en waar de twee standpunten elkaar ontmoeten'.

Die tweede conclusie zal aan het groot publiek slechts einde 1968 bekend worden bij het verschijnen van de volledige studie in *Kultuurleven.*[1] Inmiddels is het Jongeren-document ten gunste van de progressieve frontvorming, waarvan Jean-Luc Dehaene de voornaamste auteur is, al volop in bespreking en niet meer tegen te houden.

Een manifest in een boeiende tijd

Dit geruchtmakend manifest, dat in september 1968 persklaar is, verschijnt onder de titel: 'Partijvorming in België en de rol van de CVP' en stelt als streefdoel de oprichting van een radicaal-vooruitstrevende volkspartij. Uitgangspunt hierbij is dat in de toekomstige maatschappij eigenbelang en winstbejag niet langer het ordenend principe zullen zijn. De sociale behoeften dienen voorrang te krijgen op het individualistisch consumptiepatroon. Daartoe is een hergroepering van de vooruitstrevende elementen uit de huidige politieke partijen noodzakelijk. De samenwerking van de CVP en de BSP, onder stuwing van de vooruitstrevende elementen van de beide partijen, zal aan de basis liggen van deze nieuwe partijformatie. Het zou naïef zijn de nagestreefde hergroepering in de vorm van een samensmelting op korte termijn te verwachten. Ieder van de beide partijen is sterk gestructureerd en steunt op een uitgebreid net van sociaal-economische organisaties. De eerste stap naar de uitbouw van een progressieve partij moet daarom gezocht worden in een systematische en doorgedreven samenwerking tussen de vooruitstrevende krachten binnen de BSP en de CVP. De CVP zou reeds voor de verkiezingen met de BSP moeten onderhandelen en stembusakkoorden sluiten, waardoor de kiezers duidelijk weten welke de consequenties zijn van een stem op een CVP-lijst.

Het heeft velen toen verbaasd dat de flamingant Martens zich achter deze ideeën opstelde en zich een jaar later zelf in hoge mate zou engageren na de 1 mei-oproep van de socialistische voorzitter Leo Collard.

Zo verwonderlijk is dat niet. Wij wezen er reeds op dat hij zich in zijn VVB-periode een bijzonder progressief taalgebruik heeft eigen gemaakt. Er is meer. Op 18 november 1956 heeft hij als jonge student met rode oortjes zitten luisteren naar een merkwaardig referaat van professor Jan De Meyer op een studieweekeinde van *Universitas*.

Met zijn lichtjes overslaande stem, het hoofd schuin achterover, de ogen toegeknepen bepleit deze populaire prof het samengaan van linkse en progressieve katholieke krachten. 'Vele gespletenheden maken de verhoudingen in België uiterst gecompliceerd,' betoogt De Meyer. 'In ons land hebben wij af te rekenen met de tegenstellingen tussen Vlamingen en Walen, tussen vrijzinnigen en katholieken, tussen conservatieven en progressisten. De tegenstelling tussen katholieken en vrijzinnigen domineert alle andere. De katholieke conservatieven en een deel van de vrijzinnigen remmen in Vlaams én sociaal opzicht. Wellicht ligt de oplossing voor het overbruggen van die gespletenheid in het pluralisme, meer bepaald in het samengaan van linkse en progressieve katholieke krachten. Voor de Vlamingen lijkt dit gewenst, omdat de Vlaamse en sociale belangen momenteel vaak mekaar dekken. Hierbij moeten de katholieken wel afstand doen van een simplistische visie en geen pluralisme eisen van de anderen, terwijl het in hun eigen rangen sterk bekampt wordt. Anderdeels kan ook geen pluralisme worden aanvaard, waarbij van katholieke zijde essentiële waarden zouden moeten worden prijsgegeven.'

Wie bedenkt dat dit referaat werd gehouden in volle schoolstrijd die honderdduizenden op de been bracht onder de slogan 'Weg met Collard', kan de editorialist van *Volksgazet*, Jos Van Eynde, begrijpen die het betoog op het Universitas-weekeinde vergelijkt met een 'professorale worp in een klerikale kikkerpoel'.

In 1968 speelt bovendien de algemene tijdgeest. De geëngageerde jongeren zijn geconfronteerd met geschriften, onder meer van Marcuse, die de onderdrukking door de heersende, té enge ideologieën hekelen en de wereldjungle interessanter willen maken. Er wordt een stormloop gepredikt tegen alles wat gevestigd is en in de plaats ervan stelt men het nieuwe model van ongebreidelde oproer, ontspanning en contestatie. De idee van de macht ruimt plaats voor de macht van de idee. De verbeelding staat op een pedestal en je sterft beter van honger dan van verveling.

In eigen land is gewezen eerste minister Theo Lefèvre, na zijn spraakmakend rooms-rood kabinet tussen 1961 en 1965, een beetje eenzaam en verbitterd een kruistocht begonnen voor een travaillistische beweging. In 1963 heeft het Concilie veel omgewoeld en vier jaar later verschijnen in de socialistische partijkrant *Volksgazet* interviews van Lode Hancké met vooraanstaande christenen en socialisten die achteraf worden gebundeld in een boekje onder de titel: *Travaillisme ? De toekomst der arbeidersbeweging in België ?*

Buiten de grenzen kijken velen van die generatie met bewondering naar de vernieuwer Jean-Jacques Servan-Schreiber (populair JJSS genoemd) en in Nederland hebben het succes van de journalist Hans Van Mierlo met zijn partij Democraten '66 en de oprichting van de Politieke Partij Radicalen (PPR) heel wat mensen aan het denken gezet. Partijvernieuwing, pragmatische politiek, politiek daklozen, spijtstemmers, politiek beknelden: het zijn begrippen die in veel studiekringen en debatavonden aan bod komen, samen met het allesoverheersende discussiepunt contestatie-versus-participatie.

Het is een boeiende politieke tijd. Ik heb nota's teruggevonden van een tegensprekelijk debat tussen Lode Hancké, Paul Goossens en mezelf, met als moderator Ward Bosmans. Ik zei onder meer:

'Het willen indelen van de bevolking in progressieven en conservatieven lijkt mij weinig zinvol en kan de malaise niet wegnemen. Elke mens, elke groep, instelling of partij is progressief én conservatief samen. En naargelang van het probleem zal het ene aspect wat meer op de voorgrond treden dan het andere. Een groep die in alles progressief is, heb ik nooit ontmoet en de wetenschappelijke evolutie laat het zuiver conservatisme niet meer toe. Met de Franse politicoloog Maurice Duverger zeg ik: "Het werkelijke probleem ligt in het handhaven van een levende spontaneïteit, in het ontwikkelen van een voortdurende contestatie tegenover de organisaties, de machines en de apparaten opdat ze het individu niet zouden verstikken of ondermijnen." (...) De christelijk geïnspireerde politicus ontwaart in iedere partij een waarheid en tegelijk een potentiële bron van vervreemding. Deze vervreemding noemt Fabre-Luce *l'aliénation par l'engagement*. Op die manier wordt het voor de christen niet alleen moeilijk trouw te worden aan een partij, maar bovendien is hij veroordeeld in iedere partij een verdachte figuur te zijn. Waarom zou hij dan niet met andere geestesgenoten die dezelfde houding aannemen een politieke formatie mogen vormen?'

Dergelijke discussies tussen jongeren van uiteenlopende strekking trekken haast elke avond kleine groepjes aan in de vele zaaltjes van Vlaanderen. Er ontstaat een groeiende openheid samen met het besef dat veel kan veranderen.

Mufriekende bompa's

In dat klimaat verschijnt in september 1968 het Jongeren-manifest: *Partijvorming in België en de rol van de CVP.*

De reacties van de CVP-top zijn niet scherp afwijzend, maar evenmin bemoedigend. De meest gehoorde stelling is: de jongeren mogen het probleem wel scherp stellen, maar de christen-democratie is wél een valabel alternatief, op voorwaarde dat de partij terugkeert naar haar oorspronkelijke doelstelling: een programmapartij met een duidelijk christelijk maatschappijbeeld.

Die toon is ook terug te vinden in de gepubliceerde commentaren van een tiental CVP'ers: de kamerleden Jos Chabert en Jaak Henckens, de senatoren Etienne Cooremans, Stan De Clercq en Robert Houben, tevens nationaal CVP-PSC-voorzitter, de hoogleraren Herman Deleeck, Mark Eyskens, Marcel Storme en Roger

Dillemans. Het weekblad *De Nieuwe* stipt scherpzinnig aan: 'De CVP-Jongeren die de reacties op hun tekst zorgvuldig hebben gelezen, zullen vermoedelijk toch ook stilaan moeten aanvoelen dat er tussen hun standpunt en dat van diegenen die iets te zeggen hebben in hun partij, een kloof gaapt die onoverbrugbaar lijkt. De grootste ontgoocheling biedt niet Houben, maar de groep van nog jonge, reeds gearriveerde CVP'ers die aan het woord komen. Van mannen die nog betrekkelijk jong zijn in de politiek en dergelijke platvloerse clichés durven neerpennen, valt geen vernieuwing te verwachten, integendeel. Maar wie blijft er dan over?'

Martens zelf schrijft in een eerste reactie op de commentaren: 'Het onderscheid progressief-conservatief is een wezenlijk onderscheid, politiek en psychologisch volkomen valabel. Het is onthutsend vast te stellen hoe, in tegenstelling met andere landen, deze essentiële politieke houdingen bij ons stelselmatig verdoezeld worden, ondanks evidente ervaringen en wetenschappelijke ontledingen. Wij zullen in de verdere discussie, dank zij onze enquête, op dit punt dieper kunnen ingaan.'

Wie nu terugkijkt op die periode, moet wel vaststellen dat de volgelingen van de Leuvense filosoof Albert Dondeyne veel ideeën die ontwikkeld werden in de Jan Stasstraat, later nog wel met de lippen belijden en in beperkte kring toejuichen maar, gezien de posities die ze inmiddels bezetten aan de universiteit, de banken en de sociale organisaties, die vernieuwende theorieën gaan zien als denkoefeningen zonder concrete gevolgen. Dat zal nog scherper tot uiting komen als Jean-Luc Dehaene samen met George Monard een nog meer geruchtmakend manifest opstelt over de pluralistische school, een ander geesteskind van *Universitas*.

Naast de nieuwe geestesstromingen zijn het generatieconflict en de ambitie ongetwijfeld ook drijfveren voor de CVP-Jongeren. In hun ogen is de politiek in handen van mufriekende bompa's, fossielen, rechtse praatmakers en linkse regenten.

Als de eenendertigjarige jongeman Wilfried Martens, omringd met een aureool van studentenleider en voorman van de Vlaamse Volksbeweging, met zijn eerste ploeg CVP-jongeren aantreedt, wordt de politiek gedomineerd door een vergrijsde top. Premier Eyskens wordt er 63, partijvoorzitter Houben is nauwelijks enkele weken jonger, de nog invloedrijke Paul-Willem Segers is er 67 en ACV-voorzitter Guust Cool 64. Ook De Saeger gaat al naar de 60 toe. Bij de socialisten is het niet beter. Achiel Van Acker is 70 jaar, Anseele 66 en ook Major, Vranckx, Fayat en Van Eynde zijn de 60 voorbij en gaan door voor de tussengeneratie van de partij.

Op de christen-democratische zetels zitten nog de eerste CVP-gekozenen van na de oorlog, het zogenaamde groene woud dat België nog steeds aan het wederopbouwen is. Een hele generatie talentrijke jongeren zoals Leo Tindemans, Jacques De Staercke, Jos Chabert, Dries Vlerick, Frans Van Mechelen en Frank Swaelen reflecteren op de reservebanken het eigen 'onbehagen' naar het beroemde woord van socioloog Herman Deleeck. 'Men wordt geen minister voor zijn vijfenveertigste,' had P.W. Segers tot een van hen gezegd.

Toen die late veertigers rond de jaren zeventig toch aan bod kwamen, konden de dertigers van toen vrezen dat de posten voor lange tijd bezet zullen blijven. De jongeren gaan dus schudden aan de boom, in navolging van het oude tribale gebruik waarbij men de bejaarden jaarlijks de palmbomen injaagt. Ofwel klampt de oude zich vast en overleeft hij de beproeving, ofwel tuimelt hij samen met de rijpe vruchten naar beneden. Het Jongerenbureau-Martens schudt stevig en langdurig. Enkele voorbeelden.

Begin 1969, verschijnt het nulnummer van het veertiendaagse blad *Radikaal* ter vervanging van het maandelijks verschijnend, meer academisch *Tijdschrift der Jongeren*. Het blad mikt niet op een hoge oplage, maar wil vooral een instrument worden om de opvattingen van het Jongerenbureau te vertolken naar het CVP-bestuur en de pers. Het eerste nummer bevat al een provocerend artikel van Jean-Luc Dehaene:

''Participatie kan geen contestatie zijn. Het is er het tegengestelde van,'' verklaarde de Franse eerste minister Couve de Murville in zijn jongste TV-toespraak. We kunnen ons niet van de indruk ontdoen dat sommigen tegenover de CVP-Jongeren ongeveer dezelfde houding aannemen. (...) Wij hebben ons inderdaad in de partij geëngageerd (we hadden ook buiten kunnen blijven). We hebben ons echter niet geëngageerd om gedwee de richtlijnen te volgen, maar om er iets nieuws van te maken. Wij willen het dynamisch en vooruitstrevend element van de partij zijn. (...) De participatie, het engagement van de jongeren in de CVP mag geen alibi worden om hen de bek te snoeren. De jongeren moeten de nodige ruimte tot contestatie krijgen, zoniet is een jongerenbeweging in een partij niet leefbaar of moet zij vervallen tot een kweekschool van brave dienaars van de partijbonzen. Dat is zeker niet de ambitie van de huidige CVP-Jongeren.'

Met dubbele pet in Wonderbureau

Het CVP-congres van zaterdag 26 april 1969 waarop de breuk met de PSC wordt geacteerd en Robert Vandekerckhove tot eerste voorzitter van de autonome CVP wordt verkozen, stuurt ook Jongerenvoorzitter Martens met 259 stemmen naar het partijbestuur. Op het congres stelt Martens voor om, als eerste stap naar de progressieve frontvorming, het predikaat 'christelijk' uit de benaming van de partij te schrappen, maar een grote meerderheid van congressisten wijst dat af.[2] Toch doet hetzelfde CVP-congres op vraag van de Jongeren een oproep tot alle vooruitstrevende landgenoten om — over de levensbeschouwingen en sociale groepen heen — een rechtvaardige en democratische maatschappij uit te bouwen.

Enkele dagen nadien zal de vergrijsde BSP-voorzitter Leo Collard, in een ophefmakende 1 mei-rede zeggen dat de scheiding der politieke opvattingen volgens geloofsovertuiging achterhaald is en dat alle vooruitstrevende krachten zich moeten bundelen om de maatschappij in een meer rechtvaardige zin te veranderen.

Deze oproep stuit in officiële CVP-kringen op heel wat scepticisme: indien Collard de verzuiling wil doorbreken, dan zou hij dit ook in de werkelijkheid moeten bewijzen, niet zozeer door woorden maar ook in daden; een schitterende daad zou bijvoorbeeld zijn dat hij het vrij onderwijs volkomen gelijkschakelt met het rijksonderwijs, onder meer inzake subsidiëring van schoolgebouwen en de betaling der wedden van de geestelijken, zegt zowel Houben als Vandekerckhove.

Alleen Jongerenvoorzitter Wilfried Martens noemt de rede van Collard zeer positief. Volgens hem ligt de oproep volledig in de lijn van hetgeen de CVP-Jongeren al hebben bepleit in hun manifest over de progressieve partijvorming. Martens trekt trouwens tot groot ongenoegen van de CVP-tenoren tweemaal naar het bureau van Leo Collard aan de Keizerslaan om na te gaan welke gemeenschappelijke acties kunnen worden ondernomen.

Wilfried Martens heeft inmiddels een dubbele pet op: hij is voorzitter van het geruchtmakende Jongerenbureau, maar tevens lid van het traditionele CVP-bureau. Hoe combineert hij beide functies? Bij de jongeren is hij ongetwijfeld de chef. Het Jongerenbureau is vrij elitair samengesteld en duldt niet veel democratische controle. Wat zij bedenken krijgt zelden tegenwind van de overigens smalle basis. Jongeren die niet in de pas lopen zoals Rik Muller, Leo Weyts, Willy Lavaert en Marcel Verdonck, verdwijnen op de achtergrond en Herman Van Rompuy, in 1969 door het bureau gecoöpteerd op aandringen van Martens, geeft na twee vergaderingen ontslag omdat hij zich in dit 'té progressieve en té pluralistische' milieu niet thuisvoelt. Miet Smet zal hem vervangen.

Op het Jongerenbureau spreekt Wilfried steeds de beslissende woorden: 'Nu gaan we in de aanval, nu wordt er een communiqué uitgegeven, nu wordt er gezwegen.' Hij eist ook een totale loyaliteit naar de buitenwereld toe. Zijn bureau wordt een soort sovjet. 'We gaan ze platwalsen,' noemen de bureauleden dat lachend onder mekaar en ze zijn achteraf vaak verbaasd over het gebrek aan weerstand.

Wilfried Martens behoudt zich als chef echter het recht voor in het CVP-bestuur en -bureau de jongerenstandpunten op zijn manier voor te stellen, af te zwakken of als een verre, niet dadelijk realiseerbare doelstelling te omschrijven. Rita Mulier zal hierover getuigen:

'Ik zat op een bijzondere observatiepost, want ik was de enige die Martens zowel bij de jongeren zag samenzweren als daarna de verpakte boodschap hoorde vertalen in het hoofdbestuur. Vaak verkneukelde ik me erin, al had de operatie alles van handig geschipper. Ik voelde mij in het hoofdbestuur echt in de oppositie, in tegenstelling tot Wilfried die zich in beide vergaderingen goed voelde en geaccepteerd. Misschien had ik te weinig politieke ervaring om met die spanning om te kunnen gaan.'[3]

En een ander lid van het Jongerenbureau, Paul Pataer, zal zeggen: 'Sommigen van het Jongerenbureau begonnen de geur te snuiven van de politieke macht en meer belang te hechten aan het aanvaard worden door het machtscentrum van het politieke milieu.'

Zo zal Martens op het Jongerenbureau uitvaren tegen de 'fauna en flora' van de vredesbeweging, maar in 1969 toch mee opstappen in een anti-atoommars. Wel zal hij het aan Jean-Luc Dehaene overlaten om er namens de CVP-Jongeren het woord te voeren.

Op 1 maart 1969 wordt Wilfried Martens herkozen tot Jongerenvoorzitter en hij treedt aan met een vernieuwde ploeg die de geschiedenis zal ingaan als 'het wonderbureau'.

Leden ervan zijn (inclusief hun verdere loopbaan):

— Jean-Luc Dehaene (°1940) is verbonden aan de studiedienst

van het ACW, nadien kabinetsmedewerker of -chef van de ministers De Saeger, Oleffe, Herman, De Backer, Chabert en Martens en vanaf 1981 minister, formateur en vice-premier.

— Jan Huyghebaert (°1945) wordt nadien zelf Jongerenvoorzitter, adviseur van premier Tindemans, in 1979 schepen voor de haven van Antwerpen, in 1985 voorzitter van de Kredietbank en in 1991 voorzitter van Almanij.

— Georges Monard (°1942) is schepen van Hasselt en wordt in 1971 verkozen tot kamerlid. In 1978 wordt hij kabinetschef van onder meer de minister Gaston Geens en Daniël Coens voor onderwijsaangelegenheden, en is nu secretaris-generaal van het onderwijsdepartement.

— Miet Smet (°1943) begint haar loopbaan als persattaché van staatssecretaris Luc Dhoore. Van 1973 tot 1979 is ze directeur van het vormingsinstituut IPOVO, in 1978 CVP-kamerlid en sedert 1985 staatssecretaris voor Leefmilieu.

— Pol De Broe (°1938), adviseur van Theo Lefèvre, Rika De Backer en Jos Chabert, nadien secretaris-generaal van de Vaste nationale Cultuurpactcommissie, post die hij één jaar verlaat om directeur te worden van *De Brakke Grond* in Amsterdam.

— Rita Mulier (°1934) heeft nooit een vaste betrekking gehad, ze was free-lance vormingswerker bij de KAV, het Davidsfonds, Vermeylenfonds, Bond van de Grote en Jonge Gezinnen, vrouwenhuizen, Aktueel Denken. Zij is stichter en voorzitter van het Vrouwen-Overlegcomité (VOK), hoofdredacteur van het tijdschrift *De Nieuwe Maand*, in oktober 1985 kandidaat voor PAKS (Progressief Akkoord Kristenen en Socialisten) en sedert 31.7.91 emancipatie-ambtenaar bij de Vlaamse administratie.

— Pol Pataer (°1938), kaderlid bij de LBC tot 1985, wordt ontslagen vanwege zijn te progressief geachte ideeën, richt PAKS op en wordt in 1985 provinciaal senator voor PAKS dat zich als 'geestesverwant' aansluit bij de SP-fractie.

— Ward Bosmans (°1934) zal, omwille van zijn standpunten in het tijdschrift *Radikaal* van het Jongerenbureau, de Christelijke Centrale voor Metaalbewerkers moeten verlaten, is dan werkzaam bij de sociale dienst van de KULeuven, stapt in 1980 over naar de socialistische partij, vervult functies op socialistische kabinetten, wordt SP-gemeenteraadslid, maar breekt met de SP begin 1991.

De negen leden van dit 'wonderbureau', eerder toevallig samengebracht, hebben allen een spoor getekend in het zand van onze geschiedenis: een eerste minister, een voorzitter van een grote bank, twee regeringsleden, een senator, twee secretarissen-generaal...

Zes ervan blijven met min of meer overtuiging binnen de christen-democratische familie, drie stappen over naar het socialisme maar alle negen zeggen trouw gebleven te zijn aan de geest van het 'wonderbureau'.

Toch past omzichtigheid bij het beoordelen ervan. Het gevaar voor sublimatie is reëel. Wat achteraf met hen gebeurde kan wonderbaarlijker zijn geweest dan hun activiteiten van toen. Allicht hebben ze toch onder leiding van Wilfried Martens een werkmethode en een doorzicht in de politiek gekregen die hen naargelang van hun karakter en geaardheid met minder of meer schrammen door het verdere publieke leven hebben gevoerd.

Schokgolf van gemeenschapsschool

Heeft het vorige Jongerenbureau vooral bekendheid gekregen door zijn manifesten over de Vlaamse autonomie en de progressieve frontvorming, dit 'wonderbureau' doet een ware schokgolf door het politieke en christelijke landschap gaan met zijn pleidooi, opgesteld door Jean-Luc Dehaene en Monard, voor een net van pluralistische, gemengde gemeenschapsscholen dat geleidelijk de katholieke en de rijksscholen zou gaan vervangen.

Dit werkdocument wordt door het hele christelijke en katholieke establishment, de pers, het ACW en het nationaal secretariaat van het katholiek onderwijs (de Guimardstraat) in de meest striemende bewoordingen veroordeeld. Toch verdient het om hier even uit zijn wat karikaturale voorstelling te worden gehaald.

> Bij de herziening van het schoolpact in 1970 komen de CVP-Jongeren op voor een brede discussie over het nieuw onderwijsbeleid. Een pluralistische samenleving vraagt een andere opvoeding en vorming van de jeugd, een kritisch en geëngageerd onderwijs dat voorbereidt tot deelname aan de moderne samenleving. De verstarde organisatie van ons onderwijs staat de vorming van een nieuwe, open mentaliteit in de weg. Een pluralistische gemeenschapsschool voor een gemeenschapsvormend en -hervormend onderwijs wordt het doel. Er liggen twee voorwaarden aan haar basis: een democratische en representatieve structuur en een verregaande autonomie in de pedagogische aanpak.
>
> Er is een klimaat van vrijheid en creativiteit nodig om de jeugd de

weg te wijzen bij de vele keuzen die geboden worden en om haar te begeleiden tot haar zelfrealisatie. Meisjes en jongens, gelovigen en vrijzinnigen moeten elkaar leren kennen en waarderen op de schoolbanken. De CVP-Jongeren willen voor allen een gelijke toegang tot het onderwijs waarborgen. De gezamenlijke klaservaring, met ruimte voor gedeeltelijk gesplitste lessen, wordt een belangrijk democratisch middel.

Hoe willen de jongeren een dergelijk ideaal bereiken? Zeker niet van vandaag op morgen, maar wel via de weg van geleidelijkheid. De eerste experimenten kunnen er komen door inplanting van pluralistische scholen in de grote agglomeraties. De neutrale rijksschool en het vrij onderwijs zullen beide geleidelijk aan evolueren naar een open gemeenschapsschool. Het gemeentelijk en provinciaal onderwijs kunnen de weg wijzen.

Een eerste belangrijke vernieuwing: het rijksonderwijs moet een eigen koepelinstelling krijgen. Eén voor Vlaanderen en één voor Wallonië in een federale optiek. De Vlaamse minister kan dan geleidelijk voor beide netten werken aan een nieuw beleid. Hij zal daarbij geholpen worden door een nationale onderwijsraad en een interuniversitair pedagogisch centrum, belast met de programma's en het pedagogisch kader van het onderwijs. Een representatieve vertegenwoordiging van de belanghebbenden bevordert de democratie en de autonomie op ieder niveau, de school, in de streek en op het regionale vlak. Daar komen telkens onderwijsraden of -commissies.

De schoolgebouwen worden echte gemeenschapshuizen en staan ter beschikking van de plaatselijke bevolking. Als tegenprestatie valt de scholenbouw ten laste van de gemeenschap.[4]

Na de publicatie van dit manifest overweegt de CVP-top ernstig sancties te nemen, vooral nadat Wilfried Martens en Jean-Luc Dehaene enkele malen in publieke vergaderingen als disputanten zijn opgetreden tegen monseigneur Daelemans, de charismatische leider van het katholiek onderwijs. Zelfs binnen de christelijke arbeidersbeweging dringen sommigen aan op het ontslag van Dehaene, werkzaam op de ACW-studiedienst. De verdediging van het katholiek onderwijs is immers voor velen het begin en het einde van de christen-democratie.

De CVP-leiding blijkt echter te zwak en de partij te verdeeld. Ze heeft de schok van de verwijdering met de PSC na het 'Walen buiten' van 1968 nog niet verwerkt. Bovendien begint de contestatie van de Parijsrevolte van mei 1968 zich in de politieke en sociale instellingen te manifesteren. Er zijn ook klaarzienden, zoals Theo Lefèvre en Robert Vandekerckhove die deze jongeren recupereerbaar achten en hen een beschermende hand boven het hoofd houden.

Frank Swaelen, toen nationaal partijsecretaris herinnert zich die periode zeer goed:

'Ik was vertrouwensman van Vandekerckhove en reed na de partijbureaus met hem van de Tweekerkenstraat te Brussel naar het station te Mechelen. Wij hadden onder mekaar veel kritiek op de manifesten voor de progressieve frontvorming en de pluralistische gemeenschapsschool. Binnen de partij eisten velen dat de jongeren tot de orde zouden worden geroepen of dat er een prealabele censuur zou worden ingesteld. Sommigen stelden zelfs voor Martens buiten te gooien om met anderen een meer traditionele jongerengroep op te richten. Maar ikzelf en Vandekerckhove zijn Martens en het recht van de CVP-Jongeren om hun stem te laten horen, steeds blijven verdedigen.'[5]

CVP-Jongeren over de pels geaaid

De partij werkt inmiddels ook hard aan haar eigen *aggiornamento* en bereidt vijfentwintig jaar na het kerstprogramma van 1945, een nieuw programma voor dat op 19 en 20 december 1970 in de Kortrijkse Hallen wordt besproken. Van dit congres herinneren velen zich alleen de ethische vragen van CVP-PSC-voorzitter Robert Houben. In feite stuurt het congres, onder meer onder druk van de CVP-Jongeren, het wat conservatief, verwaterde CVP-programma in een duidelijk progressieve richting. Zowel in de voorbereiding, als op het congres zelf kunnen de jongerenploegen heel wat van hun standpunten doorduwen.

De congresresoluties van Kortrijk ademen nog zichtbaar de geest uit van de toen mooi opgaande welvaartsstaat. Algemeen uitgangspunt was: de CVP wil een vooruitstrevend beleid voeren dat gericht is op de toekomst en de vooruitgang waarbij de kwaliteit van het menselijk bestaan en de democratisering van de gemeenschap vooraan staan. De CVP blijft echter een volkspartij met een welbepaalde visie op het algemeen welzijn die gedragen wordt door een aantal zedelijke waarden, gegroeid uit het christelijk humanisme.

Concreet wil de partij onder meer voorrang verlenen aan de toenemende behoefte aan collectieve voorzieningen en diensten. De commissies van openbare onderstand moeten worden omgevormd in centra voor sociale bijstand. Iedere behoeftige burger heeft recht op een gewaarborgd minimuminkomen dat koopkrachtvast en welvaartvast moet zijn en toegekend moet worden ongeacht de oorzaak van de behoeftige toestand.

Voor de financiering van de sociale zekerheid moet de last van de bijdragen over de hele bevolking worden gespreid, in een rechtvaardige verhouding tot haar financiële draagkracht langs de verhoging van de inkomens- en loongrenzen en de aanpassing van de bijdragepercentages en door bijkomende heffingen op de kapitaalsintensiteit van de bedrijven. Verder komt de partij op voor de benoeming van een ombudsman, wil ze de actie van de verbruikersverenigingen aanmoedigen, en vraagt ze een democratische controle op de monopolistische massamedia.

Al deze punten vindt men ook terug in het manifest voor een progressieve frontvorming. Opmerkelijk is ook de paragraaf die onder stuwing van de CVP-Jongeren tot stand komt:

'Bouwend aan de maatschappij van morgen en aan de opvoeding van de jeugd die deze maatschappij zal bevolken, zal de CVP bij het plannen van de onderwijshervormingen ernstig rekening houden met de idee van een pluralistische gemeenschapsschool.'

Verder is er sprake van de strijd tegen de ongebreidelde grondspeculatie, de oprichting van grondregieën, een planmatig beleid door het uitwerken van meerjarenplannen, de voorrang van de bevrediging van de essentiële collectieve behoeften in een rechtvaardig en doelmatig economisch beleid, de plicht van de overheid aanvullende initiatieven te nemen op economisch gebied waar dit nodig is, enzovoort.

Ook de grote tenoren op het congres aaien de CVP-Jongeren over hun pels. Jos De Saeger zegt tot veler verbazing wel iets te zien in de gemeenschapsscholen als oplossing van het onderwijsprobleem in Brussel. Eerste minister Gaston Eyskens kondigt aan dat hij een experiment van gemeenschapsschool op hoog niveau gaat verwezenlijken: de bovenbouw van de Antwerpse universitaire faculteiten Sint-Ignatius en van het RUCA zal de vorm aannemen van de pluralistisch opgevatte Universitaire Instelling Antwerpen.

Vooral de slotwoorden van de vijfenzestigjarige premier, maken grote indruk:

'Vrienden, de grondwet werd herzien door de overgrote meerderheid van de vertegenwoordigers van het Vlaamse volk. De CVP kan zich nu inzetten voor het volk dat autonomie kreeg, dat een droom van de oude flaminganten in vervulling ziet gaan. Vrienden, met ongerepte trouw heb ik dit volk gediend. Als we eendrachtig blijven, kunnen we samen nog grote dingen doen.'

Hierop veert de zaal recht voor een lange ovatie, terwijl Gaston Eyskens met een pruilmond van het podium stapt en op een eenzame stoel gaat zitten.

Het peloton van de verslagenen

Negen maanden later, op 24 september 1971, na nachtelijke vergaderingen van de kabinetsraad, maakt eerste minister Eyskens bekend dat de Kamers acht maanden vroeger dan de grondwettelijke datum worden ontbonden. Volkomen onverwacht komt dit niet, maar het is toch een nieuwigheid. Er is immers geen regeringscrisis geweest. De coalitie van christen-democraten en socialisten heeft flink werk gepresteerd en de herziening van de grondwet kunnen doorvoeren, ook al beschikten ze niet over de vereiste twee derde meerderheid. Premier Eyskens geniet het vertrouwen van de bevolking en kan rustig zijn regeertermijn uitdoen, ondanks het CVP-verzet tegen zijn Voerontwerp, dat zes dorpen administratief afhankelijk wilde maken van de minister van Binnenlandse Zaken.

Wat is er dan gebeurd? Een opiniepeiling, in juli 1971 uitgevoerd, heeft aangetoond dat de CVP-PSC voor de eerste maal sedert 1958 terug aan de winnende hand is. Op 17 september 1971 schrijft *De Standaard* dat de ministers die tot de ACW-vleugel behoren, mede op basis van die gunstige evolutie, op een geheime vergadering tot het besluit zijn gekomen 'dat de regering best mooi en vlug kon heengaan' en niet via een crisis maar door een vervroegde Kamerontbinding. Dit bericht wordt echter door de ACW-krant *Het Volk* afgedaan als 'een boosaardige kwakkel, bedoeld om het ACW in diskrediet te brengen'. Hierop volgt een heftige polemiek. Op 23 september pakt het weekblad *Pourquoi Pas?* uit met een interview van BSP-voorzitter Edmond Leburton, waarin hij ronduit zegt dat hij de CVP beu is. 's Anderendaags worden de Kamers volgens het ACW-scenario ontbonden en verklaart premier Eyskens dat ook zonder het incident-Leburton de regering tot die stap zou zijn overgegaan.

De Franstalige regionale partijen worden de grote winnaars van de vervroegde verkiezingen van 7 november 1971. Ze verdubbelen hun aantal kamerzetels: het FDF van vijf naar tien, het Rassemblement Wallon van zeven naar veertien zetels. De Volksunie die haar grote sprong voorwaarts al in 1968 heeft gemaakt, behaalt nog één zetel meer en heeft er nu eenentwintig in de Kamer.

De zogenaamde traditionele partijen vertonen verschillende trends volgens de landstreek: in Vlaanderen wint de PVV een zetel, in Wallonië verliest de PLP elf kamerzetels en in Brussel nog eens drie. De CVP verliest twee zetels in Vlaanderen, de PSC wint er twee in Wallonië. De Vlaamse socialisten behouden hun statusquo en in Wallonië winnen de socialisten twee zetels.

De CVP heeft dus verkeerd gegokt. De opiniepeiling is niet bewaarheid. Een nieuw onderzoek toont aan dat precies de vervroegde Kamerontbinding het vertrouwen in Eyskens 'de politieke mirakeldoener' heeft geschokt. Nochtans is er ook een lichtpuntje voor de CVP: Antwerpen is naast Brugge de enige kiesomschrijving waar de CVP een lichte vooruitgang boekt. Dit wordt vooral toegeschreven aan de toenmalige minister van Communautaire Betrekkingen Leo Tindemans, die zijn naamstemmen verdubbelt tot 33.684. Dat zal later zeer betekenisvol blijken.

Op 9 november, de dinsdag na die verkiezingen, zit het 'wonderbureau' in het refterke op de eerste verdieping van de Tweekerkenstraat te grienen. Ze voelen zich het peloton van de verslagenen. Wilfried Martens wie de vijfde verkiesbare plaats op de Gentse kamerlijst was toegezegd, moest naar de zesde plaats verhuizen (3427 naamstemmen), nadat ACW-minister Placide De Paepe de Martens-plaats had opgeëist voor zijn privé-secretaris Adhemar Deneir (837 naamstemmen). Brugge had Martens nog wel gevraagd daar CVP-lijsttrekker te worden, maar bij de definitieve beslissing verkoos het ACW de plaatselijk rijzende ster Daniël Coens met één of twee stemmen meer. Martens grijpt dus andermaal naast een kamerzetel, terwijl zijn vroegere strijdmakkers Mik Babylon en Maurits Coppieters al aan hun derde parlementair mandaat beginnen.

Ward Bosmans en Rita Mulier zijn in Antwerpen niet op de lijst geraakt, Miet Smet krijgt in Sint-Niklaas een vijfde, hopeloze plaats en Pol Pataer wordt in Gent te licht bevonden. Jan Huyghebaert heeft als tweede plaatsvervanger slechts 278 stemmen in Antwerpen en Jean-Luc Dehaene geraakt aan 691 stemmen als twaalfde kandidaat op de CVP-lijst te Brussel. Alleen Georges Monard verovert een kamerzetel in Hasselt met 9174 naamstemmen.

De verslagenheid is zeer groot. Het 'wonderbureau' dreigt in de vuilnisbak van de geschiedenis terecht te komen. De CVP-Jongeren worden er zich pijnlijk van bewust dat ze al die jaren bijzonder veel provocerend en stimulerend denkwerk hebben geleverd, maar er niet in zijn geslaagd een beweging of een brede stroming binnen de partij te verwekken. Of zoals Jean-Luc Dehaene het achteraf zou uitdrukken: 'Het wonderbureau was een grote kop met weinig lijf...'

De beschermheren Robert Vandekerckhove en Jos De Saeger proberen voor de zwaar ontgoochelde Martens nog een staatssecretariaat uit de brand te slepen. Ook daarin slagen ze niet. Premier Eyskens benoemt Toon Steverlynck in zijn nieuwe regering tot staatssecretaris voor de Middenstand.

Uit de kille woede van die dagen zouden een kracht en een ambitie ontstaan die het land voor de volgende twintig jaar zullen tekenen.

HOOFDSTUK 6

The making of a president

Donderdag 27 januari 1972. De Kamer bespreekt in een oeverloos debat het regeerakkoord. De stemming wordt pas laat in de nacht verwacht. Na 75 dagen crisis is een nieuwe christen-democratisch-socialistische regering gevormd, onder leiding van Gaston Eyskens en met als vice-premier de Waalse socialist André Cools.

Het is 19 uur. Kamerlid Frank Swaelen gaat naar de regeringsbank en vraagt premier Eyskens of een aantal jonge CVP-parlementsleden de zitting een tijd mag verlaten voor een belangrijke bespreking over het CVP-voorzitterschap. Na enig aarzelen geeft Eyskens toe, maar vraagt de kersverse minister van Landbouw, Leo Tindemans, in het parlementair halfrond te blijven.

In het ministerieel kantoor van Frans Van Mechelen, op de tweede verdieping van het Brittaniahouse, volgestouwd met zetels en sofa's, druppelt een twaalftal veertigers binnen. De informele groep, bekommerd om het *renouveau* van de CVP, kwam al enkele malen bijeen voor vrijblijvende gesprekken op het kabinet van Leo Tindemans. Nu CVP-voorzitter Vandekerckhove definitief aanvaard heeft voorzitter te worden van de Vlaamse Cultuurraad, wordt zijn opvolging zéér dringend.

Johan Fleerackers, kabinetschef van minister Van Mechelen, fungeert als gastheer. Wilfried Martens, Frank Swaelen, Jos Chabert, Luc Dhoore, Jaak Henckens, Paul De Keersmaeker, Gaston Geens, Guido Verhaegen, Marcel Storme, Herman Deleeck, Roger Dillemans, Petrus Thys en allicht nog enkele anderen (maar over hun aanwezigheid bestaat twijfel) houden hier een historische vergadering. Fleerackers verwelkomt hen en hoopt dat ze tot een conclusie zullen komen.

De groep heeft eerst gedacht aan de vijftigjarige Leo Tindemans. Hij was bijna tien jaar nationaal partijsecretaris geweest, had zich ontpopt tot een bezielend en inspirerend christen-democratisch spreker en liet bovendien een behoorlijke indruk achter van zijn driejarig ministerschap van Communautaire Betrekkingen. Minister Tindemans heeft een huis gebouwd in Edegem en is vader van vier jonge kinderen. Het partijvoorzitterschap zou voor hem een serieus inkomensverlies betekenen.

Je moest in die tijd al een rijk notaris zijn, zoals Vandekerckhove, of een geslaagd bedrijfsleider, zoals Vanden Boeynants, om partijvoorzitter te kunnen zijn. Voorzitter Vandekerckhove ontving jaarlijks, als enige vergoeding, circa 40.000 fr voor zijn verplaatsingskosten. Er waren vage plannen om Leo Tindemans een professoraat in Leuven aan te bieden of ondervoorzitter te maken van de Boerenbond, maar erg concreet was dat allemaal niet. Bovendien drong de leiding van de Boerenbond sterk aan opdat Tindemans, met zijn Europese ervaring, de portefeuille van Landbouw zou aanvaarden.

Na wat algemene bedenkingen over mogelijke kandidaturen stelt Marcel Storme voor dat de personen over wie beraadslaagd wordt, buiten gaan. Zo moeten alvast Gaston Geens en Luc Dhoore even antichambreren. De meest levendige gedachtenwisseling heeft evenwel plaats nadat Wilfried Martens en Jos Chabert het kantoor verlaten hebben. Het heeft er wellicht niets mee te maken — of toch? — maar beiden zijn advocaat en hebben in hun studententijd een welsprekendheidstoernooi gewonnen.

'Je zou toch wat moeten inbinden'

Uit de ondervraging van verschillende leden van de groep waarom zij uiteindelijk voor de omstreden Martens en niet voor de meer geruststellende figuur Chabert kozen, krijgen we een beter beeld van wat er op dat ogenblik binnen de CVP leefde.

'Wilfried', zo zeggen ze, 'had een duidende kracht. Hij was weliswaar geen charismatische figuur, maar kon zich voor iets inzetten en het goed verwoorden. We voelden ook dat zijn Jongeren-manifesten uitgingen van een diepe bekommernis die bij velen van onze generatiegenoten leefde. Er zat wel iets utopisch in de teksten, toch boden ze een uitweg voor de partij die op dat ogenblik een sterk conservatief beeld had en gelijkgesteld werd met de macht waaraan ze zich bovenmatig vastklampte. Met het autonomie-manifest van Wilfried kon men loskomen uit de communautaire janboel, waar de CVP altijd in de verdediging speelde en nooit offensief met eigen ideeën naar buiten was gekomen.

'Velen van ons hadden moeilijkheden met het manifest over de pluralistische school en ook wel met het gemeenschappelijk optreden van Martens en Collard, maar we bleven daar minder bij stilstaan, want het kwam er in de eerste plaats op aan een voorzitter van formaat te kiezen met een overtuigende manier van optreden. De partij leed onder een gebrek aan professionele leiding. Wij verwachtten van die jongeman die bewezen had vergaderingen te kunnen leiden en geslaagde acties te kunnen voeren dat hij de CVP niet alleen een stem zou geven — dan was de voorkeur allicht naar Chabert gegaan — maar dat hij inhoudelijk en organisatorisch een leemte ging opvullen.'

De groep had ook het gevoel dat Martens nooit volledig achter de manifesten van de progressieve frontvorming en pluralistische gemeenschapsschool had gestaan. Dat waren de 'speeltjes van de jeugd', aangereikt door de theoretici van *Universitas* en het tijdschrift *De Maand*. Bij niemand kwam het op dat Martens er ooit aan zou denken het katholiek onderwijs op de helling te zetten.

Niet alleen in het kantoor van minister Van Mechelen is er die avond fel gesproken. Ook de twee kandidaten die antichambreren, hebben een drukke conversatie. Of beter gezegd, Jos Chabert houdt een lange monoloog:

'Wilfried, jij moet dat doen. Als Brusselaar kan ik geen Vlaamse partij leiden, mijn communautaire standpunten gaan altijd verdacht overkomen. Houben en monseigneur Daelemans dringen bij mij wel sterk aan, maar het is meer uit schrik voor jou. Wilfried, we zijn allebei jong en kunnen samen veel verwezenlijken. Ik kan met jou evenwel slechts samenwerken als je de christen-democratische beginselen onverkort gaat verdedigen. Ik ken onze mensen. Ze zijn erg gevoelig voor hun scholen. In de Vlaamse gemeenten moet je ook niet afkomen met toenadering tot de socialisten. Dat is goed voor intellectuelen, maar in onze gildenhuizen en voor onze lokale mandatarissen blijven de socialisten de grote boemannen. Ik ben ook nooit gelukkig geweest met je autonomie-manifest, dat weet je. Waarom onze macht afstaan op het ogenblik dat het Vlaanderen eindelijk goed begint te gaan, op financieel, economisch, sociaal en industrieel gebied?'

Wilfried Martens die tot dan toe onbewogen Chabert beluisterd heeft, zegt scherp:

'Vlaanderen kan België niet domineren, want dan zal het land vlugger dan je denkt uiteenspatten. De federale techniek is precies bestemd om dit soort spanningen op te vangen en dat impliceert afstaan van macht.'

Zowel Wilfried Martens als Jos Chabert herinnert zich nu nog zéér goed dit gesprek onder vier ogen, ook al relativeert Martens meer dan Chabert het belang ervan. Hoe dan ook, sedert die dag worden Martens en Chabert zowat onafscheidelijk en dat zal duren tot 2 april 1981 als het Waalse dorpje Poupehan voor het eerst in onze nationale geschiedenis opduikt. Maar daarover meer in hoofdstuk 9.

Als de kandidaten worden binnengeroepen, zegt Roger Dillemans: 'Het verdict is gevallen. Wilfried wordt voorzitter, Jos moet fractieleider worden (applaus). Wilfried, we staan echter voor een moeilijke opdracht, want velen in de christelijke en sociale wereld staan wat huiverig tegenover jou. We hebben afgesproken vertrouwenwekkende demarches te doen bij Gust Cool, monseigneur Daelemans en anderen. Je zou toch wat moeten inbinden.'

Hierop gaat de groep uiteen, de kamerleden terug naar het parlement. Frank Swaelen fluistert Eyskens op de regeringsbank in het oor dat de keuze op Martens is gevallen. 'Een uitstekende keuze,' zegt Eyskens, 'ik vreesde dat het Chabert zou worden.'

Heeft die groep de doorslag gegeven om Martens te verkiezen of consacreerde hij een bestaand gevoel? Beide stellingen hebben hun verdedigers. Alleszins lieten de politieke spraakmakers in de Vlaamse CVP, De Saeger en Vandekerckhove, tevoren al hun voorkeur voor Martens blijken.

Enkele dagen na de historische vergadering van de veertigers komt op 1 februari 1972 het bureau van de Vlaamse CVP bijeen. Daar treedt opnieuw aarzeling op. Robert Vandekerckhove heeft een lang gesprek gehad met de nationale CVP-PSC-voorzitter Robert Houben en vraagt of de partij niet overhaast tewerk gaat en of het niet beter ware bijvoorbeeld senator Hulpiau een tijdlang de algemene leiding van de partij toe te vertrouwen met naast zich, als dauphin, Wilfried Martens die voor de organisatorische leiding zou instaan.

Dit voorstel wordt enkele uren nadien weggevaagd door het hoofdbestuur waarvan verscheidene leden behoren tot de groep van de veertigers. Zij bepleiten een schokeffect en de onmiddellijke aanstelling van Martens. Zijn benoeming zou dan achteraf moeten bekrachtigd worden door een algemeen congres. Dit gaat volgens gewezen minister Bertrand te ver en hij stelt de compromisformule voor: de arrondissementen kunnen kandidaten voorstellen voor het CVP-voorzitterschap, maar het hoofdbestuur spreekt zich uit ten gunste van Wilfried Martens. Een congres, te houden op 4 maart, zal beslissen.

Dit nieuws verwekt zéér uiteenlopende, meestal kritische reacties in het politieke milieu. De commentator van *De Standaard*, Manu Ruys, geeft op 4 februari een algemeen gevoel weer waar hij schrijft: 'Gelooft Wilfried Martens nog in de christen-democratie als een blijvende en geldige formule tussen socialisme en liberalisme? Destijds heeft hij in zijn gesprekken met Leo Collard over de progressieve frontvorming de indruk gewekt dat hij de CVP beschouwde als een overgang naar zo'n progressieve verzameling. Denkt hij dat nog steeds? Zo ja, volgt een meerderheid in de partij hem op die weg? Zo neen, hoe is dan vandaag zijn visie?'

Afzweringsinterview, verdichting en waarheid

Hier past een persoonlijk getuigenis, bedoeld als historische rechtzetting over de rol die *De Standaard* toen zou gespeeld hebben in de verkiezing van de CVP-voorzitter. In een aantal artikels en interviews[1] zegt Verleyen dat hij als jong redacteur *De Standaard* verlaten heeft voor het weekblad *Knack*, omdat de krant 'meer op een politiek bureau dan op een redactie leek'. Ruys zou in permanent contact hebben gestaan met mensen zoals Placide De Paepe en Fred Bertrand, om de kandidatuur van de meer ervaren Hulpiau naar voren te schuiven voor het CVP-voorzitterschap.

Ruys zelf heeft dit reeds enkele malen rechtgezet en voor dit boek zegt hij opnieuw:

'De versie Verleyen is verzonnen en onjuist. Verleyen gelooft na een tijd heel hard in wat hij uitgedacht heeft. Als hij dat dan ook in interviews rondstrooit, groeit een legende. Het is onwaar dat ik ooit op de redactie een *prise de bec* zou hebben gehad met Frans Verleyen over de kandidaatstelling van Wilfried Martens. Ik heb Frans Verleyen terzake nooit geraadpleegd, waarom zou ik? Wij hebben trouwens ook nooit zitten *konkelfoezen* zoals Verleyen schrijft.'[2]

Het verhaal-Verleyen is ongeloofwaardig voor al wie de koele en vaak gespannen verhouding in die periode kende tussen *De Standaard* en de ACW-bonzen De Paepe, Bertrand en Hulpiau. Wél werd op de redactie tussen Manu Ruys en mezelf vaak, tijdens onze lange ochtendgesprekken, over de keuze van de CVP-voorzitter luidop nagedacht. Het was immers een belangrijk politiek evenement.

Ik was toen zeven jaar werkzaam op de politieke redactie, na van 1961 tot 1965 secretaris geweest te zijn van Leo Tindemans. Ik had al mijn politieke bindingen doorgeknipt, maar kwam nog regelmatig samen met een groep vrienden die bij belangrijke politieke gebeurtenissen de hoofden bij elkaar staken, meestal ten huize van Tindemans.

Wij hadden herhaalde malen van gedachten gewisseld over het CVP-voorzitterschap en toen Tindemans zelf niet te overtuigen bleek, had de groep resoluut gekozen voor Wilfried Martens. Op de redactie deed ik de indruk op, terecht of ten onrechte, dat Manu Ruys eerder de kandidatuur van Jos Chabert genegen was, die evenals hij in Meise woonde.

Toen de kandidatuur van Wilfried Martens officieel bekend werd, stelde ik hem op de eerste pagina van de krant vrij positief voor onder de titel: 'Wilfried Martens: de nieuwe dimensie'.[3] Hierop volgde het geciteerde kritische commentaar van Ruys op 4 februari.

Ik nam contact op met Wilfried Martens, sprak hem over de bezwaren op de krant en stelde hem een interview voor waarin hij zijn standpunten zou kunnen toelichten. Wilfried Martens zei niet ja of niet neen, maar nam, zoals nu blijkt, contact op met Jean-Luc Dehaene en samen stelden ze enkele kernzinnen op. Na enkele uren kreeg ik een telefoontje van Wilfried Martens dat het voor hem oké was en zo kon ik het interview maken dat op zaterdag 5 februari verscheen onder de kop: 'Martens: Met Collard verdween de kans op progressief front'. Dit vraaggesprek is achteraf door velen geïnterpreteerd als 'dé grote afzwering van Martens'.

Omdat ook rondom dat vraaggesprek aan mythevorming is gedaan, lijkt het interessant de belangrijkste passussen in dit boek op te nemen.

— 'Uw naam is zeer sterk verbonden aan manifesten van CVP-Jongeren die soms zeer controversieel waren en in uw partij niet steeds op applaus werden onthaald. Staat u daar nog achter?'

Martens: 'Vanzelfsprekend blijf ik staan achter wat ik als jongerenvoorzitter heb gedaan. De taak van de jongeren heb ik altijd gezien als een aanbreng van nieuwe ideeën en jong bloed in de partij. De jongeren moeten de tolk zijn van hetgeen in hun generatie leeft. Zoniet verwijdert de partij zich van de meest-actieven en treedt de vergrijzing op. Ik heb tijdens dit voorzitterschap ook steeds de brug willen zijn tussen jongeren en partijleiding. Onze manifesten werden open besproken in het partijbestuur en sommigen kregen heel wat aanmoediging.'

— 'Van de drie manifesten die onder uw leiding werden gepubliceerd heeft dit over de autonomie in Vlaanderen de minste weerstand gewekt. Maar de vrees wordt uitgesproken dat het uw toekomstige relaties met de PSC zou kunnen bemoeilijken.'

Martens: 'Ons autonomiemanifest werd grotendeels overgenomen in het verkiezingsprogramma van de CVP in 1968. Het werd in zijn essentiële punten uitgevoerd in de grondwet: cultuurfederalisme — ik aarzel niet het zo te noemen — en gewestvorming. Dit kan de samenwerking met de PSC dus zeker niet bemoeilijken. De PSC is trouwens even tuk op haar autonomie als de CVP wanneer het over deze kwesties gaat. Maar ik ben steeds voorstander geweest van het overlegorgaan van de CVP en PSC waar de politieke tactiek en strategie wordt vastgelegd. Het is een gelukkige formule. Ik tel trouwens heel wat vrienden in de PSC.'

— 'Uw manifest over de gemeenschapsschool heeft bij velen kwaad bloed gezet en werd beschreven als een ondermijning van het katholiek onderwijs.'

Martens: 'Hierover heerst veel misverstand. Vooreerst wil ik met klem de bewering die in uw krant verscheen tegenspreken als zou ik destijds felle kritiek hebben uitgeoefend op het traditionele katholieke onderwijs. Ik ben zelf opgegroeid in dat onderwijs en ben er dankbaar voor. Wel heb ik felle kritiek uitgebracht op de mensen of groepen die het onderwijsvraagstuk willen stellen en oplossen in termen van ideologisch en politiek machtsevenwicht.'

— 'Het schoolpact moet worden herzien, zult u aan de zijde van het katholiek onderwijs staan?'

Martens: 'Die vraag klinkt gek.'

— 'In politieke kringen wordt ze zo gesteld...'

Martens: 'Persoonlijk ben ik steeds tegen elke discriminatie, vooral dan op schoolgebied, ook inzake bouwkosten. Ik zal er met hart en ziel voor vechten dat die discriminaties tussen vrij en officieel onderwijs verdwijnen.

'Verder wil ik de samenwerking tussen de onderwijsnetten bevorderen, ook op het regionale vlak. Dat stond in ons manifest, het staat nu in de regeringsverklaring. We zijn ook steeds geweest voor een decentralisatie en een autonomie van de schoolgemeenschappen. De rijksscholen zouden zelfstandig moeten kunnen optreden.'

— 'En de gemeenschapsschool?'

Martens: 'Met de jongeren hebben wij voorgesteld te experimenteren met een nieuw schooltype dat ik gemeenschapsschool heb genoemd en waarvan een der kenmerken het levensbeschouwelijk pluralisme zou zijn. Fundamenteel verschilt zulke school totaal van een neutrale rijksschool. Deze idee is in volle rijping. Op het congres van Kortrijk werd ze door alle congressisten bijgetreden en verdedigd door minister De Saeger. Het experiment staat nu in de regeringsverklaring, goedgekeurd door de partijraad van de CVP. Ik voel me dus zeer comfortabel. Maar dit experiment zien als een aanval op het katholiek onderwijs, lijkt mij geen erg zuivere redenering. Voor ons gaat het in de eerste plaats om de keuzevrijheid van de ouders.'

— 'Mijnheer de kandidaat-voorzitter, ik wil het waslijstje van bezwaren volledig afwerken, de progressieve frontvorming...'

Martens: 'Ons manifest daarover kwam tot stand in de contestatieperiode van 1968, na de verkiezingsnederlaag van de CVP. Het droeg trouwens als titel: de rol van de CVP in de vernieuwing van het Belgische politieke leven. De jongeren wensten een nieuwe inhoud te geven aan de partij. Dit werd reeds grotendeels gerealiseerd op het congres van Kortrijk. Wij wilden de collectieve bestedingen toevertrouwen aan grondig vernieuwde gemeenschapsdiensten opdat iedereen in deze maatschappij aan zijn trekken zou kunnen komen en niet alleen diegenen die ingeschakeld zijn in het produktieproces. De jongeren wensten vooral de partij 'n eigen gelaat te geven, zich af te zetten tegen de verouderde standpunten van de BSP en de PVV. Ook tegenover de Volksunie moeten wij opnieuw een eigen identiteit verwerven.'

— 'Maar toch wilde u front vormen met de socialisten.'

Martens: 'Ja, op een belangrijke voorwaarde die herhaaldelijk in het manifest werd beklemtoond: bij de BSP moest zich een gelijkaardige drang naar vernieuwing aftekenen. De "oproep van Collard" gaf ons een tijdlang de indruk dat daar iets bewoog. Vermits christen-democraten en socialisten toch voorbestemd leken om jarenlang nog coalities aan te gaan, stelden wij de vraag of zulke regeringen niet doelmatiger en met meer bezieling zouden kunnen optreden indien zij het op voorhand over een minimum-programma eens werden...

'Maar dat is voltooid verleden tijd. De socialistische bereidheid tot gesprek en vernieuwing is volledig verdwenen na Collard. Zijn opvolgers schijnen er enkel maar op uit te zijn de CVP te vernederen en te isoleren. Het lijkt thans uitgesloten nog tot afspraken te komen met de socialisten zoals bedoeld door Collard en ons manifest.'

— 'Gedaan dus met de progressieve frontvorming?'

Martens: 'Dat is verleden tijd. Met het verdwijnen van Collard is die lijn afgebroken. Het heeft trouwens bij de jongeren in de BSP ook onbehagen én ontmoediging verwekt.'

— 'Hoe hoog slaat u uw kansen aan?'

Martens: 'Ik heb vertrouwen. De reacties uit de arrondissementen zijn niet ongunstig. Voor velen is het wel even een schok geweest. Maar of ik nu alleen kandidaat ben of niet, ik wens een duidelijke verkiezing. De mensen die tegen mij zijn, moeten volgens hun overtuiging stemmen. Krijg ik het vertrouwen, dan zal mijn inzet ook totaal zijn.'

'Hij zwoer meer af dan werd gevraagd'

In de loop van de drie of vier telefoontjes waarin het interview tot stand kwam, had ik Wilfried Martens ook aangeraden contact op te nemen met hoofdredacteur Manu Ruys. Martens zelf zegt hierover nu:

'Ik herinner me dat nog zéér goed. Ik ben zondagmorgen 6 februari met mijn kevertje van de Vennenborglaan 190, waar mijn schoonouders wonen, naar de Rooststraat in Meise gereden. Manu Ruys ontving mij zeer hartelijk. Hij leek opgetogen over het interview. Ik sprak hem ook over een besloten vergadering in Steenokkerzeel, waar Theo Lefèvre en Jos De Saeger mij heel open hadden onderhouden over hun ontmoedigende contacten met de socialistische leiders. Manu zei tot slot: "De keuze van een voorzitter is een intern partijprobleem, als ongebonden krant kunnen wij daarin niet tussenbeide komen. Ik begrijp uw inzichten nu echter beter. De krant zal hierover evenwichtig berichten, maar geen partij kiezen."

Bij het afscheid op de oprit toen ik naar mijn wagentje stapte zei Ruys nog: "Veel succes" en dan na enig aarzelen, "mijnheer de voorzitter".[4]

Twee dagen later, op 8 februari, schrijft Ruys:

'Wilfried Martens beweert dat hij in de christen-democratie gelooft en zijn partij een nieuwe menselijke dimensie wil geven. Hij is een knappe jongen die nu moet bewijzen dat zijn partij geen ten dode opgeschreven structuur is, maar integendeel nog zin heeft en nieuwe wegen kan opgaan. Een partij ook die voorafgaandelijk de communautaire zolder kan opruimen. Voor een jong partijvoorzitter moet dat een opwindende uitdaging zijn.'[5]

Had een andere houding van *De Standaard* enig effect gehad op de verkiezing van Martens tot voorzitter? Het is weinig waarschijnlijk, tenzij een wekenlange campagne in regel tegen zijn kandidatuur zou zijn gevoerd. Dat is echter niet de stijl van *De Standaard* en zeker niet van Manu Ruys.

Het interview in *De Standaard* gevolgd door een reeks gelijkaardige verklaringen[6] maken bijzonder veel reacties los. De christelijk geïnspireerde pers reageert over het algemeen afwachtend. De socialistische pers doet schamper. Zo schrijft BSP-voorzitter Jos Van Eynde[7] dat Martens de schuld van de eigen koerswending in de schoenen van de BSP-leiding schuift om de hogere cenakels van de katholieke partij en kerk gerust te stellen.

Rita Mulier, lid van het 'wonderbureau', zal later zeggen: 'Martens zwoer meer af dan van hem werd gevraagd. Hij heeft veel ijver aan de dag gelegd bij zijn rondgang in de Guimardstraat en elders en de open gemeenschapsschool afgezworen overal waar hij dacht dat het belangrijk was. Ik heb daarop erg sceptisch gereageerd.'[8]

Kortstondige lente voorbij

De grootste ontgoocheling, zelfs verbittering, wekt Martens bij Lode Hancké die terecht kon zeggen dat hij één van de geestelijke vaders van de pogingen tot progressieve frontvorming is geweest. In 1968 had hij, zoals beschreven, als *Volksgazet*-redacteur een aantal katholieke en socialistische prominenten geïnterviewd over de toekomst der arbeidersbewegingen in België. Mensen zoals monseigneur Dondeyne, professor Jan De Meyer, gewezen eerste minister Theo Lefèvre, vakbondsleider August Cool, monseigneur De Smedt, Walter De Brock, Jos Van Eynde, Herman Deleeck en anderen hadden zich voorzichtig positief uitgelaten over een toekomstperspectief. Daarbij zouden alle vooruitstrevende krachten of loontrekkenden zich in een grote travaillistische of progressieve politieke tendentie verenigen.

De interview-reeks bracht een stroomversnelling teweeg. Hancké liet het daar niet bij. Samen met Martens is hij tussen 1969 en einde 1971 wel een vijftiental malen opgetreden op bijeenkomsten waarop zij beiden, elk vanuit hun eigen visie, de progressieve frontvorming bepleitten.

Hancké heeft nog zo'n debatavond met Martens halfweg december 1971 in Zele. Bij het buitengaan vertelt Martens dat er voor hem sprake is van het CVP-voorzitterschap. Hancké antwoordt dat het aanbod erop wijst dat de ideeën van de CVP-Jongeren aan de winnende hand zijn en dat de CVP-leiding toegevingen wil doen. Nadien telefoneert Wilfried Martens nog enkele malen met Lode Hancké en spreekt hem over de aarzelingen, de intriges en de tegenkandidatuur van Chabert.

Lode Hancké: 'Toen ik in *De Standaard* las dat Martens de frontvorming afzwoer, begreep ik dat een beloftevolle bladzijde was omgedraaid door een wind van berekende eerzucht. Kort nadien wees ik er in een weekblad-artikel op dat het tijdvak van de restauratie was aangebroken en dat de kortstondige lente van openheid en toenadering voorbij was. Dat Martens die keuze die niet onvermijdelijk was, heeft gemaakt op dat ogenblik, is een ramp gebleken voor het geestelijk en politiek klimaat in Vlaanderen. Met die schuldvraag zal Martens moeten leven, hoe hij ook poogt daar vandaag en in de toekomst door een *fuite en avant* aan te ontsnappen. (...) Wie kan ontkennen dat Martens een groot aandeel heeft gehad in de politieke evolutie, waardoor de deconfessionalisering van de politiek werd afgeremd en zich bovendien niet kon omzetten in ontzuiling? De verzuiling heeft uitgerekend onder zijn voorzitterschap een krachtige impuls gekregen tot uitbreiding naar de gezondheids-, welzijns- en culturele sector. Wat is er van de pluralistische gemeenschapsschool geworden? Wat is er verder van zijn oud programma terechtgekomen: de vervanging van het winstmotief door het motief van de menselijke waardigheid, van de opheffing van de autoritaire en verzuilde structuren door medezeggenschap? En wat is zijn bijdrage in de regering geweest in het doorbreken van de koude oorlog?'[9]

Een ander geluid komt van Jean-Luc Dehaene die dit allemaal als mede-acteur en -auteur heeft meegemaakt:

'Je kunt toch niet vragen van iemand die voorzitter wordt van een partij, dat zijn uiteindelijk doel is de partij op te doeken. Want dat is het wat wij in feite gezegd hadden als CVP-Jongeren. Het bekleden van bepaalde functies brengt mee dat je voor een stuk vanuit die functies spreekt. De pij maakt vaak de monnik. Als je voorzitter wordt van de partij is je uitdaging dat je de volgende verkiezingen moet winnen.'[10]

Professor Herman Deleeck die de geestelijke mentor is genoemd van de toenmalige jonge politieke generatie en onder meer Jean-Luc Dehaene in het ACW binnenbracht, ziet het zo:

'Martens' ogen zijn opengegaan en hij heeft erkend dat de gedurfde en theoretisch verantwoorde stellingen die hij met zijn ploeg verdedigd heeft, van geen kanten verwezenlijkbaar waren en dat hij er in eigen milieu niet mee moest afkomen. Hij heeft dan dit stuk jeugd afgezworen. Velen hebben dat gedaan, weliswaar minder spectaculair. Het heeft geen zin zijn beslissing verraad of berekend gedrag te noemen. Het is de weg naar volwassenheid en naar het opnemen van reële verantwoordelijkheden. De rol die hij sedertdien vervuld heeft bewijst, hoe hij toen intuïtief wist welke de te volgen weg was. Martens is geen man van de contestatie. Hij zal trachten ideeën door te drukken, hij zal ervoor vechten, maar er niet ijdel voor sneuvelen.'[11]

Martens leert christen-democratisch spreken

Zoals verwacht wint Wilfried Martens glansrijk de verkiezingen van 4 maart 1972 van de enige tegenkandidaat Gerard Van den

Daele, met 271 stemmen of 83,6 procent. Ook de volgende voorzittersverkiezingen op 8 december 1974 zal hij winnen en wel met 1032 ja's op 1084 stembrieven en op 18 december 1977 met 1304 ja's op 1472 stembrieven.

Zijn aanvaardingsspeech waarin hij overvloedig de theoloog E. Schillebeeckx, het Rapport van de Club van Rome en de congresresoluties van Kortrijk citeert, heeft een aandachtig maar toch sceptisch gehoor. Zijn peroratie maakt echter iets wakker bij de CVP'ers, die op hun congressen en partijraden niets liever vragen dan geraakt te worden in hun gevoeligste snaren:

'De christen-democratie is en blijft de schoonste uitdrukking van het Vlaamse volk. U hebt een voorzitter gekozen, van wie de ouders niets anders hadden dan hun handen om te werken; van wie de vader hem ontviel toen hij een jongen van zeven jaar was in volle oorlog; wiens moeder gedurende jaren alleen de last droeg van een gezin van vijf kinderen, tot ook zij bezweek vooraleer al haar kinderen een nieuw tehuis hadden gevonden. En toch hebben zij allen een kans gekregen in het leven naar de maat van hun talenten. Zij werden geholpen door een onderwijzer of een onderpastoor die hen de weg wees naar voortgezet onderwijs; door een studiebeurs die hen toeliet te studeren; door de inspiratie en het voorbeeld van een eminent leraar, een proost, een vakbondsman of een politicus. Dat is de levende christen-democratie in Vlaanderen. Vandaag beschikken wij over de meest ervaren eerste minister sedert de oorlog. Wij beschikken over de knapste ploeg ministers. Over verjongde en vernieuwde parlementsfracties. Over een actieve en slagvaardige jongerenbeweging. Over duizenden militanten aan de basis die nooit twijfelen en die altijd klaarstaan om in te springen voor de partij. Laten wij dan de rangen sluiten. Wij kunnen opnieuw winnen!'

Wilfried Martens mag een daverende ovatie in ontvangst nemen, de eerste in 'zijn' partij. Hij heeft christen-democratisch leren spreken.

Dit applaus zal de zesendertigjarige partijvoorzitter de komende maanden alleszins goed kunnen gebruiken. Hij komt op een partij met nauwelijks enige infrastructuur. Naast partijsecretaris Jan Gysen en Lou Michiels, die instaat voor de informatie, beschikt de voorzitter over welgeteld één secretaresse. CVP-PSC-voorzitter Robert Houben zit ruimer in het personeel. Hij heeft Frank Swaelen als nationaal secretaris, enkele secretaressen en kan bovendien een beroep doen op Cepess, het flink bemande CVP-PSCstudiecentrum dat hij jarenlang heeft geleid.

Martens bouwt snel het secretariaat uit en brengt vertrouwelingen uit zijn jongerenploeg de Tweekerkenstraat binnen. Raf Chanterie wordt zijn privé-secretaris, Miet Smet directeur van het Instituut voor Politieke Vorming, IPOVO (ofschoon de meer linkse Ward Bosmans beter had gescoord bij de selectieproeven) terwijl Georges Monard politiek verantwoordelijk wordt voor de communicatie. Later zal het progressieve Antwerpse kamerlid, Tijl Declercq, politiek verantwoordelijk worden voor IPOVO. Martens' raadgevers komen trouwens veelal uit het ACW-milieu: Jos De Saeger, Rik Kuylen, Jean-Luc Dehaene en ook Gust Cool, die een grote invloed op hem heeft.

Het geld van Martens

De partijfinanciën zijn zelfs voor Martens omgeven door een waas van geheimzinnigheid en berusten, voor CVP en PSC samen, in handen van nationaal penningmeester Raymond Scheyven. Vrij vlug beslist de nieuwe voorzitter op naam van de CVP een eigen rekeningnummer te openen voor giften en verkiezingsfondsen. Binnen de Tweekerkenstraat verwekt dit haast meer beroering dan het conflict rond Leuven-Vlaams in 1967, gevolgd door het *distancement* van de PSC. Gust Cool wordt voorzitter van het financieel comité. Voortaan zal de CVP dus niet meer moeten bedelen bij de PSC'er Scheyven voor een verhoging van werkingskosten. Andere vernieuwing: de partijvoorzitter krijgt voortaan een vergoeding voor zijn werk: 40.000 frank per maand.

Die 40.000 frank, zo zal in mei 1984 blijken uit het dossier '*Het geld van de CVP*'[12] kwam uit de zwarte kas van Raymond Scheyven. Premier Martens reageert prompt bij het verschijnen van het boekje: het is niet omdat het geld hem werd uitbetaald door een vertrouwelijke kas dat hij het niet aan de fiscus zou hebben aangegeven. Zijn woordvoerder preciseert dat de premier hiervan volgende aangifte bij de belastingen deed: in 1972 360.000 frank bruto, in 1973 510.000 frank, in 1974 480.000 frank, in 1975 520.000 frank en in 1976, 1977 en 1978 telkens 480.000 frank.

Bij de aanvang van zijn voorzitterschap heeft Wilfried Martens het echt niet breed. De eerste twee jaren is hij niet eens parlementslid. Hij beschikt evenmin over een dienstwagen en komt vaak met de trein van Gent naar Brussel. Als een vergadering onverwacht lang uitloopt en hij de laatste trein mist, zit hij soms een halve nacht op een winderig perron of in een rokerig café te wachten op de eerste trein.

Nog andere wolken komen de televisievenstertjes van het CVP-PSC-tehuis aan de Tweekerkenstraat verduisteren. Enkele weken na de komst van Wilfried Martens wordt de kwajongensachtige, spetterende Charles-Ferdinand Nothomb tot PSC-voorzitter verkozen, ofschoon algemeen getipt werd op de bedaarde Dieudonné André.

Dadelijk gaat de vurige Luxemburger die zich een 'bilaterale unionist' noemt, in het offensief. De gemeenschappelijke structuren van de CVP-PSC worden geleid door drie Vlamingen: Houben als voorzitter, Swaelen als nationaal secretaris en Geens als Cepess-directeur. Volgens Nothomb kan dat niet. Houben geeft geen duimbreed toe: 'Het zijn drie knappe mannen, waarom zouden we ze vervangen?' zegt hij, als Nothomb hem voor de zoveelste maal hierover zijn beklag maakt.

Nothomb zoekt dan toenadering tot Wilfried Martens. Wanneer Houben dat verneemt, schiet hij uit naar Charles-Ferdinand Nothomb: 'Als ge uw heil bij de federalist Martens zoekt, waagt ge u in het hol van de leeuw.'[13]

In zijn gesprekken met Martens heeft Nothomb het sedertdien ook voortdurend over de noodzakelijke vervanging van *ces vieux messieurs*, met wie hij de toen 67-jarige Gaston Eyskens, eerste minister, en de even oude Robert Houben, overkoepelend CVP-PSC-voorzitter, bedoelt. Dit zou sneller gebeuren dan verwacht.

In voorbereiding op de eindejaarscongressen (CVP in Antwerpen, begin oktober 1972, en PSC in Binche, eind oktober) zijn de beide jonge voorzitters tot het besluit gekomen dat de overkoepelend voorzitter voortaan niet meer door de congressen moest worden aangeduid, maar door een politiek overlegcomité. Dit kan beter dan de congressisten afwegen van welke taalrol en stand zo'n figuur moet zijn. Tussen Martens en Nothomb groeit een consensus dat, indien Geens en Swaelen op hun post blijven, de voorzitter best een Waalse syndicalist is. De naam van Jean Hallet wordt hiervoor genoemd.

Houben verneemt een en ander begin augustus 1972 en zegt ontslag te willen nemen. Vol zelfspot voegt hij eraan toe:

'Ik heb Houben daarover ondervraagd en, neen, zoiets kan hij niet nemen. Hij kan nuttiger werk verrichten op Cepess.'[14]

Mat congres met grote gevolgen

Het CVP-congres van Antwerpen, op 6, 7 en 8 oktober 1972, het eerste dat Wilfried Martens als voorzitter organiseert, zal een historische betekenis krijgen, ook al beschrijven veel commentatoren het na afloop als 'mat'.

Er staan twee punten op de agenda: de partij-organisatie en de vernieuwing van de instellingen. De CVP zal aan systematische politieke vorming doen, meer aandacht schenken aan de informatie via eigen publikaties, maar ook grotere aanwezigheid in pers, op radio en televisie nastreven en een gestructureerde medezeggenschap van de leden op alle beslissingsniveaus organiseren. De inning van de ledenbijdragen zal worden geautomatiseerd en van een partij die zwijgt, moet de CVP een partij worden die luidop denkt.

Het luidop denken betreft in de eerste plaats de vernieuwing van de instellingen. Terzake wil Martens de lijn die hij in 1962 aangaf op het VVB-congres en in 1967 in het autonomiemanifest van de jongeren, als partijvoorzitter doortrekken. De congresresoluties zijn uitgewerkt met medewerking van de pragmatisch federalist professor Raymond Derine, de vader van de cultuurautonomie Renaat Van Elslande, en de Brusselaar en vriend van Martens, Pol De Keersmaeker, die de gewestvorming in verschillende landen van West-Europa was gaan bestuderen.

Zij gaan ervan uit dat de uitvoering van het nieuwe artikel 107 quater dat de voorgaande regering in de grondwet had laten inschrijven en waarbij gewestelijke organen moesten worden opgericht voor het Vlaams, het Waals en het Brussels gewest, een goede kans is om een grote stap te zetten in federale richting.

Zowel premier Gaston Eyskens als Leo Tindemans, minister van Communautaire Betrekkingen, was er in 1969-1970 van uitgegaan dat de gewesten van een andere orde waren en dat het wetgevend werk van de gewestelijke organen van een ander niveau zou zijn dan dat van de cultuurraden of het nationale parlement. Men sprak toen over ordonnantiën of verordeningen. Ook was in artikel 107 quater uitdrukkelijk gestipuleerd dat de gewestelijke organen zich niet mochten inlaten met de materies die behoorden tot de cultuurautonomie.

De Antwerpse congresresoluties nemen een fundamenteel andere optie. Zij stellen dat de CVP zich voortaan zal laten leiden door drie objectieven:

1. Van bij de aanvang moet gestreefd worden naar een zo groot mogelijke samenwerking tussen de cultuurraden en de gewestraden, zodat alle gewestelijke bevoegdheden, krachtens hun interne ontwikkeling, uiteindelijk aan dezelfde organen kunnen worden toevertrouwd.

2. De samenstelling van de gewestraden moet de democratische uitdrukking zijn van de bevolking van het gewest; de gewestraden moeten binnen hun eigen bevoegdheidssfeer op volstrekt autonome wijze kunnen optreden, zonder te stoten op een nieuwe centraliserende voogdij.

3. De financiële middelen van gewesten en gemeenschappen mogen niet alleen uit dotaties bestaan, maar moeten ook geput worden uit een eigen fiscaliteit met toewijzing van localiseerbare belastingen.

De ontwerpresoluties veroorzaken dadelijk wat deining in regeringskringen, vooral bij de vaders van de grondwetsherziening van 1970, Gaston Eyskens en Leo Tindemans. Beiden troosten zichzelf en mekaar met de bedenking dat dit verre toekomstmuziek is en dat dit hoe dan ook een nieuwe herziening van de grondwet vergt. Vermits dit maar om de twintig à dertig jaar gebeurt, zien zij in de resoluties vooral een poging van Wilfried Martens om zijn federalistisch blazoen wat op te poetsen.

Groot is hun verbijstering als ze in de slottoespraak van Wilfried Martens het volgende te horen krijgen:

'Het moment is gekomen om de andere partijen opnieuw bij de dialoog te betrekken en kleur te laten bekennen. De uitvoering van artikel 107 quater van de grondwet dat het sluitstuk is van de hele staatshervorming, is daartoe de geschikte gelegenheid. De CVP is klaar om deze dialoog aan te gaan. Wij hebben op dit congres de objectieven aangegeven die we willen bereiken. Voor ons bestaat er geen twijfel: de architect van de grondwetsherziening, eerste minister Eyskens, kan en moet dit initiatief nemen. Dit betekent ook een nieuw tijdperk voor de partij.'

Het congres gaat door in de Antwerpse Arenbergschouwburg. Op het toneel zitten het hele partijpresidium, de leden van de resolutiecommissie, en ook, meer aan de zijkant, de pers. Allen kunnen zo merken hoe Gaston Eyskens die vooraan in de zaal zit, eerst schrikt, vervolgens een afwerend gebaar maakt en dan kwaad voor zich uit staart, na enkele woorden gezegd te hebben aan zijn buurmannen De Saeger en Houben.

Een pathetische zwanezang

In *Het laatste gesprek*[15] zal Gaston Eyskens trouwens erg bitter spreken over dat congres en betonen dat het de aanloop is geweest tot de val van zijn regering een maand later, op 22 november 1972. Eyskens zegt hierin onder meer:

'Gezien de enorme verantwoordelijkheid die op de vergadering van 22 november werd genomen door de senatoren en kamerleden van de Christelijke Volkspartij, in tegenwoordigheid van Wilfried Martens, voorzitter van de partij, is het nodig zich het juiste verloop van de zaken te herinneren. De komedie die in dit verband door sommigen werd gespeeld, stond natuurlijk in nauw verband met de zogenaamde beslissing, genomen door het congres te Antwerpen op 8 oktober 1972, dat heel het moeilijke werk van de grondwetsherziening impliciet wegvaagde. (...) Op 22 november zaten in mijn bureau Wilfried Martens, voorzitter van de Christelijke Volkspartij, Raf Hulpiau, voorzitter van de CVP-groep van de Senaat, en Jos Chabert, voorzitter van de CVP-groep van de Kamer. Martens legde uit dat de dag voordien een zeer moeilijke vergadering had plaatsgevonden met het bestuur van de partij en dat mijn voorstellen werden aanvaard met dertien stemmen voor en acht tegen. Maar een dergelijke stemming wees voldoende op een grondige verdeeldheid als het erop aankwam de Christelijke Volkspartij, vooral in de toenmalige omstandigheden, gaaf te houden. Hulpiau en Chabert zeiden dat zij zeer goed wisten wat er omging in de beide fracties van de Kamer en de Senaat: de leden waren tégen de voorstellen die gedaan werden. En Martens zei dan dat zij gemeenschappelijk het verzoek tot mij richtten, dat ik noch het gewicht van mijn persoon en mijn persoonlijk prestige, noch mijn overredingskracht of talent in de schaal zou werpen tijdens de vergadering van de beide parlementaire groepen, om ze dus niet over te halen tegen hun overtuiging in iets te laten goedkeuren, dat indruist tegen de belangen van de Christelijke Volkspartij. Gezien het algemeen klimaat, alle mogelijke en onmogelijke moeilijkheden, gezien de intriges die reeds vóór het congres van Antwerpen waren ontstaan, de grote tegenstand ook die ik had ondervonden vanwege de socialisten, zei ik onmiddellijk dat ik volledig akkoord ging.'

Kort daarop, om 10.30 uur begint de vergadering van de CVP-kamerleden en -senatoren met een inleiding van Martens die stelt dat de regering een regeling heeft voorgesteld voor de verdeling van de bevoegdheden tussen de cultuurraden en het parlement, maar dat deze regeling min of meer een toegeving bevat van de CVP. Voor de CVP moet een gelijktijdige goedkeuring plaatsvinden van de ontwerpen inzake Voeren, inzake Komen en inzake de uitvoering van 107 quater. Bovendien moeten we garanties krijgen voor de herziening van het schoolpact.

Eyskens somt in zijn antwoord alles op wat de regering terzake al gedaan heeft en van plan is te doen. Als niemand van de aanwezigen het woord vraagt, houdt hijzelf een pathetische zwanezang:

'Mijn voorstellen zijn dus onaanvaardbaar en ik wil niet insisteren. Laat ons de eenheid van de partij behouden. Het is de laatste maal in mijn leven dat ik nog zal spreken tot de kamerleden en senatoren van de CVP en ik dank u allen voor de steun die ge mij steeds hebt verleend. Vrienden, let wel, het federalisme met drie is in België onmogelijk. Het zal leiden tot een volledige scheuring van het land. Ik zou nooit een federalisme met drie aanvaarden. Brussel heeft cultureel en economisch gezien een zeer grote betekenis voor mij: het is de hoofdstad van het land, het is zelfs belangrijker dan Wallonië. Het zou een waar verraad zijn tegenover Vlaanderen en het Vlaamse volk een federalisme met drie uit te werken. Inderdaad: Wallonië en Brussel zouden zich kunnen richten tegen de Vlaamse deelstaat. Ik ben steeds de man geweest van de meerderheidsmentaliteit en dat heb ik altijd laten blijken in alle omstandigheden en bijzonder te Brussel. Ik heb altijd behoord tot diegenen die Vlaanderen situeren in de cultuur der Nederlanden en ik ben fier en trots deel uit te maken van deze cultuur en de taalgemeenschap. Ik hoop met een beklemmende onrust dat de CVP nooit ten achter zal staan op de Volksunie.'

De laatste enigmatische zin over de Volksunie spreekt Eyskens zeer ironisch uit en laat zijn toehoorders perplex. Niemand zegt iets, alleen Theo Lefèvre staat recht om Eyskens te danken. De CVP-kamerleden en -senatoren zitten er als door de hand Gods geslagen. In de akelige stilte roept Theo Lefèvre plots: 'Maar applaudisseer dan toch, nondedju...'

Onder een aarzelend handgeklap loopt Eyskens uit de vergaderzaal, gevolgd door een bezorgde Frank Swaelen. Hij gaat als in trance naar het vergaderzaaltje waar de socialistische fractie bijeenzit en hij laat zijn vice-premier Cools roepen: 'André, doe geen moeite meer om uw groep te overtuigen, mijn partij gaat niet akkoord en ik trek er mijn conclusies uit.' Hetzelfde gaat hij zeggen aan PSC-voorzitter Charles-Ferdinand Nothomb.

Voor Nothomb is het ontslag van de regering Eyskens dat hierop volgde, de druppel die de emmer doet overlopen:

'Ik had alles gedaan wat mogelijk was om de regering uit de moeilijkheden te halen en toch namen de CVP-fracties een beslissing zonder enig overleg met mij. De laatste schijn van politieke eenheid was weggevallen. Houben was dus een overbodige figuur geworden. Ik heb hem gezegd dat hij ons vertrouwen niet meer had en dat ik hem niet meer beschouwde als overkoepelend voorzitter.'[16]

Les vieux messieurs waren nu geliquideerd. Het unionistisch federalisme van Martens en het bilaterale unionisme van Nothomb hadden hun eerste politieke slachtoffers gemaakt.

HOOFDSTUK 7

Hertekening van het profiel

De vervanging van de twee *vieux messieurs*, Houben en Eyskens, zou een hele klus worden. Op 13 december 1972, vraagt de koning aan de Waalse socialist Edmond Leburton een regering te vormen. De onderhandelingen tussen christen-democraten, socialisten en liberalen slepen 42 dagen aan. Op 25 januari 1973 leggen de 36 leden van de drieledige regering Leburton-Tindemans-De Clercq de eed af. Haar voornaamste programmapunten zijn: de uitvoering van artikel 107 quater van de grondwet en de herziening van het schoolpact.

Voor Wilfried Martens zijn die onderhandelingen een ware lijdensweg. Zelf zegt hij daarover:

'Ik leerde de oude socialistische garde daar als bijzonder hatelijk kennen. De unitaire BSP-leiders Leburton en Van Eynde dachten dat het gebeurd was, dat ze de communautair opgesplitste christen-democratie op de knieën konden krijgen. Ze hadden met Nothomb en mij twee jonge onervaren voorzitters tegenover zich die ze wilden kleineren. Kortom, zij meenden dat de socialisten eens en voorgoed de leidende partij konden worden.'[1]

Een wat vreemde koele jongen

Er is een andere versie. Een mede-onderhandelaar beschrijft zijn partijvoorzitter in die periode als volgt:

Wilfried was totaal op zichzelf teruggeplooid, in crisistoestand, luisterde naar niemand, was gestresseerd en dagenlang niet te benaderen. De socialisten hebben hem getergd. Het traumatiseerde hem. Martens had de reputatie een harde figuur te zijn. Buiten de CVP kende haast niemand hem in het politieke milieu. Hij was geen parlementslid en had nauwelijks sociale contacten met andere politici. Hij kon uitvliegen en riep zelfs de PSC-onderhandelaars tot de orde. De socialistische en de liberale onderhandelaars gingen daarom hun nood klagen bij de CVP'ers Geens, Swaelen en Houben en zochten naar andere kanalen om tot overeenkomsten te komen want ze hadden geen vertrouwen in de CVP-voorzitter.

Het resultaat van de onderhandelingen is magertjes voor de CVP. De meest ervaren eerste minister, de flamingant Gaston Eyskens wordt vervangen door de eentalige Waal en antifederalist Edmond Leburton.[2] Wel zijn er akkoorden gesloten om de gewestvorming en de herziening van het schoolpact door te voeren in de door de CVP gewenste zin. Die partij hoopt dat, met Leburton als eerste minister, de socialisten toegeeflijker zullen zijn dan onder Eyskens.

Tijdens het partijcongres op 21 januari 1973 moet Wilfried Martens een lange uitleg geven, waarom ondanks het formele verzet van het CVP-hoofdbestuur toch is ingestemd met een eentalige Waal aan het hoofd van een kabinet dat belangrijke hervormingen voor de twee taalgemeenschappen moet doorvoeren. Martens leest een brief voor van formateur Leburton met de toezegging dat de eerste vice-premier de woordvoerder van de regering zou worden tegenover de Vlaamse publieke opinie.

Het congres is allesbehalve enthousiast en keurt het ontwerp van regeerakkoord goed met 212 ja-stemmen (60 procent) en 139 neen-stemmen. Na afloop zegt Wilfried Martens:

'Een neen zou mij niet afgeschrikt hebben en ik zou het niet als een blaam hebben aangevoeld. Waarschijnlijk zou dit niet direct tot verkiezingen hebben geleid, maar tot een nieuwe onderhandelingsronde.'[3]

Over het vice-premierschap is aan de top van de CVP heftig gediscussieerd. De kandidaat van Martens is Jos Chabert. Maar een andere sleutelfiguur in die periode is Jan Grauls, de onvervangbare kabinetschef in de Wetstraat 16, tevens onderwijsspecialist. Met zijn ervaring en vooral met het oog op de herziening van het schoolpact is hij de aangewezen kabinetschef van de vice-premier. Welnu, Grauls laat weten dat 'hij niet de man wenst te dienen die als fractieleider de dolk in de rug van zijn vereerde *patron* Gaston Eyskens heeft gestoken'. Vice-premier wordt dus Leo Tindemans.

Martens, politiek niet zo succesrijk en op de omslag van het weekblad *Knack* omschreven als 'een wat vreemde koele jongen'[4] werpt zich volledig op zijn eerste opdracht: de partijwerking dynamiseren. Hij is zelf weliswaar niet de grote organisator maar hij heeft gevoel voor wat een organisatie nodig heeft. Hij kan bekwame mensen aantrekken aan wie hij ruime autonomie en vrijheid geeft.

Jan Gysen, reeds partijsecretaris onder Vandekerckhove en die aanvankelijk nogal wat moeite heeft met de Martensstijl, getuigt hierover:

'Hij was een enorm gedreven voorzitter. Als hij voor iets stond, zette hij zich volkomen in, trok zelf de boer op, sprak avond na avond in afdelingen en arrondissementen. Martens wilde de chef zijn en werd daarin bevestigd door zijn omgeving. Hij had niet het charisma van een Tindemans, maar de partij was gerust met hem. Als hij naar de TV-studio ging of een interview toestond, wisten we dat hij onze standpunten correct, begrijpelijk en positief zou weergeven. Hij was geen idool in de partij, wel een houvast.'[5]

De partij doet ook van zich spreken. Begin februari 1973 maakt ze samen met de PSC een genuanceerd standpunt over zwangerschapsafbreking bekend. Om nieuwe groepen aan te trekken, worden zogeheten open partijdagen georganiseerd waarop alle belangstellenden hun mening mogen komen zeggen: op 10 juni 1972 over moreel delicate kwesties, op 19 mei 1973 over leefmilieu, op 29 september 1973 over de zelfstandig ondernemer. Later zullen open partijdagen volgen over vrouw en maatschappij (8 juni 1974), de hervorming van de COO's (8 maart 1975), de geïntegreerde gehandicaptenzorg (14 juni 1975) en de rechtshulp (17 juni 1978).

In het boudoir van Cools

Martens' meesterzet wordt echter de verkiezingscampagne van 10 maart 1974. Het drieledig kabinet-Leburton zinkt al na enkele maanden weg in het troebele Ibramco-dossier (Belgisch-Iraanse olieraffinaderij waarin alleen socialisten namens België benoemd zijn) en het RTT-schandaal (corruptie van hoge ambtenaren, gedekt door minister Anseele, bij het optrekken van vijf RTT-gebouwen).[6] Toch blijkt uit peilingen dat vice-premier Leo Tindemans goed scoort bij de bevolking en niet vereenzelvigd wordt met het gesjoemel van de Waalse regeringsleider, noch met de scandalitis die over het politieke gebeuren hangt.

In de CVP-propagandacommissie komen de specialisten tot het besluit dat de partij zich scherp moet afzetten tegen het gekonkelfoes en tegen de schandaalluchtjes met alcoholische uitwasemingen. Ze stellen een campagne 'politiek met propere handen' voor. Martens reageert: 'Dat gelooft niemand. Je moet een figuur hebben die dat belichaamt.' In die periode verschijnt er trouwens een artikel van Lode Claes in *Knack* onder de titel: 'Tindemans, het alternatief'.

Zo groeit stilaan de slogan: 'Met die man wordt het anders'. De campagne wordt uitgewerkt terwijl Tindemans, na de val van Leburton op 19 januari 1974, plots op het voorplan komt. De CVP-ministers en nadien ook de PVV-ministers weigeren immers het ontbindingsbesluit van de Kamers mede te ondertekenen, omdat zij wensen dat het parlement eerst nog een verklaring tot herziening van de grondwet goedkeurt. Om uit de impasse te geraken krijgt vice-premier Leo Tindemans een formatieopdracht van de koning. Hij tracht eerst socialistische steun te verwerven voor een Constituante. Maar die poging mislukt. Wel kan theoretisch met de liberalen een minderheidskabinet gevormd worden dat op de passieve steun kan rekenen van de Volksunie en de Waalse federalisten. Dat valt niet in goede aarde bij PSC-voorzitter Nothomb die uitroept: 'Wij gaan ons politiek leven toch niet verslijten met grondwetsherzieningen. De nieuwe grondwet van 1970 is nog niet verteerd.'

Ofschoon Tindemans geen resultaten boekt, is hij gedurende drie weken toch de politieke vedette. Zijn stijl en de manier om de zaken openhartig en begrijpelijk voor te stellen in televisiejournaals en op persconferenties, sterken Martens in zijn overtuiging dat hij goud in handen heeft.

De CVP-voorzitter gaat nog een stap verder: op de affiche wordt alleen de kop van Tindemans afgedrukt zonder zijn naam. Het reclamebureau maakte enkele maquettes. Voor Martens begint het moeilijke werk: de sterk gepersonaliseerde campagne te verkopen, in de eerste plaats aan de kandidaat zélf. Dat gebeurt in het *boudoir van Cools*, een klein lokaaltje zonder vensters op de vierde verdieping van het hoekgebouw aan de Kunstlaan en Wetstraat.

André Cools had als vice-premier in 1968 naast zijn ministerieel kabinet een salonnetje met weelderige sofa's laten inrichten dat rechtstreeks met de lift vanuit de ondergrondse garage te bereiken was, zonder dat men een deurwaarder of bode hoefde te passeren. Tindemans die de lokatie had overgeërfd toen hij vice-premier werd, hield daar af en toe vertrouwelijke vergaderingen, die telkens begonnen met grootse, weinig christen-democratische verhalen over wat men in het boudoir allemaal had aangetroffen.

Als Martens, vergezeld van Jean-Luc Dehaene en enkele verkiezingstechniekers, zijn maquettes bovenhaalt en op de sofa's uitstalt, is de eerste reactie van Tindemans afwijzend. Hij vindt het een gevaarlijke campagne. 'Indien ze mislukt, draag ik er het hele gewicht van,' zo zegt hij. 'Indien ze lukt ook,' repliceert Jean-Luc Dehaene droogweg. De Antwerpse campagneploeg van Tindemans heeft inmiddels de slogan: 'Tiendemaart-Tindemans' gelanceerd, omdat de verkiezingen op 10 maart vallen. Tindemans geeft na twee dagen zijn jawoord.

In de parlementsfracties is de geestdrift niet bijzonder groot. 'Wij krijgen in de arrondissementen affiches met een kandidaat op wie onze kiezers niet kunnen stemmen,' zo wordt gezegd. Jan Verroken en Dries Claeys zijn zelfs ronduit negatief, maar Martens drukt zijn campagne door en het wordt de eerste van drie opeenvolgende CVP-verkiezingsoverwinningen.

Tindemans krijgt het van alle kanten hard te verduren. Willy Claes noemt hem op al zijn meetings: 'hypocriet en jezuïterig, een produkt van de campagnemakers' terwijl hij vanuit Volksuniehoek onder schot wordt genomen als een 'verkapte unitarist'. De CVP-verkiezingsmachine draait echter op volle toeren, het TV-medium speelt een opvallend grote rol. Voor de eerste maal sedert de schoolstrijdverkiezingen in 1958 winnen CVP en PSC zetels: drie in Vlaanderen en twee in Wallonië. In Brussel kan de status-quo behouden worden, ondanks de felle FDF-campagne tegen Vanden Boeynants, die bijna 20.000 naamstemmen moet prijsgeven. In het arrondissement Antwerpen behaalt Tindemans 82.148 naamstemmen en Wilfried Martens zelf is voor de eerste keer gekozen in Gent met 33.105 stemmen. De Vlaamse socialisten verliezen vier zetels en de Waalse socialisten winnen er twee bij. De gestadige opgang van de taalpartijen lijkt gebroken. Het RW en het FDF verliezen elk één zetel en de Volksunie verliest 50.000 kiezers, maar wint toch een zetel bij in Brussel en behaalt daarmee haar historisch record van 22 kamerzetels.

De tandem Martens-Tindemans

Tindemans wordt belast met de vorming van een regering. Het gaat vrij moeizaam. Na het afspringen van de gesprekken met de socialisten organiseert de formateur die inmiddels een minderheidskabinet heeft gevormd met de liberalen, begin mei in het kasteel van Steenokkerzeel, een gesprek van gemeenschap tot gemeenschap waaraan christen-democraten, liberalen, Volksunie, FDF en RW, maar geen socialisten, deelnemen. Dit mislukt, maar het minderheidskabinet-Tindemans wordt een tijdlang gedoogd door de regionale partijen. Op 11 juni 1974 wordt de regering verruimd naar het Rassemblement Wallon toe. De Volksunie die ook kandidaat is, blijft ingevolge het veto van de toenmalige RW-voorzitter François Perin, op het matje.

Voor Martens zijn het gelukkige dagen. De tandem Martens-Tindemans doet het goed. Publicisten maken grapjes rond de verkiezingsslogan en buigen hem om in 'Tindemartens'. De CVP herwint zelfvertrouwen. De periode van de neergang is afgesloten. Martens is de eerste CVP-voorzitter sedert Theo Lefèvre die zijn partij verkiezingssucces bezorgt.

Volgens het regeerakkoord moest de gewestvorming in drie fasen (ook toen al) verlopen: een voorlopige regeling waarbij de gewestraden slechts adviserende bevoegdheid krijgen, dan een meer definitieve regeling waarbij die adviserende bevoegdheid normatief zou worden en, ten slotte, een grondwetsherziening om een Kamer van gewesten met eigen fiscale bevoegdheid te kunnen oprichten. De eerste fase, de voorlopige gewestvorming Perin-Vandekerckhove, komt vrij vlug tot stand. Op de vraag of het wel de moeite waard is, antwoordt Wilfried Martens:

'Het is slechts een stap waarbij het einddoel in het oog moet worden gehouden: een nationaal parlement, met daarnaast een Kamer der gewesten. Daartoe is een grondwetsherziening vereist. Wat we nu beogen, is aan elk gewest reeds een eigen uitvoerende macht te geven en de senatoren voorbereiden op hun komende taak in een Kamer van gewesten, als cultuurraad en gewestraad met elkaar zullen zijn versmolten.'[7]

Als voorzitter heeft Martens als stelregel aangenomen de regering Tindemans loyaal en actief te steunen. Zo zegt hij in een interview:

'Tindemans is de uitzonderlijke premier die de integriteit zelve is. Het land snakt ernaar. Hij is een Belgisch premier die voor het eerst weer sinds jaren een internationaal aanzien wist te verwerven en een eerlijk burger die zich te pletter werkt voor zijn rechtmatig salaris. Die elementen komen te voorschijn uit de opiniepeilingen, en dat is ook het beeld dat de volksvertegenwoordigers zien leven in de geest van de mensen aan de basis.'[8]

Intussen bouwt Martens verder aan de partijmachine. Hij belegt studieweken met zijn medewerkers — de zogeheten Martens-boys — in Habay-la-Neuve, in het zuiden van Frankrijk en in Estépona in Spanje, waar specialisten inzake management, communicatie en organisatie lessenreeksen komen geven. Het vormingsinstituut IPOVO is druk in de weer, de vrouwen krijgen met 'Vrouw en Maatschappij' een stevige voet in de partij, de ledenwerving wordt professioneel aangepakt en veel aandacht gaat naar de voorbereiding van de gastprogramma's op televisie. Ook de fusie-operatie van gemeenten slorpt veel tijd en energie op.

In België laten de gevolgen van de oliecrisis zich stilaan gevoelen. De regering heeft de lastige taak de bevolking ervan te overtuigen dat een aantal verworven voordelen moet worden teruggeschroefd of alleszins geblokkeerd. De werkloosheid neemt toe, er zijn spectaculaire bedrijfssluitingen en een hollende inflatie is op komst. De regering ontwerpt een herstelprogramma dat aan linkse zijde veel kritiek uitlokt.

Schieten op een ziekenwagen

In dit klimaat heeft het roemruchte CVP-congres van 13 december 1975 plaats in het Heilige Maagdcollege te Dendermonde. Een duizendtal congressisten verdringt zich in de feestzaal. Ministers en kamerleden zijn nog getekend door het nachtelijk kamerdebat over de herstelwet dat pas om vier uur 's ochtends kon afgesloten worden met een goedkeuring, meerderheid tegen oppositie.

Het congres verloopt geestdriftig en er is herhaald en langdurig applaus voor premier Tindemans en voorzitter Martens. Het zelfvertrouwen van het CVP-congres brokkelt wel lichtjes af, naarmate het bericht zich verspreidt dat op hetzelfde ogenblik ACV-congressisten in De Haan een scherper resolutie tegen het sociaal luik van de herstelwet hebben goedgekeurd, en als bekend wordt dat de ACV-leiding aan de ministers laat weten dat hun aanwezigheid in De Haan 'minder gewenst' is.

Martens snijdt in zijn toespraak de thema's aan die hij zes jaar later met veel meer kracht zal verdedigen:

'Het wordt hoog tijd dat zij die sociale en economische verantwoordelijkheid dragen de evidentie van de huidige toestand niet langer uit de weg gaan, namelijk dat hogere produktiekosten hogere werkloosheid betekenen. Voor het herstel van de concurrentiepositie van ons bedrijfsleven is een reële inkomensmatiging van levensbelang. De socialisten hadden hierin een rol kunnen spelen, maar binnen de BSP was een machtsstrijd aan de gang en de partij had al haar energie nodig om de persoonlijke ruzies tussen Leburton en Cools uit te vechten. Waarom zouden wij nu onze energie verspillen in een strijd tegen de BSP ? Men schiet toch ook niet op een ziekenwagen !' (luid applaus).

Hierop lanceert Wilfried Martens een aanval in regel tegen de socialisten die oppositie voeren met een Januskop, die tegenstrijdige standpunten innemen, die bevechten wat zij enkele jaren geleden zelf hebben voorgesteld en die beweren dat het land failliet gaat, maar ondertussen elke actie steunen die kolossale uitgaven met zich brengt. Ik ben hier verplicht Achiel Van Acker na te zeggen: 'De galerij der totentrekkers is nog nooit zo rijk gevuld geweest. Zij beschuldigen ons ervan de CVP-staat te willen vestigen, nadat zij zelf gedroomd hadden van een BSP-staat: Ibramco heeft dat duidelijk bewezen. De oppositie die de BSP voert is totaal ongeloofwaardig en doet grote vragen rijzen over haar bestuursbekwaamheid...'

Deze scherpe antisocialistische uitval van de progressist Martens — geschreven door zijn toenmalige ghostwriter meester Hugo Vandenberghe — verwekt heel wat deining. BSP-voorzitter Jos Van Eynde schrijft in *Volksgazet* over het 'schijnheilig kaarskenspissersgezicht van Martens' en PSB-voorzitter André Cools waarschuwt Tindemans in *Le Peuple*:

'Martens sleept u mee in zijn antisocialistisch beleid om zich op de BSP te wreken. Maar hoedt u voor fleemtongen. Herlees het hoofdstuk van *Les Châtiments* waarin Victor Hugo beschrijft hoe Napoleon III het kind van de rekening werd. Uw ondergang zou weleens *Wilfried le Grand* kunnen zijn.'

Opnieuw met Tindemans

De zelfverzekerde toespraak van Dendermonde kan niet verhelen dat er zich wolken in de politieke hemel opstapelen. De verhouding tussen regering en ACV is sterk bekoeld door de opeenvolgende versoberingsmaatregelen in programma- en herstelwetten. Ook de fusies van gemeenten brengen heel wat lokale spanningen aan het oppervlak en Martens moet vaak bemiddelend optreden. Nochtans kan de fusie geslaagd worden afgerond. Veertien dagen na de gemeenteraadsverkiezingen van 10 oktober 1976 deelt de partijvoorzitter niet zonder trots mee dat de CVP, alleen of in coalitieverband, driekwart van de Vlaamse gemeenten gaat besturen.

Begin 1977 steekt er een echte sociale storm op. De regering-Tindemans heeft een nieuw herstelplan goedgekeurd waartegen de vakbonden zogeheten vrijdagstakingen organiseren. Ze moeten een aanvang nemen op 15 februari 1977, maar binnen het ACV heersen verdeeldheid en spanning. Een opvallende uiting hiervan is de verwijdering tussen de ACW-parlementsleden die de staking betreuren, en de christelijke vakbond zelf. Bovendien keurt ook voorzitter Maris van de machtige ACV-hout- en bouwcentrale de staking af en weigeren de onderwijsvakbonden aan de actie deel te nemen. Opmerkelijk is ook een officieuze bemiddelingspoging van gewezen ACV-voorzitter Gust Cool bij de regering nadat het ACV nogal wat boze brieven kreeg van leden die het niet nemen dat hun vakbond 'staakt tegen Tindemans'.

Hier krijgt de uitspraak van de gewezen ACV-voorzitter Houthuys een drietal weken voor zijn overlijden haar volle betekenis waar hij zegt:

'In de moeilijke periode 1976-1977 had ook Tindemans een herstelplan. Ik ben hem gaan opzoeken met Robert D'Hondt om aan te dringen op wijzigingen. We stelden hem alternatieven voor. Tindemans die bijzonder populair was en de kampioen van de voorkeurstemmen, antwoordde ons: "Ik heb met uw mensen gepraat. Ik ben vorige week nog met groot succes in een ACV-centrale gaan spreken. Ik weet wat uw basis denkt. Ik handhaaf mijn plan." Tindemans is dan gestruikeld over de vrijdagstakingen. Van toen af heb ik mijn contacten met Wilfried Martens geïntensifieerd. En die heeft mij nooit voor schut gezet.'[9]

Niet alleen de spanning met de ACV-leiding bedreigt de regering. De sfeer tussen de meerderheidspartijen verslechtert zienderogen. Op de wekelijkse gemeenschapsdialoog-sessies boeken de partijen geen enkele vooruitgang over de tweede en derde fase van de gewestvorming. Vooral het *Rassemblement Wallon*, dat verzwakt is na het overlopen van Perin, Gol en Knoops naar de liberalen, maakt grote moeilijkheden. Op 3 maart vraagt premier Tindemans in volle Kamer aan de ministers van het RW die de begroting van Economische Zaken weigeren goed te keuren, de regering te verlaten. Aangezien ze dit niet goedschiks doen, worden ze 's anderendaags door de koning uit hun functie ontheven. Hierop volgt een geweldig kabaal. De regering beschikt niet meer over een meerderheid. In extremis tracht Tindemans nog een herzieningsverklaring voor de grondwet te doen goedkeuren met behulp van de socialisten. Dat mislukt en Tindemans legt in de nacht van 8 op 9 maart 1977 de koning een ontbindingsbesluit voor. Het 'presidentiële' optreden van Tindemans wekt verontwaardiging bij de oppositiepartijen en zij eisen op de trappen van het parlement de bijeenroeping van de kroonraad.

De partijen hebben krap veertig dagen om de vervroegde verkiezingen voor te bereiden. Spontaan zegt Martens aan zijn stafleden: 'Opnieuw met Tindemans, meer dan ooit.' Het wordt de CVP-slogan 'Meer dan ooit Tindemans', terwijl de Volksunie haar roemrucht 'Gedaan met geven en toegeven' lanceert. Martens zelf voert een intensieve campagne in zijn arrondissement Gent onder de slogan 'Wilfried Martens, de CVP op haar best'. Hij loopt zowat alle straten van alle gemeenten en dorpen van het arrondissement Gent-Eeklo af (30 km per dag) en allen die buiten gelokt worden door de muziek van zijn campagnebus, krijgen een handdruk en een verkiezingsfoldertje.

De onbetwiste leider van de verkiezingen met presidentiële allures is premier Tindemans. Hij behaalt een absoluut recordcijfer van 134.163 voorkeurstemmen. Ook Wilfried Martens kan zijn stemmenaantal gevoelig verhogen. Van 33.105 naar 44.568. Belangrijk is dat hij zijn Gentse rivaal Willy De Clercq met circa 6000 stemmen verslaat.

In vergelijking met 1974 wint de CVP zes kamerzetels en de PSC twee. Ook de socialisten gaan vooruit: de Vlaamse met één zetel en de Franstalige met twee. Verrassend is de nederlaag van de Vlaamse liberale coalitiepartner. De PVV verliest vier kamerzetels, maar haar Franstalige zusterpartij die een aantal RW-leden opslorpt, wint er vijf. Er wordt andermaal getreurd bij de regionale partijen. Het Rassemblement Wallon wordt zowat weggeveegd en valt van dertien kamerzetels terug op vijf. De Volksunie behaalt weliswaar meer stemmen, maar verliest twee zetels. In Brussel verliest het FDF stemmen, maar wint één zetel bij.

Vier dagen na de verkiezingen krijgt Tindemans al een formatieopdracht. CVP en socialisten hebben weer een twee derde meerderheid, maar kunnen er geen gebruik van maken, want de Kamers hebben geen grondwetgevende bevoegdheid.

De regeringsvorming kent een eigenaardig verloop, want de formateur blijkt bij de aanvang niet te weten dat de voorzitters van christen-democraten (Martens en Nothomb), socialisten (Cools en Claes), Volksunie (Schiltz) en FDF (Defosset en Outers), reeds enige tijd zwanger lopen van wat het Egmontpact zou worden. Dit pact zou geboren worden in de prille ochtend van 24 mei 1977 om op 11 oktober 1978 theatraal te overlijden.

Egmont verandert Martens-profiel

De korte maar hevige geschiedenis van het Egmontpact is voldoende beschreven.[10] Toch blijven nog vragen onbeantwoord. Van op afstand bekeken is de Egmontperiode voor vele auteurs vooral een Vlaamse toegeving: aan Franstaligen uit zeven Vlaamse deelgemeenten en drie wijken rond Brussel werd een inscriptierecht in een Brusselse gemeente verleend waardoor zij lid werden van het kiescollege van die gemeente. Daardoor konden zij ook hun fiscaal dossier laten afhandelen door een Franstalige belastingcontroleur en hun processen in het Frans doen verlopen.

De tweede indruk die overblijft van het Egmontpact is de split in het politieke succesduo Martens-Tindemans, waar Tindemans tot dan toe de rol speelde van politiek bezieler en Martens van politiek ingenieur.

Deze simplificatie doet veel onrecht aan aan het pact en zijn bewerkers. Vooreerst was het Egmontpact een stembusakkoord voor communautaire aangelegenheden. De zes partijen die het onderschreven (CVP en PSC, de nog niet gesplitste Vlaamse en Franstalige socialisten, de Volksunie en het Brusselse Franstalige FDF) wisten zeer goed dat hun pact in twee fasen moest worden uitgevoerd, omdat de Kamers geen grondwetgevende bevoegdheid hadden en de federale structuur van het Egmontpact niet kon doorgevoerd worden zonder een grondwetsherziening. De ondertekenaars van het pact moesten dus twee legislaturen bijeenblijven om hun werkstuk te kunnen uitvoeren. In feite hadden zij het premierschap aan Leo Tindemans aangeboden voor de acht volgende jaren.

Ofschoon er slechts enkele overtuigde federalisten aan de Egmonttafel zaten, was men toch zeer ver gegaan in de federale techniek door het verlenen van een zeer brede politieke autonomie aan de gemeenschappen en gewesten. Er waren drie lijsten aangelegd van exclusieve bevoegdheden voor respectievelijk de centrale of federale staat, de gemeenschappen en de gewesten. Om uit het dilemma van federalisme met twee of drie te geraken waren, voor het Brussels gewest, de zogeheten persoonsgebonden materies aan een Vlaamse, respectievelijk Franse gemeenschapsraad toevertrouwd. Op het CVP-congres van Gent (28 mei 1977) zegt voorzitter Martens hierover:

'Als men mij dus vraagt of het gaat over federalisme met drie, dan is mijn antwoord dubbel neen. Ten eerste omdat de culturele aangelegenheden in de brede betekenis van het woord voor Brussel niet worden geregeld door de Brusselse instellingen; ten tweede omdat het Brussels gewest zelf een volkomen tweeledige structuur vertoont in al zijn organen.'

Een tweede fenomeen is niet minder belangrijk. In het Egmontjaar is de beeldvorming over Martens en Tindemans totaal omgeslagen, vooral in het kunstmatige milieu aan de Wetstraat, maar ook bij een deel van de publieke opinie.

Martens stond vóór het Egmontpact bekend als een flamingant, gevoelig voor de Vlaamse drukkingsgroepen, een wat sectair man die slechts één ambitie had: de CVP-staat te vestigen. Hij is bovendien een onbetrouwbaar partner, zeker voor de socialisten. Tindemans daarentegen was de man van de dialoog, met weliswaar een Vlaamse reflex, maar toch met open oog voor de Waalse noden, de man ook die goed stond met de koning en als eerste minister op de televisie vertrouwenswekkend overkwam bij Vlamingen, Walen en Brusselaars. Dat bleek uit alle enquêtes.

Geleidelijk aan is dat beeld omgeslagen in een spiegelbeeld om zijn hoogtepunt te bereiken in de weken en maanden die volgen op het spectaculaire ontslag van Tindemans op 11 oktober 1978, dat meteen de doodsteek gaf aan het Egmontpact.

Martens is dan de betrouwbare partner geworden, de man met wie Volksunie en Walen wilden onderhandelen, een gematigd politicus die weerstand biedt aan Vlaamse drukkingsgroepen.

'Vlaanderen op zijn best' zou PS-voorzitter Cools over hem zeggen.

Tindemans daarentegen wordt gezien als de sectaire flamingant, totaal onbetrouwbaar, een integristisch katholiek met de grote ambitie een CVP-meerderheid in de Vlaamse cultuurraad te veroveren, zodat Vlaanderen volledig in CVP-handen kan komen.

Het zou een interessante studie zijn na te gaan in hoeverre pers, radio, televisie, minder gelukkige initiatieven van persattachés en het verspreiden van roddel en geruchten in het gemakkelijk te besmetten politieke wereldje, in deze inversie een rol hebben gespeeld.

Drie winnaars met federalisme

De ware oorzaak lag echter dieper. De grondstroom binnen de CVP was nog steeds de meerderheidsmentaliteit van Frans Van Cauwelaert. De federalistische doorbraak gebeurde nooit van harte. Het congres van Antwerpen van oktober 1972 had tot een ongelukkige regeringswissel geleid. De voorlopige gewestvorming Perin-Vandekerckhove (1974) was voor velen al genoeg. Toen in 1977 het Egmontpact werd gesloten, stond eerste minister Tindemans daar zeer afstandelijk tegenover en noemde het document 'een voorzitterspact'. Aan zijn kabinetschef Jan Grauls stelde hij zelfs de vraag of hij dat wel moest ondertekenen.

Door die weifelende en aarzelende houding van de eerste minister en vele andere CVP-kopstukken tegenover een ronduit federale staatsstructuur kreeg de Vlaamse kritiek tegen de taaltoegevingen in de Brusselse rand, binnen de CVP een dankbaar klankbord. De negatieve adviezen van de Raad van State over de grondwettelijkheid van een aantal Egmontbepalingen waren koren op die molen.

Martens die de kracht van die grondstroom onderschat had, kwam binnen zijn partij meer en meer geïsoleerd te staan. Hij dacht structureel en niet emotioneel over het Egmontpact. Hij zag in de Waalse eisen voor meer autonomie op economisch vlak een hefboom om het federalisme eindelijk door te drukken. Voor deze stelling vond hij, samen met Hugo Schiltz, een medestander in André Cools en later ook in de FDF'er Lucien Outers.

Martens en Schiltz hebben tijdens hun voorbereidende gesprekken met Waalse en Brusselse politici hun de overtuiging kunnen bijbrengen dat ze met dit federalisme alle drie winnaars konden zijn en nieuwe kansen kregen. Martens leed onder het gemor binnen zijn partij. Toch kon hij nog een tijdlang zijn lijn doortrekken, zodat hij loyaal overkwam bij zijn partners die, zoals vaker is gebeurd en nog zal gebeuren, de situatie bij de CVP slecht inschatten. Bij de socialisten bijvoorbeeld is het 'ja' van de voorzitter het laatste woord. Bij de CVP begint het dan pas, want de voorzitter moet dan al de geledingen binnen en buiten zijn partij gaan overtuigen.

Bij de andere partijvoorzitters was in de zomer van 1978 de overtuiging gegroeid dat er maar één echt obstakel was voor de goedkeuring van het pact, namelijk de figuur van eerste minister Leo Tindemans. Zij koesterden de illusie dat met hem te vervangen door Wilfried Martens, het pact een nieuwe kans zou krijgen.

Dit is trouwens het motief geweest waarom de partijvoorzitters op 11 oktober 1978 hun interpellaties hielden waaruit Tindemans de conclusie trok: 'Ik ga naar de koning het ontslag van de regering aanbieden.'

Op 17 oktober, zes dagen na de val van de regering, blijkt dat plan niet te lukken. De zes partijvoorzitters van de meerderheidspartijen — in de pers ook smalend de 'junta' genoemd — komen een laatste maal bijeen: Martens (CVP), Van Miert (SP), Schiltz (VU), Cools (PS), Nothomb (PSC) en Spaak (FDF). De inmiddels tot informateur benoemde Vanden Boeynants heeft in een apart onderhoud aan Martens gevraagd of hij premier wilde worden. Bij de aanvang van de vergadering van de partijvoorzitters, zegt Martens heel emotioneel: 'Ik weet niet wat de bedoelingen zijn van deze vergadering, maar ik kan u één zaak zeggen, ik zal in geen geval premier worden.'

Het was een groots moment. Cools en Martens moesten hun tranen bedwingen. De grote heldentocht die ze samen ondernomen hadden, strandde daar jammerlijk. Karel Van Miert beschrijft het achteraf als een van de meest aangrijpende ogenblikken van zijn politieke loopbaan: 'Twee keien van venten die tegen hun tranen vochten.'[11] Cools dringt toch nog aan, waarop Martens zegt: 'André, ik heb alles gedaan wat ik kon. Ja, je bent een chique type, maar één ding mag je mij niet vragen: mijn partij te verdelen.'

Daarop is het overgangskabinet Vanden Boeynants gevormd dat een constituante moest voorbereiden en verkiezingen uitschrijven voor 17 december 1978.

De tweehoofdige affiche

De campagne voor de verkiezingen van 17 december 1978, dus juist twintig maanden na de vorige 'presidentiële verkiezingen', verloopt in een grimmige sfeer. De mislukking van het Egmontpact heeft diepe wonden geslagen. De laatste unitaire partij, de socialistische, is uiteengesprongen en de partijvoorzitters Van Miert en Cools houden publieke scheldpartijen. Bij de christendemocraten is de verdeeldheid minder openlijk, maar in de partij vermoedt men en de pers schrijft dat Wilfried Martens helemaal niet akkoord is met de wijze waarop premier Tindemans het Egmontpact naar de klippen had doen drijven. Tenslotte staat de Volksunie in haar blootje: ministers en partijleiding hebben zich ver geëngageerd, gegeven en toegegeven, maar niets kunnen realiseren.

De campagne draagt hiervan duidelijk de sporen. Vrijwel alle partijen richten hun scherpste pijlen op Tindemans en in zijn eigen partij wordt hij niet met volle overtuiging verdedigd. Dit uit zich ook in de keuze van de affiche. De *policy planning staff* (PPS), zoals Martens zijn campagnestaf noemt, heeft aan het partijbureau twee voorstellen voorgelegd: een affiche met een actiefoto van Tindemans op het ogenblik dat hij de kamertribune verliet om zijn ontslag te gaan aanbieden, en een andere affiche met CVP-voorzitter Martens naast premier Tindemans.

Het tweede voorstel komt van Jean-Luc Dehaene, die oordeelt dat de partij de toekomst moet veiligstellen en haar campagne niet mag toespitsen op een boegbeeld waarmee de andere partijen niet meer willen onderhandelen. In het partijbureau haalt het voorstel-Dehaene het, ofschoon volgens de PPS het reclamekundig een nonsens is 'twee produkten tegelijkertijd te willen verkopen'.

De Vlaamse socialisten bouwen hun campagne volledig op rond Karel Van Miert en hangen het spookbeeld op van de CVP-staat: 'De CVP mikt op de absolute meerderheid in Vlaanderen. Wij moeten de democratische ambitie hebben om dat te voorkomen,' zegt Van Miert op zijn meetings.

De Volksunie krijgt af te rekenen met belangrijke dissidente lijsten, namelijk de Vlaamse Volkspartij van senator Lode Claes en de Vlaams-Nationale Partij van Karel Dillen, verenigd in het Vlaams Blok. De Volksunie moet zich tegen drie tegenstrevers tegelijkertijd verdedigen: tegen Tindemans, tegen een interne oppositie die het hoofd van voorzitter Schiltz wil en tegen een externe dissidentie. De campagne draagt er de sporen van en men grijpt terug naar de basisidee 'Meer dan ooit, federalisme'.

De liberalen zitten op rozen. Ze hoeven als oppositiepartij slechts de slagen te tellen die de coalitiepartners elkaar toebrengen.

Aan Franstalige zijde is er helemaal geen verdeelheid tussen de regeringspartners. Eén maand voor de verkiezingen leggen de voorzitters Cools (PS), Nothomb (PSC) en Antoinette Spaak (FDF) een gemeenschappelijke verklaring af waarin ze stellen dat het toekomstig kabinet rekening moet houden met de gewesten en de gemeenschappen en dat bijgevolg de grondwetsherziening zal moeten worden goedgekeurd 'door een meerderheid in elke gemeenschap en in elk gewest'. In volle verkiezingscampagne eisen de drie Franstalige partijen dus dat ook een Brusselse meerderheid

— lees het FDF — zitting heeft in de komende regering.

Uit de stembus komen de Vlaamse liberalen als grote winnaars te voorschijn en de Volksunie als de grote verliezer. De PVV maakt haar verlies van april 1977 (min vier zetels), meer dan goed door vijf kamerzetels te winnen. De Volksunie verliest zes zetels en valt terug op veertien kamerleden. Het aantal naamstemmen voor partijvoorzitter Schiltz wordt zowat gehalveerd tot 18.301. Het Vlaams Blok behaalt één zetel in Antwerpen.

CVP en PSC halen nog elk één zetel meer boven hun winst van 1977, maar de CVP slaagt er net niet in de meerderheid in de Vlaamse taalgroep te veroveren. Aftredend premier Tindemans kan zijn stemmenaantal nog verhogen met bijna 5000 stemmen en heeft er nu 139.041. Ook CVP-voorzitter Martens behaalt er 8000 meer en scoort op 52.974. De socialisten verliezen zowel in Vlaanderen (min één kamerzetel), als in Wallonië (min drie kamerzetels). Willy Claes moet 4000 stemmen prijsgeven en André Cools meer dan 9000. Het FDF wint opnieuw een zetel bij en heeft er nu elf in Brussel.

Het formatieberaad verloopt uitermate moeizaam. De koning moest achtereenvolgens Claes als informateur, Martens als formateur, Claes en Nothomb als co-mediatoren, Vanden Boeynants als formateur en Martens opnieuw als formateur het veld op sturen. Het zou meer dan drie maanden duren alvorens een coalitie van christen-democraten, socialisten en FDF kon worden gevormd, en wel op 3 april 1979. Maar twee dagen voordien was het Magdalenatrauma binnen de CVP uitgebroken. Het zou de Belgische politiek gedurende jaren gaan beheersen.

HOOFDSTUK 8

Het Magdalenatrauma

Zondag 1 april 1979. Tien uur 's morgens. In de Brusselse Duquesnoystraat is het ongewoon druk. Ministeriële wagens rijden af en aan. Groepjes congressisten stappen van het Centraal Station naar de Magdalenazaal waar tafeltjes en stoeltjes ruimte bieden aan 600 mensen. Er komen meer dan 800 congressisten opzetten in deze 'tempel van het FDF', zo genoemd omdat de Franstalige Brusselaars hier hun anti-Vlaamse massacongressen organiseerden.

Er heerst een ongewoon klimaat bij de congressisten. Elkeen voelt dat er spanning in de lucht hangt. Ofschoon Martens nog niet officieel tot formateur is aangesteld, weten de congressisten sedert twee dagen dat hij eerste minister wordt van een rooms-rode regering waaraan wel het FDF maar niet de Volksunie zal deelnemen. Het Franstalige front lijkt triomfantelijker dan ooit. Tindemans, hét verkiezingsidool van de CVP, is na het feitelijk veto van Cools en Spaak tegen hem, geheel van de politieke scène verdwenen.

Nog vóór het congres begint doen zich al opmerkelijke dingen voor. Mark Eyskens trekt Frank Swaelen achter de gordijnen van het podium en daar in het pikdonker ontwikkelt zich volgende conversatie:

Mark Eyskens: 'Frank, velen zeggen dat jij Martens aan het hoofd van de partij zult opvolgen, mag ik je op de man af vragen: ben je kandidaat?' *Frank Swaelen*: 'Ik denk niet dat ik beantwoord aan het profiel dat de CVP-voorzitter op dit ogenblik moet hebben.' *Eyskens*: 'Dan ben ik kandidaat voor het voorzitterschap. Na het congres kunnen we dat verder bespreken.'

Het gaat hier stuiven

Een andere ontmoeting is evenzeer vermeldenswaard. Lou De Clerck, persraad en vriend van voorzitter Martens, begroet me bij het binnenkomen van de zaal met de vraag: 'Wat verwacht jij van dit congres?' Ik antwoord: 'Het zal een emotioneel congres worden, want Tindemans gaat een belangrijke toespraak houden.'

Lou De Clerck brengt die boodschap onmiddellijk over naar Martens en Jean-Luc Dehaene, die op het podium met mekaar aan het overleggen zijn: 'Tindemans gaat een explosieve toespraak houden, ik weet het van Hugo de Ridder die ze waarschijnlijk geschreven heeft.'

Jean-Luc Dehaene vraagt verwijtend aan Martens: 'Je hebt toch wel met Leo Tindemans gesproken? Je had me beloofd dat je hem ging spreken over zijn positie in de regering.'

Martens zegt verontschuldigend: 'Neen, ik heb de tijd nog niet gehad, dat moet nog gebeuren.'

Hierop barst Dehaene uit: 'Verdomme, Wilfried, we hebben het zitten, dat gaat hier stuiven.'

Dat doet het inderdaad. Uit verschillende arrondissementen komen kritische geluiden. Waarom moeten wij het FDF slikken, ondanks de plechtige belofte dat de CVP nooit met het FDF, zonder de Volksunie, in de regering zou treden? Waarom vinden wij zo weinig terug van ons verkiezingsprogramma 'Voorspoed door Moed'? Waarom worden de taalgrensgemeenten onder nationale voogdij geplaatst? Waarom worden de Brusselse gemeenten onder gewestelijke voogdij geplaatst? Wie heeft het in zijn hoofd gehaald de 36 uren-week in het regeerakkoord in te schrijven? Dat is dodelijk voor ten minste een derde van onze ondernemingen!

Antwerpen opent het grote vuur: er bestaat onbehagen bij onze militanten over de vaagheid die rond Tindemans hangt. Kamerlid Jan Verroken komt het nadien concreter zeggen: 'De CVP heeft haar boegbeelden nu al genoeg in vraag gesteld, onder druk van onze politieke tegenstrevers. Moeten wij ons niet bezinnen over de vraag of wij Tindemans de leiding van onze partij niet moeten toevertrouwen?' Hierop volgt een orkaan van applaus. Het congres valt meteen in zijn definitieve plooi. Het vernoemen van de naam Tindemans volstaat om de zaal warm te krijgen, terwijl er voor de inhoud van het regeringsprogramma — ook in de wandelgangen — minder en minder aandacht overblijft.

De toespraak van onderhandelaar Jean-Luc Dehaene die het regeerakkoord in detail verdedigt, wordt in de grootste onverschilligheid aangehoord. Er is zelfs veel geroezemoes in de zaal die wacht op hét evenement.

Tindemans komt dan onder niet aflatende toejuichingen op de tribune. Hij stelt vast dat zijn ontslag van 11 oktober blijkbaar enkel goede resultaten heeft opgeleverd:

'Men wil meer rekening houden met het parlement en de grondwet. Had men in oktober ook maar de helft van deze goede wil getoond, dan zou er geen regeringscrisis zijn uitgebroken. Er is dringend een regering nodig, maar het vertrouwen stemmen in een regering betekent volgens mij: ja zeggen tot een ploeg en instemmen met de grote lijnen van een programma, maar voor het overige moeten de parlementsleden de teksten afwachten en dan met hun fractie hun houding bepalen. De partij heeft de jongste tijd weinig vechtlust getoond en op vele valse beschuldigingen aan haar adres of op de aanvallen tegen mijn persoon te weinig of zonder punch gereageerd. Laten we opnieuw de rangen sluiten. Indien ik tot de eenheid binnen de CVP kan bijdragen, zal ik dit doen. Als het uw wens is dat ik onze partij zou leiden doorheen de moeilijke periode die zich aankondigt, ben ik daartoe bereid.'

Zelden heeft een congrestoespraak zoveel reacties uitgelokt. Aan de bestuurstafel neemt Jean-Luc Dehaene het hoofd in beide handen, Martens wordt lijkbleek en Frank Swaelen kijkt strak voor zich uit.

De congressisten hebben echter enkel oog voor de man op het spreekgestoelte, belicht door de TV-spots. Er volgt een ovatie die later in de kranten als minutenlang wordt omschreven, maar die in feite precies 2 minuten 48 seconden duurt. De congressisten kruipen op tafels en stoelen, juichen luidkeels, roepen 'Tindemans', sommigen met tranen in de ogen. Na circa een halve minuut staan ook de mensen achter de bestuurstafel recht en beginnen zuinig in de handen te klappen. Jean-Luc Dehaene zegt goed hoorbaar: 'Nu begrijp ik wat er op de Neurenbergcongressen van Hitler gebeurd is.'[1]

In de zaal hoort men links en rechts opmerkelijke dingen. 'Een staatsgreep,' zegt Miet Smet. Mark Eyskens fluistert Raf Chanterie, privé-secretaris van Martens, in het oor: 'Hier krijgt Wilfried de molensteen om de nek.' Maar allen blijven dapper in de handen klappen. Alleen Jan Lenssens en zijn ACW-vrienden Rik Kuylen en Karel Baeck zitten vooraan ostentatief op hun stoel, de armen over de borst gekruist.

Als de zaal eindelijk stil is, houdt Martens een korte slottoespraak: 'Ik dank Leo Tindemans voor zijn steun,' zegt hij uiterlijk onbewogen. 'Het is wellicht de laatste maal dat ik u toespreek als voorzitter. Ik heb in het verleden al mijn krachten aangewend om deze partij opnieuw slagvaardig te maken en haar de verkiezingen opnieuw te doen winnen. Ik ben daar in geslaagd. Momenteel heeft het land echter dringend een regering nodig die vertrouwen schept. En daarvoor wil ik mij nu inzetten.' Er volgt een beleefd applausje.

Na de stemming (408 ja, 71 neen en 92 onthoudingen), baant Dehaene zich een weg naar de Antwerpse tafel. Naar Rika De Backer (van wie hij de kabinetschef is) sneert hij: 'Zijt ge nu content?' En als hij mij in het vizier krijgt, barst hij uit: 'Dat lap je ons geen tweede keer!'

Niet alleen in de Brusselse Magdalenazaal laaien de emoties hoog op. In het statige Antwerpse dubbelappartement op de tweede verdieping van de Rubenslei 1 smijt een 78-jarige man grimmig zijn servet op tafel, als hij via de radio verneemt dat Tindemans kandidaat-CVP-voorzitter is. Heimelijk hoopt hij nog dat het een aprilgrap is van de BRT, maar wanneer de RTBF hetzelfde nieuws brengt in een extra-editie, begint hij driftig te telefoneren.

Pas rond 16 uur slaagt minister van Staat P.W. Segers erin Rika De Backer aan de lijn te krijgen. Hij heeft maar één vraag: 'Was dat op voorhand beraamd?' Tindemans, zo laat hij verstaan, heeft hem beloofd zich niet kandidaat te stellen voor het voorzitterschap. Rika De Backer beschrijft Segers de ambiance van het congres en meent dat het een spontane opwelling is geweest. 'Als het zo is, dan is het goed,' antwoordt Segers, maar minister De Backer hoort aan zijn stem dat er onweer dreigt. (In hoofdstuk 9 zullen we trouwens zien welke eersterangsrol die *éminence grise* is blijven spelen.)

Van duo naar duel

Veel aanwezigen beschrijven nu, twaalf jaar na de gebeurtenissen, dat Magdalenacongres nog als een traumatische ervaring. Konden de spanningen tussen Martens en Tindemans voordien nog geminimaliseerd of toegeschreven worden aan een uiteenlopende opvatting over de staat, nu beide protagonisten op elkaars stoel waren gaan zitten, werd de conflictsituatie met de dag evidenter. De voorgeschiedenis hiervan is niet onbelangrijk.

Reeds enkele maanden na het sluiten van het Egmontpact, speculeert een aantal kranten en weekbladen op een verwijdering tussen Martens en Tindemans. Elk woord of terloops gezegde wordt in die richting geïnterpreteerd. Vooral Martens weerlegt dat steeds krachtig. Enkele voorbeelden:

Eind juni 1977 zegt Wilfried Martens: 'Mocht deze regering (geleid door Leo Tindemans) door een gebrek aan moed en eensgezindheid het Egmontakkoord laten verslonzen, dan zal zij de verantwoordelijkheid dragen van een crisis van het regime. Het is dus van het hoogste belang dat de loyaliteit en de eerbied voor het gegeven woord ook in de schoot van het kabinet gestalte krijgen.'[2]

Velen interpreteren dit als een vingerwijzing in de richting van Tindemans, maar Martens zal dit zelf dadelijk weerleggen: 'Ik sprak over andere ministers die de politieke last van het beleid al te gemakkelijk willen afschuiven op de schouders van eerste minister Tindemans. Er is helemaal geen conflict Martens-Tindemans. Ik begrijp dat sommigen in de pers speculeren op een verdeeldheid tussen de partijleiding en het regeringshoofd, maar zij vergissen zich.'[3]

In een kerstinterview wordt Martens de vraag gesteld of er sprake is van een ontkoppeling tussen hem en Tindemans. Hij antwoordt: 'Wij vormen dezelfde intense ploeg als vroeger, maar ik moet in deze coalitie de premier minder naar buiten toe verdedigen.'[4] Na het ontslag van Tindemans op 11 oktober 1978, is er weer een hele reeks verklaringen.

'Ik ben er mij van bewust dat er vanuit bepaalde milieus een maandenlange intoxicatiecampagne gevoerd wordt. De bedoeling is zeer duidelijk: de partij verzwakken door tweespalt in de leiding te insinueren. Maar de premier en ikzelf hebben reeds voor alle partij-instanties vastgesteld en getuigd dat er tussen ons geen enkel conflict is. Tegenover zulke campagne staat men echter vrij machteloos.' En op de vraag of hij kandidaat-premier is, antwoordt Martens: 'Als ik persoonlijk een wens mag uitdrukken: neen.'[5]

In het weekblad *Knack* van 15 en 22 november 1978 verschijnt een veertien pagina's lang gesprek tussen Martens en Tindemans onder de titel: 'Duo of Duel?', waarin beide politici herhalen dat er tussen hen geen enkel misverstand is en bijzonder vriendelijke dingen over mekaar zeggen.

Op het CVP-verkiezingscongres van 26 november 1978, zegt Tindemans: 'Hugo Schiltz liegt, wanneer hij zegt dat ik Wilfried Martens na 11 oktober zou belet hebben eerste minister te worden. Ten eerste, hoe zou ik dat gekund hebben? En ten tweede heb ik vóór en na de crisis altijd gezegd dat het mijn wens is, indien na mij een Vlaamse christen-democraat eerste minister zou worden, het Wilfried Martens zou zijn.'

In de verkiezingsperiode houden Martens en Tindemans zowat twintig gemeenschappelijke meetings en Tindemans zou achteraf in een televisie-interview (21 februari 1979) zeggen dat er nooit enige wanklank is geweest tussen hen beiden. Zo zal Martens elk van zijn verkiezingsspeeches eindigen met de zin, 'wij staan eendrachtig achter onze eerste minister Leo Tindemans' en Tindemans zelf zal telkens hulde brengen aan Wilfried Martens en hem toeroepen: *Speak for Flanders.*

Twee weken voor de verkiezingen zegt Martens: 'Tindemans en ik zijn niet alleen politieke, maar ook persoonlijke vrienden. De CVP duldt trouwens geen enkele exclusive en geen enkel veto tegen Tindemans.'[6]

Als men hem vraagt of hij eraan denkt premier te worden, antwoordt hij: 'Dat wens ik persoonlijk niet. De koning benoemt de formateur.'[7] Toch zegt hij de dag vóór de verkiezingen: 'Ik geloof dat het goed zou zijn dat diegenen die de drijvende kracht zijn achter de staatshervorming, zouden deel uitmaken van de regering.'[8]

Gezien het verder verloop kan de vraag gesteld worden of het hier niet ging om een electorale facade-vriendschap, of een geforceerde eenheid tussen twee politieke rivalen die onvermijdelijk zou ontmaskerd worden door de gebeurtenissen.

Wat alleszins een rol heeft gespeeld is de volkomen afzondering waarin Tindemans gehouden wordt na 11 oktober en ook nog na de verkiezingen van 17 december waarin, ondanks de dubbelhoofdige affiche, het Tindemans-effect duidelijk gespeeld heeft.

Tindemans maakt daar zijn beklag over op 20 februari 1979 (late editie van het tv-journaal). Op de vraag van Jan Schodts waarom hij zijn steun niet openlijk geeft aan formateur Martens waar die als CVP-voorzitter hem wél herhaaldelijk zijn steun toezegde, antwoordt Tindemans: 'Martens was partijvoorzitter toen ik formateur was en nu ben ik maar een gewoon kamerlid van Antwerpen.'

Als Schodts aandringt zegt Tindemans: 'In die periode hadden wij altijd buiten de gewone vergaderingen van het partijbureau overleg met vier of vijf mensen om onze houding te bepalen. Ik weet niet of dat nu nog bestaat, maar ik maak er alleszins geen deel van uit.'

Op de vraag of hij niet ontgoocheld is over de geringe rol die hij nu speelt, repliceert Tindemans: 'Neen, integendeel, ik heb gevochten in de verkiezingscampagne en ben daarvoor beloond geworden. Blijkbaar zijn er mensen die dat betreuren. Maar ik wil de kiezers die nu in mij vertrouwen niet teleurstellen, vandaar dat ik mijn rol zal spelen zoals ik meen dat ik die moet spelen.'

Een lange en bittere monoloog

Tindemans geeft zich in die dagen blijkbaar geen rekenschap van zijn alles dominerende positie. Ze werkt verlammend op het formatieberaad. Met Martens als formateur en Tindemans ergens 'in de natuur' mist de CVP leiderschap. De CVP-delegatie met Van Elslande, Chabert en Geens, durft nauwelijks de mond te openen. Op het partijbureau is er een al even grote beklemming, want geen enkel lid wil zich al publiekelijk bekennen tot het Tindemans- of het Martens-kamp. Het is een totaal onwezenlijke toestand.

Na drie weken schaduwboksen is er een lunch belegd op het kabinet-Chabert tussen formateur Martens (bijgestaan door Jean-Luc Dehaene) en PS-voorzitter André Cools (vergezeld van zijn politiek adviseur Philippe Moureaux). Daar spreken Martens en Cools af om zo te maneuvreren dat Vanden Boeynants formateur wordt, zodat Wilfried Martens opnieuw de CVP-onderhandelaars kan leiden. Dat plannetje wordt op 5 maart 1979 inderdaad uitgevoerd maar Vanden Boeynants krijgt meteen te horen dat hij na het regeerakkoord de leiding van de regering moet afstaan aan Martens. (Dit zal einde maart nog op grote weerstand van het Paleis stuiten. Zowel Martens als Van Miert heeft zich moeten beijveren om de koning over te halen.)

Tindemans wordt overal buiten gehouden of verneemt de dingen onrechtstreeks. In dit klimaat raadpleegt hij op vrijdagavond 30 maart 1979, enkele vrienden over de vraag of hij al dan niet moet spreken op het CVP-congres in de Magdalenazaal. Tindemans begint met een lange en bittere monoloog:

'Ik kan niets goed meer doen. Als ik zwijg op het partijbureau, dan interpreteert men dat als een afkeuring van Wilfried. Als ik een tussenkomst doe, dan gooi ik een bananeschil. Ik heb in de Hilton een gesprek gehad met de Japanner Yamada, de grote baas van de Japanse staalindustrie en van de Internationale Worldtrade-centers en loop daar Willy De Clercq tegen het lijf. Enkele dagen later schrijft *Le Peuple* dat ik met de liberalen aan het onderhandelen ben. Zelfs Martens gelooft dat, want hij roept mij via een BRT-interview tot de orde. Volgens Pol Vandromme van *Le Rappel* ben ik bijna handgemeen geworden met Jean-Luc Dehaene. De krant schreef dat op een ogenblik dat ik Jean-Luc in geen weken meer had gezien. De avond dat Claes en Nothomb in de "piste" worden gestuurd, op 16 februari, zegt PS-kamerlid Alain Van der Biest tijdens een RTBF-debat dat de CVP een laag maneuver voorbereidt: de partij gaat Tindemans aan de kop van de Europese lijst zetten en die zal na 700.000 stemmen in de wacht te hebben gesleept, de macht overnemen met een aantal sterke mannen. Té gek om los te lopen maar toch schrijft *La Libre Belgique* dat de Franstaligen eens en voorgoed de hypotheek-Tindemans willen lichten, zoniet bestaat het gevaar dat hij zich na de verkiezingen van 10 juni, met een Europees aureool op het voorplan werkt. Hier wordt een gemeen en perfide spelletje gespeeld: aan de ene kant zeggen ze dat een kandidaat niet té veel stemmen mag hebben, wat een aanfluiting is van het stemrecht; aan de andere kant fantaseren ze een onhaalbaar hoog aantal voorkeurstemmen. Als het dan lager uitvalt, zullen ze roepen dat ik niet aan de verwachtingen beantwoord. Ondertussen ben ik in de eigen partij helemaal van geen tel. Martens heeft een groepje gevormd om de Europese verkiezingen voor te bereiden, met aan het hoofd zijn privé-secretaris Raf Chanterie en verder Marcel Vande Wiele, Bertie Croux en Paul De Keersmaeker. Ik ben er niet bij en moet dat allemaal toevallig vernemen.'

De aanwezigen zijn verbaasd over de bitterheid waarmee Tindemans spreekt. Ze zijn wel gewoon zeer open, rechtuit en ongezouten hun mening te zeggen, maar hier hebben ze een diep gekwetst man aangehoord. Op de vraag wat hij nu gaat doen, zegt Tindemans dat het hem zeer moeilijk zou vallen nu in een regering met Martens te treden. 'Paul Willem Segers wil me kamervoorzitter maken, maar dan moet ik allicht zaken dekken of doorduwen waartegen ik uit protest ontslag nam. Ik weet het niet.'

Het gesprek gaat een tijdlang over de organisatie van de Europese verkiezingen, die binnen een tiental weken zullen plaatshebben en waarvoor omzeggens nog niets is gedaan. Terloops polst Tindemans de aanwezige Swaelen of hij soms kandidaat-voorzitter is van de partij. Swaelen antwoordt dat sommigen hem dat inderdaad vragen, maar dat hij denkt daarvoor niet de meest geschikte man te zijn omdat hij te lang in de unitaire CVP-PSC-structuren heeft gestaan om een geloofwaardig Vlaams voorzitter te zijn.

Na lang wikken en wegen komen de aanwezigen tot het besluit dat Leo Tindemans best de congressisten zou toespreken. Zijn zwijgen zou geïnterpreteerd worden als een afkeuring van Martens. Tindemans vraagt mij een ontwerp van toespraak te maken.

Ik blijf nog wat nakaarten en naarmate de nacht vordert wordt het duidelijk dat Tindemans zich aan het beraden is of hij niet zelf de leiding van de partij zou nemen. Hij ziet evenwel ook op tegen het uitputtend leven dat hij opnieuw zal moeten leiden en tegen de kritiek die ongetwijfeld zal losbarsten.

Zaterdag schrijf ik een korte tekst die eindigt met het zinnetje: 'Als het uw wens is dat ik onze partij zou leiden doorheen de moeilijke periode die zich aankondigt, ben ik daartoe bereid.'

Zondagochtend rijd ik vanuit Edegem in de wagen met Tindemans naar de Magdalenazaal. Tindemans aarzelt nog steeds, hij lijkt me zelfs meer verscheurd dan vrijdagavond. Bij het uitstappen van de wagen zeg ik hem, zoals ik dat ook deed op de vooravond van zijn ontslag op 11 oktober 1978: 'Leo, doe wat je meent te moeten doen, maar doe het met stijl.'[9]

De ambiance en het niet-aflatend applaus van de congressisten hebben hem dan toch de beslissing doen nemen. Van heel de speech die ik voor hem geschreven had, nam hij alleen de twee laatste zinnetjes over. De rest bestond uit inspiratie en improvisatie van het ogenblik.

Champagne bij FDF-vertrek

Het Magdalenatrauma was geboren. Het werd het begin van een steeds opener strijd die de christen-democraten in Vlaanderen veel prestige zou doen verliezen. Wilfried Martens zegt nu over het congres van de Magdalenazaal:

'Wij zaten als van de hand Gods geslagen op het podium. Bij het binnenkomen van de congreszaal had ik wel gemerkt dat de atmosfeer niet was zoals voorheen. Er was tot dan weinig contestatie om mijn voorzitterschap geweest. Sedert mijn aantreden had ik alle verkiezingen gewonnen. Ik was sedert drie maanden dag en nacht aan het onderhandelen en had misschien de voeling wat verloren met de basis. De CVP-congressisten wisten niet dat wij met lome voeten naar die regering gingen, dat ik het premierschap niet had geambieerd, dat het voor mij veel te vroeg kwam en dat ik het in feite tegen mijn zin in deed. Inhoudelijk had ik dezelfde bezwaren als vele congressisten, maar we zaten in een ijzeren logica. De crisis die op 11 oktober 1978 was ontstaan, moest een oplossing krijgen en we waren al in april 1979. Tindemans had een belangrijke portefeuille kunnen krijgen in mijn regering. Hij was hoe dan ook ons boegbeeld voor de Europese verkiezingen. Ik heb toen de emotionaliteit van het CVP-congres onderschat. Ik dacht niet dat de partij daartoe in staat was.'[10]

De strijd die na het Magdalenacongres losbarst tussen de twee CVP-kopstukken is soms pijnlijk om te zien. *Gentleman*-journalisten zoals Manu Ruys, Karel De Witte en Jef Claes doen alsof ze het niet zien zoals heren van stand voorwenden niets te merken als gastheer en gastvrouw aan tafel ruzie maken. Andere journalisten zoals Frans Verleyen en Hugo Camps geven grote ruchtbaarheid aan dat duel. Frans Verleyen zal in niet minder dan 31 hoofdartikels over die rivaliteit schrijven.[11] Hugo Camps zal met zijn Paasinterview 1980 over 'Wilfried, de gefolterde' alle registers opentrekken.

De guerrilla begint al de dag na de Europese verkiezingen (10 juni 1979). Tindemans die 983.600 naamstemmen behaalt of meer dan zestig procent van het aantal uitgebrachte CVP-stemmen, kondigt onmiddellijk aan dat hij weliswaar naar Straatsburg zal gaan, maar zich ook zeer actief zou inlaten met de Belgische politiek. Hij laat doorschemeren dat de kiezers zo massaal op hem gestemd hadden om andere dan louter Europese motieven.

Martens noemt de verkiezingsuitslag in een tv-interview 'een slechte zaak voor de regering' en minimaliseert achteraf in een interview het succes. Zonder de naam Tindemans of zijn score te vermelden zei Martens: 'Het christen-democratisch succes in Europa heeft niet noodzakelijk met personen te maken, want in Nederland haalde het CDA een prachtig resultaat met de betrekkelijk onbekende lijsttrekker Bouke Beumer.' Verder betoont Martens dat hij al in september 1975 begonnen is de christen-democratie op Europese schaal te organiseren en dat men daar nu de vruchten van plukt.[12]

Deze uitspraken verwekken een kille woede in het Tindemanskamp en zelfs P.W. Segers geeft een telefoontje aan Martens om er zich over te verwonderen dat hij zo lauw doet over het historisch verkiezingssucces van een partijgenoot.

Tijdens het eerste congres na de Magdalenazaal, op 15 en 16 december 1979 op de Heizel, was de spanning tussen CVP-voorzitter Tindemans en eerste minister Martens haast tastbaar. De 2500 congresdeelnemers ovationeren Tindemans herhaaldelijk en verkiezen hem definitief als partijvoorzitter met 93,5 procent van de uitgebrachte stemmen (1097 op 1173).

Het congres spreekt zich uit voor een tweeledig federalisme met een bijzonder statuut voor Brussel. Het eist bovendien dat, in tegenstelling tot het regeerakkoord, de tweede en de derde (definitieve !) fase van de staatshervorming zouden samenvallen. Groot succes oogst CVP-Jongerenvoorzitter Eric Van Rompuy met te zeggen: 'Brussel wordt geen *région à part entière*, nu niet en nooit niet. De FDF-chantage heeft lang genoeg geduurd.' Terwijl de congressisten langdurig applaudisseren, veert een grote groep jongeren recht om hun voorzitter rechtstaande toe te juichen, al roepend: 'FDF buiten.'

Maar zo Tindemans als morele winnaar uit het congres te voorschijn komt, zal Martens achteraf de sterk federalistische congresresoluties (grotendeels opgesteld door Jean-Luc Dehaene en Herman Van Rompuy) inroepen om zijn staatshervorming van 1980 door te voeren.

Wanneer op 16 januari 1980 Martens het FDF uit de regering moet zetten, organiseert Tindemans op het CVP-secretariaat een uitbundige champagnefuif. Volgens IPOVO-directeur Miet Smet was de atmosfeer niet alleen ingegeven door het plezier om het vertrek van het FDF, maar ook om de feitelijke nederlaag van Wilfried. In die periode stelt *La Libre Belgique* vast: 'De CVP zit verwikkeld in een clanstrijd en verstikt in een rivaliteit tussen Martens en Tindemans die de doelpunten gescoord door zijn opvolger, niet altijd kan verteren.'[13]

Guerrilla aan een lijkkist

Gênant en pijnlijk wordt de guerrilla als hij wordt uitgevochten aan de doodskist van een senaatsvoorzitter. Robert Vandekerckhove die op 22 februari 1980 plots overlijdt in volle discussie over de tweede, en volgens de CVP overbodige, fase van de staatshervorming, had op het partijbureau enkele weken voordien gezegd: 'Beter geen staatshervorming, dan deze.' Nochtans zullen beide protagonisten in hun lijkredes trachten de dode voor zich te laten spreken. Volgens Martens was de senaatsvoorzitter 'uit het echte hout van de staatsman gesneden omdat hij op belangrijke momenten de toekomst van zijn partij en van het land het zwaarst heeft laten doorwegen. Hij was bovendien een politicus voor wie een woord een woord was en die gedragslijn is in het politieke leven zeker niet de gemakkelijkste'.

Alle omstaanders in het stadhuis van Mechelen begrijpen dit als een vingerwijzing naar Tindemans. Deze laat zich niet onbetuigd: 'Aan de grondwetsherziening van 1970 had de dierbare overledene met volle overtuiging meegewerkt en hij betreurde dat zijn partij (lees Martens) op een ogenblik dat de nieuwe grondwet nog niet was toegepast met al haar consequenties, reeds een staatshervorming met een andere filosofie was gaan voorbereiden. (...) Hij vreesde dat slechte beslissingen op korte termijn tot ondraaglijke spanningen en tot onvermijdelijk gevaarlijke incidenten zouden leiden. Iedere machtsdrang was hem vreemd, hij vocht voor zijn inzichten, vervreemdde zich daardoor van mensen die niet meer voldoende oordeelskracht hadden om een onderscheid te maken tusen persoon en instellingen. Tot de dag van zijn dood onderhield hij mij daarover, langs de telefoon, om mij zijn grote bekommernis mede te delen in deze aartsmoeilijke tijd, nu elke oprechte menselijke communicatie en geloof in edele motieven wel schijnen te verdwijnen.'

Alle politici die diep gebogen en bewogen rond de lijkkist staan, krimpen in mekaar. Voor hen is het alvast geen verrassing te horen dat Tindemans twee weken later, op 6 maart 1980, op het kasteel van Ham in Steenokkerzeel in een informeel gesprek met de internationale pers zegt dat 'mijn openhartige relatie met Martens zoek is, dat er psychologisch iets hapert dat wellicht verband houdt met de huidige coalitievorm, met mijn electoraal succes en ook met het feit dat Martens indertijd deel uitmaakte van de groep voorzitters die het mijn tweede regering zo moeilijk hebben gemaakt'.

De tweespalt ligt nu open en bloot. Martens zou ze nog relativeren. Na zijn ontslag op 9 april 1980, als 'dissidente' CVP-senatoren hem de twee derde meerderheid weigeren voor de tweede fase van de staatshervorming, zegt hij aan een tv-kijker die wilde weten of de slechte verhouding met CVP-voorzitter Tindemans niet de echte oorzaak is van de regeringscrisis:

'Ik zie de politiek niet in persoonlijke rivaliteiten. Tussen mij en de partijvoorzitter zijn er geen persoonlijke tegenstellingen. Er is geen twistpunt, wel is er een verschillende analyse van de toestand. Wanneer een grote meerderheid — 42 van de 51 CVP-senatoren — voor de regeringsteksten is, dan zou de minderheid de solidaire reflex moeten hebben om zich daarbij aan te sluiten.'[14]

Ik heb spijt van dat Kriegspiel

We zouden nog een lange lijst kunnen aanleggen van de vele raketten die vanuit de Tweekerkenstraat 41 naar de Wetstraat 16 werden afgevuurd en vice versa. We zouden de congressen kunnen beschrijven van 14 mei 1980 te Brussel en 19 oktober van hetzelfde jaar te Gent. Daar worden de CVP-ministers door de voorzitter en de congressisten als het ware in beschuldiging gesteld voor de lauwheid waarmee ze het CVP-programma verdedigden, waarna Wilfried Martens aan RTL zou zeggen: 'Ik herken mijn eigen partij niet meer.'

We zouden de vele communiqués van het CVP-bureau en van het kabinet van de eerste minister kunnen afdrukken die voor alle ingewijden een open polemiek waren. Maar laten we, alsnog anoniem, liever twee hoofdrolspelers uit die tijd aan het woord.

Tindemans-getrouwe: 'Tindemans was de lieveling van de CVP en de kiezer, voor ons was hij de echte belichaming van de christen-democratie. De mensen die aan de macht waren, waren volgens ons usurpatoren van de troon. Wij voelden ons door hen niet vertegenwoordigd. Het was de groep van de pluralistische school en de progressieve frontvorming. Het ontbrak hen aan bezieling, ook aan vechtlust voor hun politieke overtuiging. Zij bezetten de posten. Zij waren in onze ogen zielige machtspolitici. De socialisten en Franstaligen speelden de baas. Wij voelden ons bedrogen en hadden het gevoel dat zij onvoorwaardelijk gesteund waren door het ACV, dat België liever economisch ten onder zag gaan dan een regering te vormen met de liberalen. Ik heb ijverig meegeholpen aan het *Kriegspiel*, maar nu heb ik daar spijt van. Het heeft de christen-democratie heel wat mogelijkheden ontnomen. Er ontstond een vertrouwensbreuk met de publieke opinie. Agalev heeft daar gebruik van kunnen maken. We zijn in die twee jaren van een grote Vlaamse partij — 46 procent van de kiezers stond achter ons met de Euroverkiezingen — een middelgrote partij geworden met slechts 32 procent.'

Martens-volgeling: 'Wij waren de brokstukken aan het lijmen van het emotionele ontslag van Tindemans. Wij hielden het land bestuurbaar maar voelden ons voortdurend bedreigd. Martens kon niets goed doen. Als Tindemans in het land was, waren we ongerust. Zijn miljoen stemmen wogen loodzwaar op de regering en haar leider. We hebben getracht alternatieve besluitvormingscircuits op te zetten. Soms wachtten we tot Tindemans naar het Europees parlement was. De "week van Straatsburg" stond met goud omrand in onze agenda's. Er kwam een soort waanzin over het politieke leven. Elk nationaal of internationaal evenement werd afgewogen als een winst- of verliespunt voor Tindemans: een tegenvaller voor Napoleon Duarte, een verklaring van NAVO-bevelhebber Haig, een initiatief van de Beierse eerste minister Strauss... Elk radio- of televisiebericht deed bij ons iets opvlammen: dat is goed of dat is slecht voor Tindemans. Het had iets obsessioneels.'

Velen hebben getracht beide CVP-keien nader tot mekaar te brengen, maar zijzelf beweerden steeds dat, wat hun betrof, er geen enkel probleem was. Als men Martens en Tindemans dan toch eens in een apartje bijeen kreeg, spraken ze onder mekaar over een gemeenschappelijke vijand, maar nooit over 'het probleem'. Dat zou pas einde 1981 mogelijk zijn na de historische verkiezingsnederlaag van hun partij.

Dit Magdalenatrauma van de CVP zal er in mei 1991 nog voor zorgen dat Martens en Dehaene dadelijk krachtig ontkennen, als de pers begint te zinspelen op een opkomende tweespalt tussen hen beiden.

HOOFDSTUK 9

Ommekeer in Horta

Woensdag 22 juli 1981. In café Sport te Horta, havenstadje van Fajal, valt een luidruchtige bende binnen. De stemming is opperbest, bijna euforisch. De zes zeilers hebben de grote overtocht vanuit Bayona, aan de Atlantische kust van Spanje, achter de rug. De bleutjes hebben zich sterk gehouden bij de felle golfslag (die met de jaren in de herinnering zal uitgroeien tot een heuse storm) en zoeken wijdbeens een zithoek op in dit bruine café.

Even tevoren hebben ze op de beroemde, ruwe kademuur een naïef bootje geschilderd met daarin de woorden: 'Jos van Hurtere 1466 — Wilfried Martens 1981 — Brandy Wine'.

Jos van Hurtere is een Bruggeling die in de vijftiende eeuw met enkele gezellen naar Fajal trok op zoek naar tin en van wie de nazaten nu nog altijd iets authentiek Vlaams geven aan dit Azoreneiland; Wilfried Martens is op dat ogenblik kamerlid van Gent en volgens de kranten bezig 'zijn tocht door de woestijn' te maken na de verwerping van zijn noodplan, drie maanden voordien; *Brandy Wine* is de naam van het twaalf meter-jacht — een Swan 431, de Rolls Royce onder de zeiljachten — van het ondernemerskoppel Rik en Monica Seghers die de gewezen eerste minister en enkele vrienden voor een zeiltocht van drie weken hebben uitgenodigd.

Martens heeft dank zij herbergvader Peter Azevedo een telefoonverbinding met het thuisfront kunnen bemachtigen. Wanneer iedereen goed en wel gezeten is in het café, kondigt hij ietwat plechtig aan: 'Zeg het nog niet voort, maar vóór het einde van het jaar leid ik een regering met de liberalen.'

Het meesterlijk plan van P.W.

De verbazing is groot in dit bonte gezelschap. Enkele dagen vóór hun vertrek zijn de zeilers immers getuige geweest van een merkwaardige gebeurtenis in de Wetstraat.

De socialistische vice-premier Willy Claes verneemt begin juli dat eerste minister Eyskens de liberale oppositieleiders De Clercq en Gol op woensdag 8 juli zal ontvangen. De vice-premier vindt dit deloyaal en ondeontologisch. Op zijn aandringen gelast de premier dit onderhoud af maar zegt terloops tegen Claes 'dat het initiatief niet zozeer van hem uitging maar kadert in gesprekken die reeds twee maanden aan de gang zijn tussen christen-democraten en liberalen'.

CVP-voorzitter Tindemans schrijft vanuit Straatsburg een vlammende brief naar Eyskens: 'Door zoiets te verklaren maakt u niet nader genoemde personen, groepen of partijen verdacht. Men kan eruit afleiden dat sommigen een dubbel politiek spel zouden spelen. Indien dit op de CVP betrekking heeft, ontken ik met de grootste kracht dat onderhandelingen of besprekingen met andere partijen plaats vinden.'

Er gaat een zachtere Tindemans-brief naar SP-voorzitter Van Miert: 'Indien u uit de verklaringen van de heer Eyskens zou afleiden dat de CVP zulke onderhandelingen voert, moet ik dat ten zeerste ontkennen. Bij mijn weten worden dergelijke besprekingen onzerzijds niet gevoerd.'

Hoe kon kamerlid Martens dan op 2500 km van huis in juli 1981 er zo zeker van zijn dat hij vijf maanden later als eerste minister met de liberalen zou scheep gaan? Daar was meer dan één goede reden voor.

Op 11 juli 's avonds, net vóór zijn vertrek, heeft Martens op een dineetje in Heusden bij de liberale bedrijfsleider Louis Bril, uitvoerig met Willy De Clercq gesproken. Hun beider analyses van de politieke toestand lopen parallel: 'Het land moet serieus in handen worden genomen. Het was fout in april geen vervroegde verkiezingen te hebben uitgeschreven. Maar heel het politieke establishment, van het VBO tot de vakbonden, leefde onder de dwanggedachte dat het land een oppositiekuur van de socialisten niet zou overleven. Dat is een totaal verkeerde inschatting geweest en ze kost het land een miljard per dag. Met de socialisten zal het nooit gaan. Wij zullen de klus moeten klaren. We zullen er ons niet populair door maken, maar het moet.'

Professor Els De Bens die ook op het dineetje aanwezig is, zegt half lachend, half bezorgd bij het afscheid: 'Wilfried, zie dat je niet verongelukt op je zeiltocht, want je moet nog eerste minister worden.'

Nu kan het aanmoedigend woord van een knappe, intelligente vrouw voor een politicus een grote stimulans zijn, het is wel een zeer wankele basis voor Martens om zo zelfverzekerd in Horta de grote ommekeer te kunnen aankondigen. Hij heeft echter drie dagen voordien, op woensdag 8 juli 1981, een zeer bemoedigend gesprek gevoerd met minister van Staat P.W. Segers en weet nu dat op diens initiatief binnen het ACW een meesterlijke operatie in stelling wordt gebracht door de bankier van de christelijke arbeidersbeweging Hubert Detremmerie, voorzitter van het directiecomité van de BAC. De Flandriatocht op de Schelde, de ontmoetingen van Poupehan: dat zullen enkele maanden later de zichtbare puntjes worden van de ijsberg.

De crisis van het bedrijfsleven en de abnormaal groeiende staatsschuld, gekoppeld aan de zwakheid van de Belgische munt, verontrusten in hoge mate de economische en financieel bewuste mensen van het ACW. Vooral minister van Staat P.W. Segers zoekt naar uitwegen. Einde 1980, na het zoveelste incident tussen Martens en Tindemans, laat hij zich ontvallen:

'Die rivaliteit begint onze politieke stabiliteit te bedreigen. Ik denk dat wij een keuze moeten maken. Onder geen politicus heb ik ooit meer eieren gelegd dan onder Tindemans. Maar die reageert veel te emotioneel, niet als een volwassen man. Tindemans is trouwens CVP-voorzitter geworden tegen mijn goesting. Wij kunnen daar geen weg meer mee. Hij meent zich met zijn voorkeurstemmen alles te kunnen veroorloven. Ik denk dat wij, als beweging, moeten investeren in Wilfried Martens. Dat is een man van de jonge generatie. Hij kan nog lange jaren een eersterangs rol spelen, als hij klaar ziet in de economie. En hij wil klaar zien. We gaan hem helpen.'

Er wordt binnen die ACW-top afgesproken een beperkte, confidentiële denktank op te richten om een sociaal aanvaardbaar reddingsplan voor de Belgische economie uit te werken. Als mogelijke deelnemers vallen onmiddellijk vier namen: de Leuvense hoogleraar Theo Peeters, die op financieel-economisch gebied bij gelegenheid het ACW met raad en daad bijstaat; Fons Verplaetse, een analist op de studiedienst van de Nationale Bank; Jan Smets, adviseur van diezelfde studiedienst (thans kabinetschef van de premier); en bankier Hubert Detremmerie zelf.

Dat viertal komt op 10 december 1980 voor het eerst bijeen in de directiekantoren van de BAC, toen nog gevestigd in Wetstraat 135 op de zevende verdieping.

Met Verplaetse op de stoep

De meest bekende van dit viertal is Fons Verplaetse, Zultenaar en zoon van een veevoederfabrikant. Vanuit zijn familiale achtergrond heeft hij een serieuze antisyndicale voorbestemming. Hij is trouwens nooit lid geweest van een vakbond. Bij de sociale verkiezingen van 1979 komt hij eerder toevallig op de laatste plaats van de christelijke LBC-lijst. Verplaetse haalt één voorkeurstem meer dan de eerste gekozene en wordt meteen voorzitter. Hij wil een oude verzuchting van het personeel van de Nationale Bank waarmaken: afhaken van de openbare sector om een afzonderlijk paritair comité te kunnen oprichten voor de openbare kredietinstellingen.

Zo komt Verplaetse af en toe in contact met ACV-voorzitter Houthuys, regent bij de Nationale Bank. Als hij overal op een muur botst, vraagt hij via Houthuys een onderhoud aan bij de eerste minister. Martens ontvangt hen beiden begin februari 1981 in de Lambermont. Hij is somber gestemd. Er wordt nauwelijks vijf minuten gepraat over het echte doel van de demarche. Dan geeft Fons Verplaetse zijn eerste les in economie aan Wilfried Martens.

Sedert 1974 ging Verplaetse enkele malen per jaar naar een vergadering van de Bank voor Internationale Betalingen te Bazel. Daar zag hij hoe bondskanselier Helmut Schmidt en president Valéry Giscard d'Estaing ernstige inspanningen deden om de inflatie in hun landen terug te dringen en de staatsuitgaven in te tomen, terwijl België steeds meer ontspoorde en zijn economie liet verloederen. Voor Verplaetse bestond er ook een fundamentele tegenstelling tussen het sterke muntbeleid van de Nationale Bank en het zwak economisch beleid van de overheid.

Hij zegt dat allemaal aan de eerste minister en betoont dat, behalve gouverneur Cecil De Strycker en directeur Roland Beauvois, iedereen op de Nationale Bank overtuigd is dat een devaluatie niet alleen onvermijdelijk, maar zelfs noodzakelijk is. Verplaetse ontwikkelt tevens zijn theorie over de drie grote evenwichten: herstellen van de competitiviteit en rentabiliteit van de ondernemingen, stopzetten van de afbraak van de tewerkstelling en saneren van de openbare financiën en staatsschuld, niet alleen door devaluatie en besparingen, maar ook door de impuls die moet uitgaan van een gedeblokkeerde economie.

Eerste minister Wilfried Martens luistert aandachtig. De directe stijl van Verplaetse bevalt hem wel, maar de man spreekt met zoveel weglatingen, in nauwelijks opgepoetst dialect, dat hij zich afvraagt of het allemaal wel ernstig kan zijn.

Pas tien maanden later, in december 1981, zal hij Fons Verplaetse opnieuw zien op de stoep van de Wetstraat ter hoogte van de ACV-gebouwen. Martens is dan al 'door de woestijn getrokken' en opnieuw formateur en komt samen met Jos Chabert uit de Residentie Palace. Dit stoepgesprek — dat Martens zelf historisch zal noemen — begint met de vraag van de formateur: 'Zijt ge nog altijd overtuigd van wat ge mij in februari gezegd hebt?' Het volmondige 'ja' van Verplaetse luidt een zevenjarige intense samenwerking in.

Voordien is er echter heel wat gebeurd en daarna moest er ook heel wat gebeuren. Opmerkelijk is dat de Nationale Bank een onvervangbare rol heeft gespeeld in het herstelbeleid. Veel zaken hebben echter plaatsgevonden tegen de wil in van de leiding van de bank, of zelfs heimelijk, zonder haar medeweten. De geschiedschrijver zal moeten uitmaken of een ruzie tussen directeur Roland Beauvois en de man van de studiedienst Fons Verplaetse niet heeft geleid tot enkele economische en zelfs politieke omwentelingen. Een voor buitenstaanders futiele betwisting over de vraag of Verplaetse het recht had een nota over de groene frank rechtstreeks aan gouverneur De Strycker over te maken, zonder deze via directeur Beauvois te doen passeren, leidde tot een heftig incident tussen beiden. Die tegenstelling zal trouwens bepalend worden in de afwikkeling van het herstelbeleid.

Geen weduweverbranding

Maar we keren terug naar de sombere maartdagen, begin 1981, die wij al eens de 'Godendeemstering bij de Nationale Bank' hebben genoemd.[1]

Wanneer De Strycker op zaterdag 28 maart 1981 om 11 uur het noodplan-Beauvois aan de regering komt afgeven om de groeiende speculatie tegen de Belgische frank in te dijken na de Europese bolwassing van de Top van Maastricht vijf dagen voordien, is Fons Verplaetse op weg naar zijn buitenverblijf in Poupehan aan de Semois. Hij verwacht er in de namiddag Jef Houthuys en

Hubert Detremmerie.

In de vroege avond krijgt Verplaetse enkele signalen uit Brussel over de inhoud van dat noodplan: alle inkomens moeten met 5 procent verminderd worden, inbegrepen de vervangingsinkomens, de indexeringen moeten worden opgeschort tot 31 december 1981. Verder bepleit het plan de afschaffing van de dertiende en veertiende maand kindergeld, de halvering van de culturele toelagen, de halvering van de werkloosheidssteun voor niet-gezinshoofden en de beperking van de werkloosheidsuitkeringen tot een termijn van twee jaar.

In Poupehan vallen er die avond heel wat krachttermen. Volgens Houthuys 'zijn ze zot geworden in Brussel'. De ACW-contactpersoon in de regering is op dat ogenblik minister Jos Chabert. Van hem vernemen ze dat Eyskens het plan wat heeft afgezwakt. Maar de blokkering van de index, de inkomensvermindering met 5 procent en een besparing van 10 miljard in de kinderbijslagen en een gelijkaardig bedrag in de werkloosheid, staan er nog wel in.

Telefonisch is het uiteraard moeilijk onderhandelen, maar Houthuys geeft Chabert toch duidelijk te kennen dat zijn vakbond hiermee nooit zal instemmen. Chabert heeft dat veto onvoldoende duidelijk overgebracht en sedertdien heeft Wilfried Martens in zijn vriend Jos een verminderd vertrouwen. Overigens zal in de volgende regering-Martens Chabert ontbreken en een andere Brusselaar, Jean-Luc Dehaene, de leider worden van de ACW-ministers.

Omdat het aangepaste plan-Beauvois dat Martens nogal verrassend tot zijn eigen plan omdoopt, op een 'njet' stoot van vooral de socialistische vakbondsleider Debunne, neemt Martens ontslag als eerste minister op 31 maart 1981. In een emotionele vergadering van de CVP-kamerfractie op 7 april zal hij ervoor pleiten dat Mark Eyskens het vertrouwen krijgt van zijn partijgenoten.[2]

Martens heeft in die dagen heel wat moeten verwerken. Op zondag 29 maart zweren alle christen-democratische ministers hem eeuwige trouw en een week later, op 6 april, leggen diezelfde ministers 's avonds onder de grote koepel van de Maandenzaal in het kasteel van Laken de ministeriële eed af, zonder Martens maar met Eyskens als premier. Sommigen onder hen zeggen nu hoe pijnlijk ze dit hebben gevonden. Voor enkelen was het de tweede keer. Ook na het ontslag van Leo Tindemans in oktober 1978 volgde niemand de 'aanbeden' premier in ballingschap en kropen ze allen onder de vleugels van zijn opvolger Paul Vanden Boeynants. De weduweverbranding is geen Wetstraat-gewoonte!

Voor wie werkt groep-Detremmerie?

De groep-Detremmerie werkt inmiddels door. Snel komt het viertal tot de conclusie dat er ook mensen uit andere milieus moeten bij betrokken worden. Ze polsen Jan Hinnekens van de Boerenbond. Die komt zelf. Ze raadplegen minister van Staat Robert Houben. Die stuurt Herman Van Rompuy.

De groep-Detremmerie komt regelmatig op woensdagavond vanaf zeven uur tot middernacht bijeen om op basis van macro-economische gegevens de werkelijke situatie van bedrijfsleven, sociale zekerheid en overheidsfinanciën te onderzoeken.

Over de bank- en verzekeringssector zijn ze vrij goed ingelicht via de BAC en de Volksverzekering. In de sociale sector beschikken ze over een schat aan gegevens via de Landsbond van Christelijke Ziekenfondsen, hun werkloosheidskassen, de studiediensten van de vakbond en hun vertrouwensmensen op de ministeriële kabinetten. Alleen over de bedrijfswereld hebben ze helemaal geen recente, betrouwbare en vergelijkbare cijfers. Tot iemand de gegevensbestanden van de Nationale Bank hierover meebrengt en laat invoeren in de BAC-computer. Vanaf dat ogenblik beschikken ze over een accuraat beeld van de gevolgen van de crisis in bedrijven, gezinnen en bij de overheid.

De groep werkt systematisch. Iedereen krijgt huiswerk mee en bij de aanvang van elke vergadering wordt de stand van zaken opgemaakt. Het is echter een puur Vlaamse aangelegenheid. Om zoveel mogelijk steun te krijgen, vooral van het Waalse MOC, besluit Detremmerie Maldague van het Planbureau en professor Jacques Drèze van de UCL mee in te schakelen. Zo groeit stilaan een blauwdruk van een sociaal verantwoord herstelbeleid.

Hier rijzen enkele vragen.

° Werkte deze groep voor Wilfried Martens? De meningen zijn niet eensluidend. Wel wijzen groepsleden erop dat kamerlid Martens regelmatig op de hoogte werd gehouden van deze vergaderingen maar CVP-voorzitter Tindemans niet en evenmin eerste minister Mark Eyskens. Eén van hen gaat zelfs verder door te beweren dat veel bedrijfsbezoeken die Martens in die periode aflegde, door de groep werden geregeld om Martens de elementaire begrippen van bedrijfseconomie bij te brengen. Martens zelf ontkent dat. Hij zegt dat de bedrijfsbezoeken in het arrondissement Gent een initiatief waren van zijn medewerker Dirk Mangeleer. (Zo zal hij o.m. de Gentse trammaatschappij bezoeken, Bergougnan, Santens, Langerbrugge, Samsonite, Fabelta, Bowater Phillips, Grain Terminal en Ebes in Doel en in Antwerpen waar hij het ontslag van zijn opvolger Eyskens verneemt.)[3]

° Werkte deze groep in het perspectief van een coalitie met de liberalen? Daarover heerst eensgezindheid. Iedereen geraakte er, naarmate het experiment-Eyskens aan het mislukken was, steeds meer van overtuigd dat een herstelbeleid met de socialisten onmogelijk was en dat een coalitiewissel moest plaatsvinden.

° Werkte deze groep naar een devaluatie toe? Ongetwijfeld, maar dan wel met voldoende begeleidende maatregelen. Elk van de deelnemers was voorstander van een devaluatie. Verplaetse had het reeds gezegd aan Martens. Peeters pleitte in de groep voor een globaal saneringspakket om een devaluatie te begeleiden en waarschuwde de anderen bij herhaling voor de illusie dat een devaluatie alleen voldoende en zaligmakend zou zijn. Hij ging hier vooral in tegen de stelling van Jacques Drèze die in publicaties de onvermijdelijkheid van een devaluatie erkende, maar tevens liet uitschijnen dat begeleidende maatregelen ofwel niet haalbaar ofwel niet nodig waren. Ook Herman Van Rompuy was voorstander van een devaluatie om een exportgeleide groei van de Belgische economie te stimuleren. Hij pleitte in januari 1982 publiekelijk voor een 'monetaire ingreep' wat hem zeer kwalijk werd genomen door Martens. Deze had het over een 'onbetamelijke' verklaring en hij herinnerde zelfs aan de mogelijkheid tot bestraffen van alle daden die 's lands krediet doen wankelen.[4] De bezieler van de groep, Hubert Detremmerie, was eveneens volledig gewonnen voor een devaluatie.[5]

Nochtans laat de groep in haar contacten met het ACV-bestuur nooit het woord devaluatie vallen. Houthuys, D'Havé, Van den Heuvel worden regelmatig op de hoogte gehouden van de vordering der werkzaamheden door Hubert Detremmerie tijdens de maandagochtendvergaderingen van de ACW-top. Om het ACV-bestuur zelf mee te krijgen wordt een hele voorlichtingscampagne uitgewerkt. Daarover straks meer.

Martens zal in de periode van april tot oktober slechts één keer echt uit zijn sloffen schieten. In een vakantie-interview met Hugo

Camps in Châteauneuf-de-Cadagne tilt hij bijzonder zwaar aan de kritiek van zijn opvolger Mark Eyskens op zijn geesteskind: de staatshervorming van augustus 1980. Hij zegt hierin onder meer:

'Ik aanvaard het verwijt niet van Eyskens dat het onderwijs geen integrerend deel uitmaakt van de autonomie. (...) Ik ben niet akkoord met Eyskens waar hij zegt dat het economisch beleid geen deel moet uitmaken van de autonomie van de deelstaten. (...) Een premier moet de wil van zijn regering vertolken en daarmee uit. (...) Ik vraag daarom aan de regering dat ze in het parlement ons verslag zou uitbrengen over de toepassing van de staatshervorming. Ik heb daar desnoods in het najaar een interpellatie voor over. (...) Hoe kan men in godsnaam, na negen maanden beweren dat een staatshervorming niet deugt, zonder de minste bewijsvoering in de praktijk? Dat men eerst de uitvoeringswetten uitvaardigt in plaats van ze te boycotten, dan kan men later oordelen. (...)'

Verder zegt Martens dat het zijn overtuiging blijft dat men hoe dan ook moet terugvallen op zijn noodplan, met opschorting van indexering, prijsblokkering en loonkosten-plafond voor bedrijven met staatssteun. Het verlies van kostbare tijd zal de operatie alleen pijnlijker en moeilijker maken.

Ook CVP-voorzitter Tindemans krijgt een veeg uit de pan:

'Eens een politiek vergelijk aanvaard, kan men niet de opperste zuiverheid blijven prediken. Men onderschat de publieke opinie als men denkt die dubbelzinnigheid lang in stand te kunnen houden. Zoals de publieke opinie het ook niet aanvaardt dat men een campagne tegen de verzieking van de staat ontketent, terwijl die partij zelf de leiding van de regering heeft. De crisis in de CVP is voor een groot stuk ook het feit dat men altijd maar over de eigen zuiverheid spreekt en ondertussen vergeet dat men de leiding van de regering in handen heeft.'[6]

Dit geruchtmakend interview is voor de Wetstraat een eerste teken dat Martens nog lang niet afgeschreven is. Inmiddels staan de politieke gebeurtenissen niet stil. Op 21 september 1981 moet premier Mark Eyskens voor de televisiecamera's verklaren: 'Het is vandaag het begin van de herfst, het vallen van de bladeren. Welnu, de regering is ook gevallen.'

De val is voorafgegaan door enkele nooit eerder vertoonde taferelen in de Wetstraat. De socialistische ministers weigeren op 18 september de agendapunten van de ministerraad te bespreken, zolang er voor het staalbedrijf Cockerill-Sambre geen vers geld is gevonden. Vice-premier Guy Mathot (PS) schreeuwt zelfs in volle kabinetsraad dat, indien de staalarbeiders de banken van Luik zouden aanvallen, hij ervoor zou zorgen dat de politie het eerste half uur niet zou ingrijpen. Voor zover nog nodig drijven deze gebeurtenissen en verklaringen socialisten en christen-democraten verder uit mekaar.

De regeringsval en de vervroegde verkiezingen op 8 november verhaasten de werkzaamheden van de groep-Detremmerie. De afgewerkte nota's worden samengevat door Herman Van Rompuy tot het zogeheten Jet-plan (Jeugd-Ekonomie-Toekomst), dat het CVP-verkiezingsprogramma zou worden.

De Flandria-strategie

Ondertussen is ook de eerste fase van de overredingscampagne in werking gesteld. Onder het mom van een vriendenbijeenkomst met de inmiddels tachtigjarige P.W. Segers wil Hubert Detremmerie een tachtigtal personaliteiten uit de politieke, financiële en economische wereld op zaterdag 3 oktober 1981 samenbrengen met topfiguren uit het ACW, en wel tijdens een vijf uur durende Scheldetocht met de Flandria. Bedoeling is deze mensen een eerste maal informeel in te lichten over de werkzaamheden van de groep-Detremmerie. De uitnodigingen zijn begin september verzonden (als er nog geen sprake is van vervroegde verkiezingen). De Flandria-tocht heeft dus niets te maken met het stijven van de verkiezingskas, zoals geschreven is nadat *De Morgen* op 5 oktober het verhaal uitbracht.

Trouwens in de brief, ondertekend door P.W. Segers, leest men: 'Het ware gelukkig indien het komende (parlementaire) werkjaar een jaar van contacten en toenadering kon worden voor allen die een eigen, gepaste bijdrage willen leveren voor de oplossing van de zware moeilijkheden waarvoor ons land is geplaatst. Deze bekommernis bracht er ons toe om een vriendschappelijke — niet-officiële — samenkomst te voorzien waarbij leiders van onze christelijke arbeidersorganisaties de gelegenheid geboden wordt om vooraanstaanden uit andere milieus in een meer intiem samenzijn te ontmoeten...'

Onder meer zijn uitgenodigd: de eerste ministers Jean Van Houtte, Gaston Eyskens, Pierre Harmel, Leo Tindemans, Wilfried Martens en Mark Eyskens en verder de ministers van Staat

August De Schryver, Ward Leemans, Guust Cool en Jos De Saeger. Verder zijn er de aftredende ministers Frank Swaelen, Rika De Backer en Jos Chabert. Al wat naam en invloed heeft in het ACW is present: Jef Houthuys (ACV-voorzitter), Willy D'Havé (ACW-voorzitter), Hubert Detremmerie (BAC-voorzitter), André Devogel (voorzitter van de Volksverzekering), Jean Hallet (secretaris-generaal van de Christelijke Ziekenfondsen), Raf Hulpiau (gewezen ACW-voorzitter), Rik Kuylen (CVP-senator en ondervoorzitter van het ACW), Jean-Luc Dehaene (kabinetschef). Uit de zakenwereld tafelen onder meer Frans Vanden Bergh (gewezen VBO-voorzitter), André Leysen (voorzitter van Agfa-Gevaert), Albert Thys (voorzitter van Electrobel), Philippe Caeymaex (directeur Dredging International), Eugène Van Dyck (voorzitter van Bell Telephone), en anderen. Uit de financiële en bankwereld noteert men de aanwezigheid van Luc Aerts (directeur-generaal van de ASLK), Marcel D'Haeze (vice-gouverneur van de Nationale Bank), André Vlerick (voorzitter van de raad van beheer van de Kredietbank), Denis Ponlot (directeur-generaal van het Beroepskrediet), Paul Callebaut (beheerder van de Nationale Investeringsmaatschappij), Karel Dierickx (voorzitter van de Nationale Maatschappij voor Krediet aan de Nijverheid), Robert Vanes (voorzitter van de Bank van Parijs en de Nederlanden).

De politieke crisis en de komende verkiezingen worden uiteraard de belangrijkste gespreksthema's aan de diverse tafels, maar P.W. Segers legt in een korte tafelspeech toch de nadruk op de moed en de overtuigingskracht die in de komende weken en maanden van de ACW-vrienden zal worden gevergd.

Vaast Leysen komt te hulp

Naast de syndicale lijn is er ook een patronale lijn die werkt voor Wilfried Martens. Op 25 september 1981, vier dagen na het ontslag van Eyskens, luncht Martens met Vaast Leysen, de gewezen VEV-voorzitter, in de Universitaire Stichting te Brussel. Ze kennen mekaar vrij goed uit de periode 1975-1976 toen op initiatief van Leysen een communautair principe-akkoord werd genegotieerd tussen Schiltz (VU), Grootjans (PVV) en Martens (CVP) aan Vlaamse kant, en Moreau (RW), Knoops (RW), Defosset (FDF) en Outers (FDF) aan Franstalige kant.

Ondanks de mislukking van dat akkoord is er een nauw telefonisch en zelfs familiaal contact blijven bestaan tussen Vaast Leysen en Martens. Beide mannen respecteren elkaar voor hun zakelijke aanpak. Ze zijn allebei ook overtuigde federalisten.

Tijdens de lunch op 25 september 1981 spreken ze over het slechte imago van België en over het gevaar dat het Internationaal Monetair Fonds het land weleens vernederende voorwaarden zou kunnen opleggen om de Belgische frank te steunen. Bij het dessert doet Leysen namens zijn kringen volgend voorstel aan Martens:

'Maak met de PVV een principieel akkoord om na de verkiezingen een CVP-PVV-regering te vormen met uitsluiting van elke andere partij. Die regering moet zich prioritair met het economisch herstelbeleid bezighouden. Wilfried, laat de staatshervorming rusten en voer het stukje federalisme uit dat we al hebben dank zij de wetten van augustus 1980.'

Martens belooft daarover na te denken. Vaast Leysen ontvangt op 1 oktober om 10.30 uur op zijn kantoor in Antwerpen Frans Grootjans met hetzelfde voorstel voor een principe-akkoord.

De week daarop, op 9 oktober 1981, heeft te 17 uur in het kantoor van Leysen een gesprek plaats tussen Martens en Grootjans waarbij ze er zich allebei toe verbinden de exclusiviteitsovereenkomst te doen aanvaarden door hun respectieve partijen.

Het kan verbazing wekken dat deze afspraak wordt gemaakt tussen een gewoon kamerlid uit Gent en een even gewoon kamerlid uit Antwerpen, ofschoon de Gentenaar Willy De Clercq en de Antwerpenaar Leo Tindemans hun partijvoorzitters zijn. Ook dat is tekenend voor het klimaat en de machtsverhoudingen van die dagen.

Niet alleen het ACW en de patronale kringen bekijken verontrust de budgettaire en economische ontsporing, ook internationaal is er een toenemende bezorgdheid. Einde oktober, in volle verkiezingscampagne, strijkt in Brussel een delegatie van het Internationaal Monetair Fonds neer, onder leiding van de Fransman Patrick de Fontenay en de Belg Jacques De Groote. Zij hebben op 26 oktober in de namiddag onder meer een gesprek met ontslagnemend premier Mark Eyskens en diens adviseur professor Theo Peeters. 's Avonds trekken ze naar Edegem in gezelschap van Albert Coppé van de Generale Bankmaatschappij om CVP-voorzitter Tindemans te ontmoeten, samen met de toenmalige Cepessdirecteur Herman Van Rompuy. Ze spreken met veel waardering over het JET-plan en over een *Vrije Tribune* die Leo Tindemans had laten verschijnen in *Le Soir* over de exportgeleide groei. Toch blijft hun oordeel hard: België kan slechts uit zijn moeilijkheden geraken als lonen en prijzen worden geblokkeerd, na een forse devaluatie. Zij spreken van 14 procent en meer. Met een devaluatie van 18 procent zou volgens hen de werkloosheid binnen de twee jaar zelfs tot 3 procent kunnen worden teruggedrongen!

Boodschap in de mist

In de verkiezingscampagne voor de alweer vervroegde verkiezingen van 8 november 1981 is van een dreigende devaluatie weinig of niets te merken. Het kiezerskorps is ontredderd. Sedert de verkiezingen van drie jaar tevoren zijn er niet minder dan vijf regeringswissels geweest. Premier Martens had in maart 1981 al het cijfer IV achter zijn naam staan en is dan — onder voor de kiezer onbegrijpelijke omstandigheden — vervangen door Mark Eyskens. Vooral de chisten-democratische kiezers begrijpen er helemaal niets meer van. Voor het eerst sedert 1974 gaat de CVP zonder boegbeeld of leider de campagne in. CVP-voorzitter Tindemans wordt gecontesteerd door de ACW-vleugel. De aftredende premier Mark Eyskens heeft niemand overtuigd van zijn gaven als regeringsleider. Zijn voorganger Wilfried Martens ontbeert de machtsbasis om zijn leadership in de partij door te drukken.

De CVP wil met een krachtige affiche naar buiten treden om haar JET-plan te lanceren. Het campagneteam laat het partijbestuur kiezen tussen een opstijgend straalvliegtuig en een mistig herfstlandschap. Het bestuur opteert voor het trieste landschap met kale bomen waarop enkele groene blaadjes worden geplakt die een boodschap van hoop moeten symboliseren. Maar veel kiezers denken kennelijk dat ook die blaadjes nog moeten afvallen. De boodschap gaat de mist in.

De uitslag van deze matte campagne is historisch te noemen. De CVP verliest bijna zeven procent van het Vlaamse kiezerspubliek en valt van 57 zetels op 43. Ook de PSC verliest zeven zetels. Samen houden de christen-democraten slechts 61 zetels over, net zoveel als de socialisten. Nooit eerder hebben ze zo laag gescoord. CVP-voorzitter Tindemans ziet zijn stemmenaantal met 60.000 dalen en houdt er 79.000 over. Ook Martens schiet er bijna 15.000 stemmen bij in en belandt op 38.000. Aftredend premier Eyskens is de enige CVP-vedette die wat stemmenwinst kan boeken: net geteld 143. Behalve het FDF-RW gaan alle andere partijen vooruit, of behouden hun status-quo. Grote winnaars zijn de liberalen, die samen vijftien zetels winnen, zes voor de PVV en negen voor de PRL. De socialisten winnen drie zetels in Wallonië en behouden hun status-quo in Vlaanderen, maar procentueel gaan ze lichtjes achteruit. De Volksunie wint zes zetels en is daarmee van haar Egmonttrauma verlost. Ecolo en Agalev verbazen de politieke wereld door elk twee zetels in de wacht te slepen.

Fouten erkennen, schuldvraag ontwijken

Na deze verkiezingen aarzelen CVP en PSC een tijdlang om nog regeringsverantwoordelijkheid te dragen.

De CVP-leiding is er zich wel bewust van dat de interne verdeeldheid, de ruzies en het Magdalenatrauma de hoofdoorzaken zijn van de nederlaag. Naar buiten uit zal men echter zeggen dat de economische crisis het saamhorigheidsgevoel heeft aangetast, dat de media tegen de partij ageerden en de tegenstellingen opbliezen, dat de campagne werd doorkruist door een protestdag van de christelijke verplegingsinstellingen en een massale vredesbetoging en dat de affiches en het JET-plan niet aansloegen bij het grote publiek.

Twee dagen na de verkiezingen zitten op initiatief van aftredend minister van Defensie Swaelen, Wilfried Martens en Leo Tindemans op een lunch tegenover elkaar. De nederlaag heeft hen nader tot mekaar gebracht. Guido De Wilde en Jan Huyghebaert, twee CVP-bureauleden die zowel het vertrouwen van premier Martens als van voorzitter Tindemans behielden, zijn ook aanwezig. Swaelen spreekt de hoop uit dat de partijtop eensgezind het formatieberaad zal ingaan. Daarom is het noodzakelijk dat we met mekaar in voeling blijven. Swaelen stelt voor 2 à 3 keren per week samen te lunchen op Landsverdediging om de regeringscrisis te begeleiden. Ook Jean-Luc Dehaene (op vraag van Martens) en Herman Van Rompuy (op vraag van Tindemans) zullen geregeld daarbij aanwezig zijn.

Op een van de eerste vergaderingen erkent Martens dat er fouten gemaakt zijn maar dat de christen-democraten, ofschoon verzwakt, de plicht hebben het land uit de impasse te halen. Leo Tindemans zegt dat de schuldvraag nu irrelevant is, dat de partij niet zoals in 1950 een heksenjacht moet ontketenen en dat de nieuwe regering de historische opdracht krijgt het herstel van het land te bewerkstelligen. Swaelen noteert opgelucht dat de twee CVP-leiders opnieuw *on speaking terms* zijn.

Op 12 november wordt de Vlaamse liberaal Vanderpoorten door de koning tot informateur benoemd. Zijn eerste uitspraak 'dat het hoogste wat een maagd kan bereiken resultaten zijn' is zowat het enige moment waarop kan worden gelachen tijdens het overigens sombere formatieberaad. Vanderpoorten houdt alleen een christen-democratisch-liberaal kabinet voor mogelijk met als formateur Wilfried Martens. Hij heeft gelijk, maar te vroeg.

'Belgische staat kan ineenstuiken'

Op 24 november wordt PVV-voorzitter De Clercq met de vorming van een regering belast, nadat Wilfried Martens de avond tevoren een formatie-opdracht van de koning geweigerd heeft. De Clercq stelt een concreet programma op voor een christen-democratisch-liberale coalitie, maar de intern verdeelde PSC mag geen onderhandelaars maar alleen luisteraars naar het formatieberaad sturen.

Op 28 november zitten CVP- en PVV-onderhandelaars met de handen in het haar. Formateur De Clercq wordt op Laken ontboden en komt terug met een alarmerende boodschap: 'De koning heeft me gezegd dat de Belgische staat kan ineenstuiken als er niet snel een regering komt'. Vanden Boeynants stelt daarop voor gedurende 48 uur te onderhandelen over een urgentieprogramma en binnen de vier dagen met een regering voor het parlement te verschijnen. Vanden Boeynants gaat dit ook bij de PSC verdedigen, gooit zijn portefeuille van PSC-voorzitter in de weegschaal, maar wordt niet gevolgd en sleurt formateur De Clercq mee in zijn val. Een echt dramatisch moment in de crisis.

Op 1 december volgt er een intermezzo met de aanstelling van PSC'er Nothomb tot formateur. Hij moet het bewijs uit het ongerijmde leveren dat 1° de socialisten niet in de regering willen en 2° een drieledig kabinet niet mogelijk is. De Luxemburger leeft zich zo goed in zijn rol in dat hij in enkele dagen tijds iedereen tegen zich in het harnas weet te jagen en vriend en vijand in de grootste verslagenheid achterlaat. Op 7 december wordt hij van zijn opdracht ontheven en komt, net één maand na de verkiezingen, Martens als zelfverzekerde formateur op het toneel. Zowel bij PSC als CVP is de oppositiestroming intussen fel afgezwakt.

Martens kiest dadelijk voor de enig mogelijke formule: een christen-democratisch-liberaal kabinet. In één week tijd en in twee kastelen (Stuyvenberg en Hertoginnedal) komt hij relatief gemakkelijk tot een regeerakkoord. Het voorziet in bijzondere machten voor één jaar, een streng herstelbeleid, een vermindering van de loonkosten, en een herverdeling van de inkomens via een nader te preciseren indexingreep die niet alleen loontrekkenden maar ook zelfstandigen zal treffen.

Het akkoord tussen Martens, Gol, De Clercq en Nothomb wordt op papier gezet in de sneeuwnacht van 13 op 14 december, een nacht waarin een journalist een bladzijde aan de persgeschiedenis zal toevoegen.

HOOFDSTUK 10

De nacht van Buyle

14 december 1981 — Twee uur, maandagochtend. In het cultureel centrum van Oudergem is er in de gelagzaal een ongewone drukte. Radio- en televisiejournalisten staan er uitgelaten en verhit te discussiëren. De meeste dagbladjournalisten zijn al vertrokken omdat hun krant toch al op de persen ligt en hét die nacht toch niet zou gebeuren. Het grote nieuws komt trouwens uit Polen waar Jaruzelski de macht heeft overgenomen.

Buiten valt de eerste sneeuw en geeft aan het nabijgelegen kasteel en de priorij van Hertoginnedal een onwezenlijk, sprookjesachtig uitzicht. In het kasteel is er luid gelach en glunderen de gezichten. De liberale leider Gol zegt dat hij in de politiek de mayonaise nog nooit zo snel heeft weten pakken. De christendemocratische en liberale onderhandelaars zijn nauwelijks zeven dagen bijeen of het regeerprogramma staat al op papier. Tijdens het beraad is formateur Martens niet éénmaal voor de pers verschenen.

De woordvoerder van de eerste minister, Lou De Clerck, loopt van de priorij naar het cultureel centrum met de mare dat het akkoord zo goed als rond is. Hij leest alleen afkeuring op het gelaat van de aanwezigen. Hoe kan nu de linkse Martens een akkoord maken met de rechtse Gol? Opnieuw laaien de discussies hoog op. Als de aanwezigen ook nog de bevestiging krijgen dat de regering één jaar lang met bijzondere machten wil regeren, is het hek helemaal van de dam.

Lou De Clerck spoedt zich opnieuw naar de priorij. Het is al vier uur in de morgen en de onderhandelaars schudden elkaar gelukkig maar moe de hand. Lou De Clerck bezweert formateur Martens toch naar de journalisten te gaan: 'Ze wachten al heel de nacht, en de stemming is er slecht, ge moet het akkoord komen toelichten.' Martens zelf voelt daar helemaal niets voor, verkiest een persconferentie om 11 uur, maar uiteindelijk bezwijkt hij voor het argument dat 'de ochtenduitzendingen van de radio geen verkeerde indruk mogen wekken'.

Martens voelt bij het betreden van de zaal de vijandige sfeer. Na een korte toelichting over het bereikte akkoord, vuurt radiojournalist Daniël Buyle met een stem vol ingehouden emotie onder meer volgende vragen af:

'Uw rooms-blauw kabinet dat straks het licht ziet, zal toch een politiek voeren van sociale achteruitgang ? Uw regeerprogramma bevat niets over defensie, kernraketten en zo. Negeert u dan de vredesbeweging ? Dus het parlement geeft de regering een blanco-cheque ? U wordt eerste minister van een centrum-rechts kabinet. Voor een man die jaren geleden pleitbezorger was van de linkse frontvorming, kan dat eigenlijk wel ? Veel eerder, nog als voorzitter van de CVP-Jongeren was u eigenlijk voor progressieve frontvorming. Is u dat vergeten ? Vreest u niet, binnenkort als leider van het rooms-blauwe kabinet, voor de winterrellen 1981-1982 ?'

Martens beantwoordt de vragen met afgemeten stem. Nu, tien jaar later, zegt hij 'nog altijd verwonderd te zijn dat hij zijn zinnen heeft bijgehouden'.

Lou De Clerck is veel minder sereen. Hij snakt zowat naar adem en moet buiten in de sneeuw anti-stress-oefeningen gaan doen. Nauwelijks heeft Buyle zijn kruisverhoor beëindigd, of Geert Vanistendael neemt over. Hij formuleert zijn vragen nog scherper, loopt soms vast, laat na twintig minuten een tweede filmrol opzetten en begint Martens met de meest verwarde verwijten te overladen. Dan komt de RTBf aan de beurt met al even scherpe, verwijtende vragen van Christiane Lepère. Het duurt alles samen meer dan anderhalf uur.

Formateur Martens verlaat uitgeput het terrein en Lou De Clerck zegt hem: 'Premier, ik heb me vergist.'

Het interview van Buyle wordt integraal uitgezonden in het nieuws van zeven uur 's ochtends en lichtjes ingekort in het nieuws van acht uur. Het interview van Vanistendael is echter nooit vertoond.

Een open perscontact

Het Buyle-interview zal echter snel een kristallisatiepunt worden. In politieke kringen, vooral bij de CVP, heeft men al een hele tijd zware kritiek op de BRT. Veel politici vinden in deze 'regelrechte interpellatie van een linkse BRT-redacteur' de bevestiging van al hun stellingen. De administrateur-generaal van de BRT, Paul Vandenbussche, berispt Buyle en verwijst hem naar een binnendienst. Dit leidt tot klachten bij de Raad van State, solidariteitsacties, nieuwe sancties, een kort geding, een boek, een schorsing en uiteindelijk het ontslag van Buyle.

Opmerkelijk is wel dat in de nota van de administrateur-generaal aan Buyle te lezen staat:

'U hebt helemaal geen blijk gegeven van de afstandelijkheid die van een BRT-journalist wordt verwacht. Met deze overtreding bewijst u de BRT een slechte dienst. U geeft de tegenstanders van het BRT-monopolie nieuwe argumenten in de hand...' Zoals bekend is sedertdien VTM opgestart om het BRT-monopolie te doorbreken en is Daniël Buyle er hoofdredacteur.

De nacht van Buyle is ook kenschetsend voor de evolutie van Martens. Uit voorgaand hoofdstuk blijkt dat hijzelf reeds een achttal maanden voordien de intieme overtuiging had dat met de socialisten geen herstelbeleid mogelijk was en dat hij, gedekt en gesteund door het ACW, een regering met de liberalen moest vormen.

De journalisten, zeker de meer progressieven onder hen, konden hem daarin niet volgen. Frans Verleyen zou het onlangs als volgt uitdrukken: 'Wij kozen voor Martens, dat was een democraat, dat was onze medestudent, de man van de progressieve frontvorming, van de pluralistische eenheidsschool...'[1]

Martens heeft steeds het belang van de pers onderkend. Reeds als studentenleider leert hij proefondervindelijk de macht van de pers in zijn actie ten gunste voor een Vlaamse Dag op de Wereldtentoonstelling van 1958 en de campagne tegen de talentelling. Hij zorgt er persoonlijk voor dat de vele persmededelingen die hij opstelt tijdig op de redacties terechtkomen en worden gepubliceerd. Als hoofd van de Informatiedienst van de Vlaamse Volksbeweging zal hij het persmechanisme nog beter leren kennen. Wie doet wat op de kranten? Wie is belangrijk? Hoe krijgt men een thema in de actualiteit?

Stilaan groeien er ook persoonlijke contacten met vooral Vlaamse journalisten. Die zullen hem goed van pas komen als hij wordt aangevallen door de Franstalige pers en ook als voorzitter van de CVP-Jongeren. De gebroeders Miel en Karel van Cauwelaert van *Het Volk* steunen hem waar ze kunnen. In *Gazet van Antwerpen* en *De Standaard* krijgen zijn spreekbeurten en optredens een opvallende aandacht.

Voor een geëngageerd journalist is het trouwens altijd een grote voldoening politieke talenten te helpen ontdekken en op het voorplan te schuiven. Dat geeft hem het gevoelen erbij betrokken te zijn en een beetje deelachtig te worden aan de opgang van een staatsman.

Als CVP-voorzitter krijgt hij geleidelijk aan de meer progressieve, bijzonder talentrijke journalisten op zijn hand en dat zal zich spectaculair uiten met het Egmontpact en de eerste jaren van zijn premierschap met de socialisten. Ik beschreef reeds hoe de hele pers toen werd ingedeeld in Tindemansianen en Martensianen.[2]

Bij zijn eerste formatiepoging in januari 1979 heeft Martens ook een zeer open perscontact. Vanuit de Lambermont waar de besprekingen doorgaan, steekt de formateur geregeld de straat over naar het kabinet van Landsverdediging waar de journalisten onderdak hebben gevonden. Hij gaat hun zeer openhartig en gedetailleerd vertellen wat er zich allemaal afspeelt op het beraad, drinkt enkele pinten en niet zelden moet Jean-Luc Dehaene hem daar met zachte dwang komen weghalen.

De Camps-interviews

Een bijzondere plaats nemen ook de eerste vakantie-interviews van Hugo Camps in. Reeds in 1976 schildert hij een intimistisch portret van CVP-voorzitter Martens tijdens diens kerstvakantie in Oostduinkerke, onder de titel 'De zee als godsvrede'. De journalist beschrijft hem als een gevoelig type dat al meerdere sluiertjes vocht onmerkbaar heeft laten verdampen achter de dikke brilglazen. (...) Een gezicht waarin vreugde en verdriet kennelijk altijd verzoend liggen in dezelfde trekken, mondstand en eerder vorsende blik... met ogen die kijken met de precisie, maar ook met de wezenloosheid van groene computerlichtjes. (...) Een gigant die zich al van jongsaf alleen weet.[3]

In de zomer van 1979 gaat Camps de premier een eerste keer opzoeken in Châteauneuf-de-Cadagne, diep in de Provence. Daar is Martens niet langer 'een stugge tv-debater, maar blootsvoets en in T-shirt, een man van vriendschap en blijheid, uiterst attent voor zijn omgeving, warm-stoeierig met zijn kinderen Kris en An en hun vriendjes'.

Niet alleen om hun barokke beschrijvingen worden die interviews in het Wetstraatmilieu verslonden, het zijn meestal ook politieke voltreffers. Na het Heizelcongres van december 1979 en de val van Martens II, ingevolge de opstand van de zogeheten dissidente CVP-senatoren in april 1980, zit Camps Martens op te wachten en stuurt hij de eerste emotionele reacties van de premier de Wetstraat in. Na het CVP-congres ziet Camps de premier zijn ambtswoning binnenstappen, 'de schouders scheef in de wind, eenzamer dan ooit, maar toch niet met die trieste ogen van een geslagen straathond'.

In april 1980 gaat Camps de ontslagnemende premier in Oostduinkerke opzoeken en beschrijft hem als: 'Wilfried, de Gefolterde... in het dieptepunt van een jaar uithongering en gijzeling door zogenaamde vrienden, die met heidense wellust op zijn vernieling hadden aangestuurd'. Het slot van het interview zal het langst bijblijven:

'Voor het eerst die dag zie ik hem teder de hand van zijn vrouw nemen. Ik zou nu willen vragen of het hem ontlast als hij nog eens tegen moeders warme rug kan aanliggen, maar waag het er maar niet op. Zou hij zich kunnen voorstellen wat vannacht de gedachte zal zijn waarmee hij inslaapt? Lange stilte. Ik zie hem worstelen met dit soort persoonlijke vragen. En dan met heel vreemde stem: "Misschien denk ik wel aan de wens van Anneke, die zo graag zou willen dat papa wat meer thuis zou zijn." En Camps sluit het interview af met de zin: 'Slaap lekker Wilfried, Lieve, Kris en Anneke. Dinsdag begint de ellende opnieuw.'[4]

'Ik ben geen prater'

In de Wetstraat gaat er meer dan één wenkbrauw de hoogte in. Velen die zich in deze interviews rechtstreeks of onrechtstreeks geraakt voelen, noemen ze onbetamelijk. Journalisten van andere kranten zijn wat jaloers. Persraad De Clerck vindt dat Camps te zeer de sentimentele snaar bespeelt en hij zegt dat ook aan Martens. Ook minister van Staat P.W. Segers die zich verantwoordelijk heeft gevoeld voor Martens, zet hem aan tot een grotere terughoudendheid met de woorden van de oosterse filosoof: 'Je bent meester van elk woord dat je nog niet hebt uitgesproken, elk woord dat je wel uitspreekt wordt jouw meester.'

Gevolg van een en ander is dat de vakantie-interviews voortaan verdeeld worden, zodat er elk jaar een andere krant aan de beurt komt. Na een jaar komen ook de Franstalige kranten naar de wisselende vakantieverblijven van de premier in de Provence, op Cap Bénat en Bormes-les-Mimosas. Als nadien ook radio, televisie, en weekbladen vrije toegang krijgen, groeien de exclusieve, ongedwongen interviews van Hugo Camps uit tot heuse persconferenties op 1200 km van huis, een mooie gelegenheid voor twintig à dertig Wetstraat-journalisten en cameramen om de geneugten te proeven van een dineetje onder de platanen en een dagje kuieren op de door Franse mariniers bewaakte stranden.

Zoals elke raspoliticus volgt Martens de pers op de voet, luistert naar de radio, volgt nauwkeurig het agentschapsnieuws op de overheidscomputer Bistel en draagt in het buitenland steeds zijn kortegolfzender met zich mee. Hij doet het echter veel intensiever dan de meeste andere politici. Op het CVP-bureau zal hij vaak zeggen: ik heb tijdens het weekeind in uw naam naar de radio geluisterd en de zondagmiddag-uitzendingen bekeken. En dan volgt een korte synthese van de politiek relevante uitspraken.

In beperktere kring zal hij zich soms laten gaan. Zelfs journalisten van naam krijgen er dan van langs: 'Die onnozelaar, hij heeft er nooit iets van begrepen en zal het ook nooit leren...' Vaak ook vermoedt hij machinaties achter sommige editorialen of interviews. Als hij er de bewijzen van vindt, is hij uitgelaten opgetogen over zijn eigen doorzicht en zal hij die kennis te rechter tijd uitspelen tegen zijn belagers.

Geleidelijk aan is er zo een grotere afstandelijkheid gegroeid tussen Martens en de media. Hij heeft enkele ongelukkige ervaringen opgedaan met uit hun verband gerukte zinnen die hem politiek in moeilijkheden brachten. Zelf neemt hij de stelregel van Disraeli over: *never explain, never complain.* Hij laat haast nooit iets rechtzetten, maar elk incident maakt hem voorzichtiger en zwijgzamer.

Zelf zegt hij hierover: 'Ik ben uiterst voorzichtig en scrupuleus geworden in mijn bewoordingen. Dat neemt toe met de jaren. Men heeft mij eens een introvert met grote politieke intuïtie genoemd. Ik ben inderdaad geen prater. Ruud Lubbers zei me onlangs dat hij af en toe met president Bush telefoneert om eens bij te praten. Dat is mijn genre niet. Ik neem een functie waar die, zeker in dit moeilijke land, met de grootste voorzichtigheid moet worden omringd. Doe je dat niet dan ga je totaal in de vernieling. Dat is iets dat voortdurend bij mij speelt.'[5]

HOOFDSTUK 11

De vrienden van Poupehan

De vijfde regering van Martens die op 17 december 1981 de eed aflegt groepeert vrijwel alle politieke tenoren van dat ogenblik. De liberale partijvoorzitters Jean Gol en Willy De Clercq worden vice-premiers, CVP-voorzitter Leo Tindemans komt op Buitenlandse Zaken en heeft van Wilfried Martens de belofte gekregen dat de CVP hem die post tien jaar voorbehoudt.[1] Gewezen PSC-voorzitter Charles-Ferdinand Nothomb wordt eveneens vice-premier en gewezen eerste minister Eyskens krijgt de portefeuille van Economische Zaken. Aan christen-democratische zijde is de historische verkiezingsnederlaag snel verteerd want in de regering staan CVP en PSC sterker dan ooit.

De gevestigde commentatoren geven Martens V enig krediet maar wijzen op de nipte meerderheid (113 kamerleden op 212) en het gevaar voor dissidenties.

Met het interview van Daniël Buyle is de toon voor de oppositie gezet: het rechtse kabinet Martens-Gol zal een staalhard herstelbeleid voeren en dat leidt regelrecht tot relletjes in Wallonië en slaat een kloof tussen de linker- en rechtervleugel van CVP en PSC.

In het kamerdebat na de investituur zegt André Cools pathetisch en profetisch tot de premier:

'Ik ga nu spreken met bloed in de mond. Hoe is het denkbaar dat een man die samen met ons *la Belgique de papa* een ander aangezicht gaf, nu het vertrouwen vraagt op dit rechtse programma. Er is maar één verklaring voor, namelijk dat er in uw partij slechts één man is die deze regering een zekere geloofwaardigheid kan bezorgen bij de arbeiders in Vlaanderen.'

Overal missionariswerk

Zoals verwacht, is de ontevredenheid over het 'rechtse kabinet' het grootst binnen de christelijke arbeiderskringen. Het ACW heeft belangrijke ministerportefeuilles in het kabinet bemachtigd: Philippe Maystadt op Begroting, Michel Hansenne op Arbeid, Daniël

Coens op Onderwijs en Jean-Luc Dehaene op Sociale Zaken. Met premier Martens heeft de ACW-top een bevoorrechte relatie. Wel verliest de beweging een sleutelpost op het kabinet van de premier, nu Jean-Luc Dehaene van kabinetschef minister wordt. De ACW-top heeft slechts een matig vertrouwen in kabinetschef Jacques van Ypersele de Strihou, vooral omdat deze 'monetarist' in maart 1981 het sociaal onaanvaardbaar noodplan van Roland Beauvois niet voldoende kon bijsturen.

Houthuys en Detremmerie overtuigen Martens om hun spilfiguur Fons Verplaetse voor zijn kabinet te vragen. Verplaetse aanvaardt op twee voorwaarden: dat hij als onafhankelijk technicus niet bij de politiek betrokken wordt en dat de Nationale Bank akkoord gaat. Houthuys en Detremmerie bepleiten de zaak bij De Strycker, die vatbaar blijkt voor het argument dat die overstap olie kan zijn in de wat gespannen verhouding tussen de regering en de Nationale Bank.

Op de tweede kerstdag van 1981 neemt Fons Verplaetse zijn intrek op de eerste verdieping van de Wetstraat 16. Hij begint dadelijk aan een nota te schrijven, voor de helft in het Frans en voor de helft in het Nederlands, waarvan de conclusie luidt dat een devaluatie met 10,10 procent moet worden doorgevoerd. De nota bestaat aanvankelijk in drie exemplaren, één voor premier Martens, één voor Van Ypersele en één voor Verplaetse zelf. Pas een veertiental dagen vóór de devaluatie wordt een samenvatting ervan aan de vice-premiers De Clercq, Gol en Nothomb overhandigd en, op verzoek van Gol ook aan de monetaire specialist bij de liberalen, gewezen minister Robert Henrion.

Verplaetse die snel ziet hoe de reële machtsmechanismen werken slaagt erin de kabinetschefs van Gol en De Clercq, Antoine Duquesne en Mark Bienstman, voor zijn ideeën te winnen. Dat zal een lonende investering blijken, vooral omdat minister van Financiën Willy De Clercq aanvankelijk zeer weigerachtig staat tegenover een devaluatie. Hij vreest, samen met de top van de Nationale Bank, dat het een devaluatie 'zonder tanden' zal worden, omdat onder druk van de vakbonden begeleidende maatregelen zoals indexontkoppeling zullen ontbreken, zodat het land terecht dreigt te komen in een neergaande spiraal van inflatie en devaluaties.

Inmiddels wordt er 'missionariswerk' geleverd binnen het ACV om stilaan los te komen van de 'heilig verklaarde' binding van de lonen aan de index. Vanaf einde november wordt Theo Peeters, als lid van de groep-Detremmerie, samen met Jacques Drèze en Robert Maldague, enkele malen op een bijeenkomst van het ACV-bestuur gevraagd. Ze wijzen de ACV-bestuursleden op de verontrustende basisgegevens: het aandeel van de gezinnen in de verdeling van het BNP neemt steeds toe, ten nadele van de bedrijven en de overheid. Waar de gezinnen in 1970 beschikten over 74 procent, steeg dit percentage tot 81,2 procent in 1981. In dezelfde periode daalde het aandeel van de bedrijven van gemiddeld 8,8 procent in 1970 tot 6,6 procent in 1981 en het aandeel van de overheid van 16 procent tot 11,1 procent. Het reëel beschikbaar inkomen en het verbruik van de gezinnen konden dus tot 1980 blijven stijgen met als gevolg dat de crisis aan de bevolking geruisloos voorbijging. Inmiddels stegen de uitgaven voor de werkloosheid van 5,5 miljard in 1974 tot meer dan 100 miljard en stelde de overheid in 1981 ruim 200.000 mensen meer tewerk dan in 1974. In 1974, bij het begin van de crisis bedroeg de rijksschuld 821 miljard of 39 procent van het BNP. In 1981 bedraagt de rijksschuld bijna 80 procent van het BNP. Hierdoor zal het netto te financieren saldo meer dan 13 procent van het BNP vertegenwoordigen, of tweemaal zoveel als het EG-gemiddelde.

De sprekers zitten allemaal op dezelfde golflengte met hun pleidooi voor het terug in evenwicht brengen van het relatief kostenpeil dat ten overstaan van het buitenland uit de hand is gelopen. Zij tonen ook aan dat een tijdelijke of gedeeltelijke desindexatie hierbij een noodzakelijke maatregel is evenals een relatieve kostenwijziging ten overstaan van het buitenland.

De eerste reacties van de ACV-bestuursleden zijn niet bepaald gunstig. Robert Van Depoele, Willy Peirens, Greta D'Hondt en een aantal jongeren ergeren zich vooral aan de herhaalde verwijzingen naar de financieel slechte toestand van het bedrijfsleven en wijzen op vroeger gemaakte winsten.

De leden van de groep-Detremmerie komen een beetje beduusd uit de bestuursvergadering en in een nagesprek met Jef Houthuys is het algemeen gevoel: het zal niet lukken.

Een tweede vergadering verloopt veel positiever dank zij Lucien Fruru, de charismatische leider van de ACV-textielcentrale. Hij legt uit hoe de textiel zich opnieuw aan het herpakken is dank zij herstructureringen en loonmatiging en bepleit vurig nieuwe zuurstof voor de bedrijven. Ook Jef Houthuys gooit zich persoonlijk in het debat en verdedigt met hart en ziel de noodzaak van een versoberingsbeleid dat zelfs bepaalde heilige taboes zal moeten doorbreken.

Na die vergaderingen waarvan een cruciale op 8 januari 1982 doorgaat, meent Houthuys hier en daar een verklaring te mogen afleggen waarin hij een hervorming van de index niet langer onbespreekbaar acht. Op 19 februari krijgt hij evenwel een nauwelijks verholen terechtwijzing van het ACV-bestuur dat opnieuw elke aantasting van de index verwerpt.

Sedert begin februari is ook vice-premier De Clercq ervan overtuigd geraakt dat Martens met de op 2 februari 1982 bekomen bijzondere machten, werkelijk een globaal herstelbeleid wil en kan doordrukken. Zijn collega Gol die reeds eerder gewonnen was voor een devaluatie, had hem in een heftig gesprek aangeraden zijn oren niet langer te laten hangen naar gouverneur De Strycker.

De Clercq neemt contact op met onder meer de vice-gouverneur van de Nationale Bank Marcel D'Haeze, en stelt een devaluatie voor van 12 procent of bijna twee procent meer dan Verplaetse. Hij beroept zich op het Smithsonian-akkoord van december 1973, waardoor de ministers van de Groep van de Tien wilden terugkeren naar een systeem van vaste wisselkoersen. De Clercq wordt daarin ook gesteund door het IMF waarvan experts een devaluatie van 14,5 procent aanraden. De achterliggende idee van De Clercq en Marcel D'Haeze is: eenmaal fors devalueren en de bevolking de waarborg geven dat er in de volgende dertig jaar niet meer geraakt wordt aan de pariteit van de frank.[2]

De regering organiseert nog een laatste schijnpoging om de vakbonden te laten instemmen met een formule van indexmatiging die een devaluatie zou overbodig maken, maar niemand gelooft erin temeer daar het ABVV, op sommige plaatsen gevolgd door het ACV, op 8 februari een eerste werkstaking tegen het aangekondigde versoberingsbeleid houdt.

Gouverneur krijgt mokerslag

Op maandagavond 15 februari werken de vice-premiers samen met Verplaetse en Van Ypersele de devaluatieplannen concreet uit en wordt er beslist de operatie het daarop volgende weekeinde uit te voeren.

Ondertussen moet Martens 's anderendaags nog naar Washington voor een bezoek aan president Reagan. Op de tarmac van Melsbroek waar de vice-premiers hun premier dinsdagochtend uitwuiven, kondigt Willy De Clercq aan dat hij niet langer wil wachten op het geweifel binnen de CVP-PSC en niet de CVP-kandidaat Theo Peeters maar wel Jean Godeaux zal benoemen tot opvolger van Cecil De Strycker aan het hoofd van de Nationale Bank. Dit verwekt de nodige deining bij de CVP en in de pers maar leidt vooral de aandacht af van het ultrageheime bezoek dat Martens in Washington brengt aan de directeur van het Internationaal Monetair Fonds, Jacques de Larosière, om hem over de regeringsplannen in te lichten.

Terug in België ontvangt Martens vrijdagnamiddag 19 februari opnieuw de sociale partners in zijn ambtswoning aan de Lambermontstraat. Wanneer de vakbonden elk van de drie voorgelegde formules voor desindexering verwerpen, roept hij Debunne en Houthuys voor een apart gesprek bij zich. Hij kondigt aan dat de regering nu snel zal gebruik maken van haar bijzondere machten om zeer ingrijpende maatregelen te nemen. Debunne reageert koel en afwijzend. Houthuys is positiever: 'Als het moet, doe het dan op sociaal verantwoorde wijze. Beter de korte pijn.'

Van de Lambermont gaat Martens om 18 u naar de Wetstraat 16 om via een ongebruikte deur het kabinet van Financiën in de Wetstraat 12 te bereiken. Daar wacht hem een veel moeilijker klus. Minister van Financiën De Clercq heeft er de gouverneur van de Nationale Bank Cecil De Strycker uitgenodigd, samen met diens opvolger Jean Godeaux. Zij weten helemaal van niets. De Strycker verdedigde in zijn wekelijkse contacten met De Clercq aan de hand van cijfers en nota's telkens het behoud van de muntpariteit, en Jean Godeaux heeft nog diezelfde ochtend een devaluatie 'onzin' genoemd. Nu krijgen ze beiden te horen dat een devaluatie nakend is.

Vooral voor De Strycker is het een mokerslag. Zijn mandaat was verlengd omdat CVP en PSC niet tot een akkoord kwamen over zijn opvolging. En precies nu hij de vlag onbesmeurd kan doorgeven, wordt hij door een CVP-premier verplicht zijn loopbaan te besluiten met een devaluatie, de eerste sedert dertig jaar. Kan het erger ? Hij weigert kordaat deel te nemen aan de bijeenkomst van het Europees Monetair Comité waarop hij zaterdag het Belgische standpunt moet verdedigen. Zowel Martens als De Clercq moet gezagsargumenten gebruiken om De Strycker tot een ander inzicht te brengen. Na deze heftige scène telefoneert Martens naar zijn Luxemburgse ambtgenoot Pierre Werner, die al even opgewonden reageert, temeer omdat twee dagen voordien minister Mark Eyskens hem nog was komen zeggen dat er geen sprake was van een Belgische devaluatie.

Inmiddels staat Hubert Detremmerie die op de hoogte is van het hele scenario, vanuit zijn raam op de zevende verdieping van de Wetstraat 135 te kijken naar het daar tegenover gelegen Karel de Grote-gebouw. Aan de burelen waarin het licht blijft branden kan de BAC-voorzitter merken dat de EG-commissie op de hoogte is van de devaluatie-operatie. Theo Peeters, Herman Van Rompuy en Fons Verplaetse komen binnenwaaien. Theo Peeters die enkele vertrouwensmensen van de EG-commissie heeft gezien, zegt dat een devaluatie van 8 procent haalbaar lijkt. Als Detremmerie hem meedeelt dat het dossier is opgemaakt voor 12 procent spoedt hij zich naar minister van Economische Zaken Eyskens om hem ervan te overtuigen dat België zich moet tevreden stellen met een percentage tussen de 8 en 9 procent: indien we 12 procent vragen en slechts 8 procent krijgen, zal de speculatie tegen de frank niet stilvallen, integendeel. Eyskens antwoordt: 'Het is te laat, het dossier zit al in de pijplijn.'

Zaterdag is zowat iedereen in Europa kwaad op België: de Luxemburgers, de Denen, de Ieren en de Duitsers. Men gunt België de concurrentiële voorsprong van 12 procent niet. De president van de Bundesbank, Karl Otto Pöhl, wil slechts 3 procent toestaan. De Clercq zal daarover zeggen:

'Ik ontdekte hoe weinig sympathie men geniet als men arm is. Men deed België geen cadeaus. De andere landen apprecieerden onze vraag niet en zeker niet de omvang ervan.'[3]

Zaterdagnamiddag lekt de devaluatievraag uit via het Britse persbureau Reuter. In België volgt de ene formele ontkenning op de andere. Op zondag 21 februari komen de EG-ministers van Financiën niet tot overeenstemming en de zaken dreigen een dramatische wending te nemen. Er is sprake van een Belgisch uittreden uit het Europees Monetair Systeem en het laten zweven van de frank. Anderen suggereren het sluiten van de beurzen van Tokio en Singapore om wat meer respijt te krijgen.

De Duitsers doen het laatste bod: 8,5 procent. Minister van Financiën De Clercq belt naar het kabinet van de premier waar ook enkele leden van de groep-Detremmerie aanwezig zijn. Fons Verplaetse die achter een ordeloze stapel papieren zit, maakt enkele rekensommetjes en spreekt dan het verlossende woord: 'Acht en een half, da's just 't zelfde als negen, we zullen er onze plan wel mee trekken.'

Even later kondigt de regering een devaluatie aan met 8,5 procent. Een prijzenstop van drie maanden en een bevriezing van de lonen (behalve de minimumlonen) moeten de inflatoire druk opvangen en zo het effect van de muntontwaarding optimaliseren. Vanaf 1 juni 1982 tot het einde van het jaar zal slecht één indexaanpassing voor de eerste inkomensschijf van 27.357 frank worden toegestaan, dit wil zeggen 560 frank in plaats van de gebruikelijke 2 procent indexaanpassing. Dit is de vertaling van de door het ACV geëiste centen in plaats van procenten.

Een heuvelflank aan de Semois

Na het schokeffekt van de devaluatie, komt de bezinning. Ondanks de reële vermindering van de koopkracht van de gezinnen en het onmiskenbaar herstel van de concurrentiepositie van de bedrijven, blijven de problemen zéér reëel. Het financieringstekort loopt verder op, de speculatie tegen de Belgische frank duurt nog een tijdje voort en nieuwe bezuinigingen zijn noodzakelijk. Het zenuwknooppunt zal andermaal bij het ACV liggen en vooral Houthuys zal in de vuurlinie terechtkomen.

In een restaurant nabij de Congreszuil waar ze elkaar geregeld zien, komen Detremmerie en Verplaetse samen tot het besluit dat premier Martens en ACV-voorzitter Houthuys onder hun leiding in nauwe voeling met elkaar moeten blijven. Verplaetse nodigt de premier met zijn echtgenote een eerste maal uit in april 1982 voor een weekeinde in zijn buitenverblijf op een heuvelflank van de Semois in Poupehan, evenals de echtparen Houthuys en Detremmerie die er al het jaar tevoren te gast waren.

Vanuit de stemmige living hebben ze een grandioos uitzicht op de vallei, het dorpskerkje — dat nog driemaal per dag het angelus luidt —, de typische houtstapels en de brug over de Semois. Verplaetse is al van zaterdagmorgen in de weer met de open haard en het gerieflijk maken van de drie sobere slaapkamertjes. Eén koppel zal op de sofa in de living moeten slapen. Voor hun maaltijden zijn ze aangewezen op Pierre Danloy, de uitbater van Hotel La Vallée. En 's zondags dalen Jef en Victorine, Wilfried en Lieve, Hubert en Lieve, Fons en Odette als gewone toeristen af naar het kerkje.

Ze zijn er echter niet om het landschap te bewonderen, maar

om de plannen en mogelijkheden van de regering te bespreken en de wijze waarop sommige weerstanden kunnen worden opgevangen. Tussen 1982 en 1987 zullen ze er een tiental malen bijeenkomen. Het gesprek begint meestal zaterdag in de vooravond met een uiteenzetting over concrete regeringsvoorstellen en de becijferde weerslag ervan op de loontrekkenden, de sociaal verzekerden, de gepensioneerden en de ambtenaren. De aanwezigen wikken en wegen. Wat is sociaal aanvaardbaar? Wat is draaglijk? Wat is de weerslag ervan op bevriende organisaties, op de vakbeweging?

Op zondagavond worden de conclusies getrokken en iedereen krijgt een opdracht mee. Zo moet Detremmerie meestal naar de reacties peilen van de financiële kringen, Verplaetse contact opnemen met andere kabinetschefs, Houthuys de vakbonden en ziekenfondsen aan de tand voelen en Martens alles waarmaken bij de politici.

Dat de Poupehan-gesprekken niet zomaar vrijblijvende babbeltjes zijn moge blijken uit een vijftal voorbeelden.

— De principes van het vijf-drie-drie-plan zijn op 18 en 19 september 1982 al wandelend langs de Semois in Poupehan gegroeid: dit plan was bedoeld om door collectieve onderhandelingen een extra tewerkstelling via arbeidsherverdeling tot stand brengen: in ruil voor 3 procent inlevering van loon zou men 3 procent meer aanwervingen en 5 procent arbeidsduurverkorting realiseren.

— Op een bespreking op Hertoginnedal halverwege 1983 meent minister van Begroting Maystadt te kunnen aankondigen dat de regering een nieuwe indexingreep overweegt van 1 procent ten gunste van een tewerkstellingsfonds. Verplaetse die pas een Poupehan-weekend achter de rug heeft, zegt: 'Excuseer, mijnheer de minister, ik denk dat u zich vergist, het is niet één procent, maar driemaal twee procent.' Hierop zegt Maystadt verbouwereerd: 'Als de kabinetschef het zo affirmatief zegt, dan zal het wel waar zijn.'

— Het gebeurt ook dat enkele dagen na een Semois-weekend Jean-Luc Dehaene op de gebruikelijke ontbijtvergadering met de top van het ACW, plots uitschiet: 'Weet je nu wat de premier aan mij durft te vragen? Waar haalt hij het?' Houthuys en Detremmerie stellen bij zichzelf vast dat de premier de afspraken stipt naleeft en antwoorden: 'Jean-Luc, jij bent minister, maar Wilfried is eerste minister...'

— Als Martens begin 1984 een nieuw spaarplan aankondigt met

onder meer: de indexsprongen, de vermindering van de totale loonsom van ambtenaren, de verwijzing van samenwonende werklozen naar het bestaansminimum en een betere verdeling van de beschikbare arbeid door een tewerkstellingspact met de ondernemers, reageert Houthuys — zoals afgesproken in Poupehan — onmiddellijk positief. In de algemene raad van het ACV krijgt de ACV-voorzitter echter veel tegenwind. Hij haalt slechts een nipte en voorwaardelijke meerderheid. Houthuys moet opnieuw met de regering gaan onderhandelen over sommige asociaal genoemde aspecten van het spaarplan. Duidelijk geschrokken komt Martens terug op zijn versoberingsvoorstellen voor samenwonende werklozen, kinderbijslag en onderwijs die al in wetteksten stonden.

— In april 1986 eisen de vakbonden, in de marge van het Sint-Annaplan, dat ook de banken zouden inleveren. In Poupehan wordt afgesproken dat Detremmerie en Verplaetse bij de bankiers een grootscheepse schuldherschikking zullen bepleiten die zowat 30 miljard moet opleveren. Detremmerie kan de nieuwe gouverneur van de Nationale Bank Jean Godeaux ertoe overhalen om in diens appartement op de hoek van de Blijde Inkomstlaan en de Wetstraat met zicht op de triomfboog van het Jubelpark, alle topbankiers en topministers uit te nodigen. In de vaak bitse besprekingen stuit het schuldherschikkingsplan er op grote weerstand omdat het niet marktconform zou zijn. Detremmerie hult zich tijdens de vergadering in een stilzwijgen en zal achteraf het verwijt van de premier incasseren de afspraak niet goed te hebben nageleefd. Over de schuldherschikking zal trouwens nog drie maanden gediscussieerd worden en uiteindelijk zal ze de schatkist netto 1,2 miljard opleveren.

Drievoudig triomfator

Dit speelt zich natuurlijk niet af in een politiek vacuüm. Zo is er het aanslepend en irriterend conflict rond de benoeming van de Nederlandsonkundige Happart tot burgemeester van Voeren begin 1983; de commotie rond de hartoperatie van de premier in augustus 1983; de emotionele discussies rond de plaatsing van kernraketten in 1984 en begin 1985; de regionalisering van de nationale sectoren staal en steenkool en de politieke gevolgen van het Heizeldrama in 1985.

Martens geraakt hierdoor niet uit koers, want in honderden

interviews en verklaringen uit die periode komt het herstelbeleid als constante naar voren. De premier legt voortdurend de noodzaak van het herstelbeleid uit en bindt het steeds meer aan zijn persoon. 'Als ik mijn doel niet bereik, stap ik op.'[4] Elk cijfertje, zelfs na de komma, dat wijst op een verbetering van de concurrentiepositie, grijpt Martens aan voor interviews of verklaringen. Hij zwaait op veel tribunes met een wat meevallend Oeso-rapport of een gunstig artikel in een buitenlandse krant. Er ontstaat een nieuwe beeldspraak met begrippen als 'snoeien om te groeien', 'het einde van de tunnel', 'het stoppen van de rentesneeuwbal'. Martens spreekt de mensen moed in en tracht de bevolking ervan te overtuigen dat de offers niet vergeefs zijn geweest. Het hoogtepunt hiervan zijn de twee politieke videoclips die einde juli 1985 — in een gevoelige pre-electorale periode dus — bij wijze van regeringsmededeling door de BRT-televisie worden uitgezonden. De idee was origineel. Een zeer traag lopende metronoom geïllustreerd met lege fabriekshallen, lange rijen werklozen, verpauperde arbeiders moest de toestand van 1981 uitbeelden. Gesuggereerd werd dat, naarmate het herstelbeleid van Martens gestalte kreeg, een nieuwe vitaliteit door het land voer waarna de metronoom zijn gewone snelheid kreeg. Men was dus op de goede weg.

Deze uitzending lokt een ongezien misbaar uit bij de oppositiepartijen, maar de toon was gezet. Daarop volgde de Martens-campagne 'Geen ommekeer'.

Deze slogan gaat in tegen zowat alles wat de opiniemakers en de peilingen zeggen. Hun algemene analyse is dat de regeringspartijen ingevolge het inleveringsbeleid, de Happart-ruzies, de miljardenhulp aan Cockerill-Sambre, de protesten van de vredesbeweging tegen de kruisraketten in Florennes en de open ruzie tussen de vice-premiers Gol en Nothomb, een zware afstraffing zullen krijgen en dat de aftredende ploeg haar meerderheid zal verliezen.

Instinctmatig sluit Martens zich bij de slogan aan, ook al zijn er in zijn directe omgeving mensen die hem ontraden de volledige last van een eventuele mislukking op zijn schouders te laden. De politieke feeling van Martens die al tot uiting is gekomen in de Tindemans-campagnes en de slogan 'Omdat mensen belangrijk zijn', blijkt wederom de juiste te zijn. Martens wordt wat men in publicitaire termen noemt de 'marktleider'. De liberale partners worden gedegradeerd tot onderaannemers van het herstelbeleid. PVV-voorzitter Verhofstadt tracht het tij nog te keren door te verklaren dat wie het Martens-beleid wil voortzetten, best voor de liberalen stemt. Die boodschap komt bijzonder ongeloofwaardig over en achteraf zal Verhofstadt trouwens erkennen dat het dé vergissing van zijn politieke loopbaan is geweest.

Bij de regeringspartijen wint de CVP 126.000 kiezers en zes kamerzetels, terwijl de PVV 126.000 kiezers en zes kamerzetels verliest. De PSC wint twee zetels en 52.000 kiezers, de PRL moet zich tevreden stellen met eenzelfde aantal zetels ondanks een winst van 103.000 kiezers. Er is dus een nettowinst van twee kamerzetels voor de regeringspartijen.

Bij de oppositie is er vreugde en treurnis. De SP wint 140.000 kiezers en zes zetels; de PS wint 70.000 kiezers, maar geen zetels; Agalev en Ecolo winnen samen vijf zetels bij. Verliezers bij de oppositie zijn: de Volksunie met 110.000 kiezers en vier zetels minder; het FDF dat meer kiezers verliest dan het overhoudt (70.000) en van zes op drie zetels terugvalt.

Martens is na de verkiezingen drievoudig triomfator: binnen de CVP omdat hij bijna de helft van het historische zetelverlies van 1981 heeft goedgemaakt; in het land omdat hij als de ongeslagen leider na een moeilijke regeerperiode uit de stembusslag komt; in Europa omdat hij tot voorbeeld wordt gesteld van een regeringsleider die, ondanks een weinig populair inleveringsbeleid, toch de verkiezingen kan winnen.

De diepere betekenis van de verkiezingen van 1985 is echter van psychologische aard. Tussen 1977 en 1981 heeft het land geleefd onder de dwanggedachte dat een herstelbeleid zonder de socialisten onvermijdelijk zou leiden naar staatsgevaarlijke onlusten. Die overtuiging heeft niet alleen de politici, maar ook de leidende economische en sociale milieus gedurende lange tijd als het ware verlamd. Zelfs het Hof speelde daarin mee toen, tegen alle logica in, na de verwerping van het noodplan van Martens in 1981, geen verkiezingen mochten worden uitgeschreven en Mark Eyskens de helse rit moest uitrijden. Achteraf kan natuurlijk de vraag gesteld worden of de 'educatieve mislukking' van Eyskens niet noodzakelijk geweest is om deze kringen tot bezinning te brengen en het experiment zonder de socialisten te wagen.[5]

De overwinningsmedaille heeft ook een keerzijde. De Vlaamse liberalen voelen zich in 1985 onrechtvaardig behandeld door de kiezer. Ook in 1977 was de CVP-premier (Tindemans) beloond door de kiezer en de liberale partner afgestraft, wat aan de toenmalige PVV-voorzitter Frans Grootjans de impulsieve verklaring ontlokte dat men het maar zonder de liberalen moest doen.

PVV-voorzitter Verhofstadt speelt het in 1985 anders. Volgens hem hebben de liberale ministers, onder wie Willy De Clercq, zich onvoldoende geprofileerd en waren ze te meegaand. Hij ontpopt zich tot een weinig soepel onderhandelaar bij het formatieberaad, laat tegen de zin in van de christen-democraten de fiscale stop in het regeerakkoord opnemen en wil met harde, haast Thatcheriaanse verklaringen een neoliberale stempel op het beleid drukken.

De verkiezingseuforie van CVP en PSC kan immers niet doen vergeten dat de financiële balans van vier jaar Martens V niet erg overtuigend is. De totale schuld van de overheid was in vier jaar tijd verdubbeld, en wel van 2439 miljard frank in 1981 tot 4915 miljard frank in 1985, ofwel een aangroei — in percentage van het BNP — van 67,5 naar 103,6. Het jaarlijks stijgingsritme was wel enigszins afgetopt tot een goede 15 procent tegen meer dan 25 procent in 1982.

De nieuwe VBO-voorzitter André Leysen zal premier Martens daaraan te pas en te onpas herinneren. Een nieuw spaarplan wordt noodzakelijk. Het komt op 19 en 20 mei 1986 tot stand in de Sint-Annapriorij van het kasteel van Hertoginnedal en krijgt een nasleep van stakingen en betogingen, onder meer van de christelijke onderwijswereld met monseigneur Daelemans op kop van de stoet.

Ook de spanning tussen het ACW en de regering neemt toe. Wanneer begin 1987 begrotingsminister Verhofstadt een plan op tafel legt om via beheersautonomie de privatisering van overheidsbedrijven voor te bereiden, zoals het Fonds voor Beroepsziekten, de NIM, de Spaarkas, de NMKN, de luchtvaartmaatschappij Sabena en de RTT, en later ook nog de ziekenfondsen in concurrentie wil stellen met particuliere verzekeringsmaatschappijen, is het hek van de dam.

De 'vrienden van Poupehan' krijgen het steeds moeilijker maar Houthuys blijft lange tijd overeind in de storm tot zelfs Jean-Luc Dehaene Verplaetse gaat verwijten dat hij Houthuys te weinig zijn rol als vakbondsleider laat spelen en hem te sterk duwt in de richting van behoeder van het algemeen welzijn.

Het Houthuys-interview

Wie het voorgaande gelezen heeft, zal beter de draagwijdte kunnen begrijpen van het gesprek dat we hadden met de 68-jarige gewezen ACV-leider Jef Houthuys op 22 februari 1991, drie weken vóór zijn dood. Het gesprek had plaats in zijn huis op de heuvel van Sint-Martens-Lennik. In december 1990 had een medisch onderzoek kanker vastgesteld. Chemotherapie en een heelkundige ingreep konden niet meer baten.

Houthuys, ofschoon afgemat en af en toe naar adem snakkend, was helder van geest, liep enkele malen van de gesprekstafel naar zijn bibliotheek om documenten te zoeken en het gesprek eindigde staande voor het raam, met uitzicht op de boomgaard, met de woorden: 'Hugo, de botten zal ik nog wel zien komen aan de bomen, de blaren niet meer.'

Houthuys: 'Ik ga de volle waarheid zeggen, want iedereen mag weten hoe dit land uit de moeilijkheden is gehaald door een vriendschap tussen vier mensen. Allicht zullen "gevoelige" naturen in het ACV en het ACW zeggen: "Oeieoei, de Jef deed aan politiek." Ja, en ik ben er trots op. Ik deed echter niet aan politiek om de CVP te redden of om het ABVV te beduvelen, wel uit liefde voor mijn volk en mijn land. Mijn drie medestanders en vrienden Wilfried, Hubert en Fons, waren door hetzelfde ideaal bezield.

In 1981 werd het met de dag duidelijker dat met de socialisten geen saneringsbeleid kon worden gevoerd. Er zijn veel pogingen geweest. Met socialisten zoals Guy Mathot, Willy Claes, Roland Beauvois kon nog gepraat worden over een indexmatiging. ABVV-leider Debunne was echter radicaal tegen. Ik heb hem horen roepen tot de socialistische ministers: "Er gebeurt niets en als er toch iets gebeurt dan herbegin ik met de stakingen van '60-'61. Onmiddellijk."

Martens viel, Eyskens passeerde. Einde 1981 trad de regering Martens V met de liberalen aan. Ze wilde het land uit het moeras halen. Wilfried had op mijn aandringen mijn vriend Fons Verplaetse aangetrokken als economist op zijn kabinet.

Fons was de spilfiguur geworden van een cel, eerst binnen het ACW, nadien uitgebreid tot werkgevers en boeren, die tijdens de sukkelgang van Mark Eyskens een blauwdruk van het herstelbeleid had uitgewerkt.

Heel snel na de devaluatie van februari 1982 nodigde Fons drie mensen uit voor een weekeind, nabij Bouillon waar hij met eigen handen een buitenverblijf had opgeknapt: Wilfried Martens, Hubert Detremmerie en mezelf.

Zo zijn de "ontmoetingen van Poupehan" ontstaan. In dat godzalig Waals dorp is heel het herstel begeleid, bediscussieerd en bijgestuurd.

Fons Verplaetse ontpopte er zich tot de economische leermeester van Wilfried Martens. BAC-voorzitter Hubert Detremmerie speelde met zijn enorme bankierservaring een onschatbare rol in het herstel van het land.

In dat huisje van de Fons is tussen ons vieren een vriendschap ontstaan die sterker was dan alles wat ik ooit heb meegemaakt. Wij kwamen daar zaterdagnamiddag toe met onze echtgenotes en kampeerden er als het ware. Ofschoon we naar de mis gingen en lange wandelingen maakten aan de oever van de Semois, heeft de pers dat nooit ontdekt. We zijn daar al die crisisjaren bijeengekomen, telkens als er belangrijke maatregelen op til waren. Al zittend of al stappend hebben we in de Waalse bossen gediscussieerd, gezocht, getast, geëvalueerd. Onze vrouwen maakten hun eigen tochtjes. Voor de maaltijden, gebracht door een plaatselijke restaurantuitbater, zaten we samen aan tafel.

Dikwijls heeft mijn vrouw Victorine toen aan Fons gezegd: "Dat moogt ge aan Jef toch niet vragen, dat krijgt hij er nooit door." Ik antwoordde dan: "Fons, Hubert, Wilfried, gij zegt wat moet gebeuren, ik zal zorgen dat het kan gebeuren." Toch schrok ik dikwijls dat de cijfers zo rauw waren, en dat de inleveringen zo lang zouden moeten duren.'

— 'Was Jean-Luc Dehaene niet bij die ontmoetingen aanwezig?'

Houthuys: 'Neen, hij moest de maatregelen immers als minister uitvoeren en we wilden hem niet compromitteren.

Ik heb in die periode dikwijls op mijn tanden moeten bijten. In de nationale leiding had ik medestanders en tegenstanders. Vooral de Walen hadden het veel moeilijker dan de Vlamingen. Bovendien was er onze "middenstand". Zo noem ik de vrijgestelden en secretarissen. Ze hadden het moeten verdedigen, maar het ontbrak hen dikwijls aan moed. Ze waren gevormd in de *golden sixties*, altijd maar nieuwe eisen, steeds *more and more*.

Ik ben toen vaak naar bijeenkomsten getrokken van gewone mensen. Ik heb nooit moeilijkheden ondervonden. Een werkman weet immers dat het niet altijd even goed kan blijven gaan, dat een gouden periode onvermijdelijk gevolgd wordt door een tijd van inhouden en afgeven.

Het was voor mij een moeilijke tijd. Af en toe moest ik wat schipperen, maar ik ben nooit uit koers geraakt. We lagen als vakbond onder het trommelvuur van het ABVV en onze eigen vrijgestelden waren kleinmoedig. Toch heb ik het grootste gedeelte van mijn vakbond kunnen overtuigen. Had Jef Houthuys van het ACV toen gedaan wat Georges Debunne van het ABVV deed, België was nog altijd de zieke man van Europa, de laatste van het peloton.

Wij trokken ons op aan onze vriendschap. Martens was een medestander in hetzelfde geloof en ideaal. Martens moest stroomop roeien in het parlement, ik in de vakbeweging. Dank zij de kennis, de creativiteit en de behendigheid van Fons (Verplaetse) en Hubert (Detremmerie) hebben we het gered. Ik kan niet werken zonder vriendschap. Ge kunt de strafste kleppers hebben, maar alleen vrienden kunnen moeilijke dingen aan.

Ik werd nooit voor voldongen feiten geplaatst. Ik wist steeds wat er ging gebeuren, wat er gepland was. Martens heeft me nooit een pad in de korf gezet, want hij wist hoe moeiliijk ik het had.

In Poupehan spraken wij ook steeds een tactiek en een strategie af zodat de hardste maatregelen nog konden verzacht worden om de zwaksten te beschermen. We lieten ook steeds openingen voor rectificaties. Konden de muren van dat huizeke van de huidige gouverneur van de Nationale Bank spreken, dan zou men weten wat een groots werk we daar hebben gedaan.'

— 'Hoe komt het dat de regering in oktober 1987 na twee jaar valt over de kwestie-Happart zonder haar karwei te kunnen afmaken?'

Houthuys: 'Ik zal het u zeggen. Happart was slechts een voorwendsel. Begrotingsminister Verhofstadt was de echte schuldige. De "pretentie van da joenk" konden wij niet meer slikken. Ik heb hem dat toen openlijk in zijn gezicht gezegd. Ook bij Willy De Clercq die veel redelijker is, heb ik mijn beklag gemaakt. Ik heb zelfs een brief aan zijn vader (die tot de christelijke beweging behoort) geschreven.

Wij deden gewoon wat moest gedaan worden voor ons volk. Dat "stukske pretentie" wilde er liberale overwinningen van maken. De mensen aan de top van de vakbeweging die me tot dan toe gesteund hadden — al dan niet met tegenzin — begonnen steeds meer vragen te stellen. Robert D'Hondt in de eerste plaats en ook Jean Hallet. Toen in september 1987 de rel rond de ziekenfondsen uitbrak en Verhofstadt voorstellen deed om ze te kortwieken en de privé-concurrentie vrij spel te geven, begon zelfs de brave Bob Van den Heuvel te steigeren.

Wij hadden alle moeite van de wereld om de spaarinspanningen aan onze leden te verkopen. De mensen in de regering zoals Dehaene, Maystadt en Coens die aanleunen bij de arbeidersbeweging, stonden dagelijks moedig in de gevechtszone. Maar door de provocerende taal van Verhofstadt werd hun positie tegenover het ACW onmogelijk. Het beleid werd neoliberaal gekleurd en vooral onze Waalse vrienden namen dat niet langer. De Vlamingen zijn gevolgd. Voor de regering werd de toestand onhoudbaar. Gerard Deprez van de PSC en minister Maystadt hebben zich dan wat harder opgesteld in de zaak-Happart. De regering is moeten opstappen.'

Vragen bij Poupehan-methode

Uit dit interview, dat op 20 maart 1991 in het weekblad *Knack* verscheen, zijn enkele verkeerde en overgesimplifieerde conclusies getrokken, bijvoorbeeld dat Houthuys zowat een peetvader zou geweest zijn die vanuit een Waals dorpje zijn instructies gaf aan de politieke wereld. De Poupehan-methode roept nochtans een tiental bedenkingen op:

1° Als naar een 'peetvader' dient gezocht, dan komt minister van Staat Paul-Willem Segers daarvoor in aanmerking. Hij zette de groep-Detremmerie op het spoor en verkondigde tegelijkertijd de stelling dat het onafwendbare herstelbeleid moest gevoerd worden met de liberalen en zo'n regering slechts kon slagen met een premier die het vertrouwen had van de linkerzijde van de CVP en van de Franstaligen. Hieraan voldeed wel Martens maar niet Tindemans. P.W. Segers zal er zich ook aan het Hof voor inzetten dat Martens, ondanks zijn vier minder geslaagde regeringen tussen april 1979 en maart 1981, opnieuw een kans krijgt.

2° Houthuys is de man die er moet van overtuigd worden het herstelbeleid 'te verkopen' bij zijn troepen. Verplaetse en Detremmerie hebben weliswaar een grote invloed op Houthuys, maar de aanwezigheid van eerste minister Martens in Poupehan geeft Houthuys vastere grond onder de voeten.

3° Ofschoon de top van de Nationale Bank gekant is tegen een devaluatie, wordt de muntontwaarding bestudeerd en voorbereid door drie, al dan niet gewezen werknemers van de bank: Fons Verplaetse, Jan Smets en Herman Van Rompuy. Houthuys en Hinnekens zijn regent bij de Nationale Bank en Detremmerie is er censor. Gegevens van de Nationale Bank worden zelfs ingevoerd in de BAC-computer.

4° De voorzitter van een privé-bank, Hubert Detremmerie, is lang op voorhand op de hoogte van het devaluatiescenario waarin hij trouwens zelf meespeelt. De gouverneur van de Nationale Bank De Strycker en diens aangeduide opvolger Godeaux moeten de beslissing vernemen op het allerlaatste ogenblik.

5° Bij het opmaken van het devaluatiedossier ging men er te gemakkelijk vanuit dat de andere landen België wilden helpen. Verplaetse stelde een percentage voor van 10,10. In de groep-Detremmerie dachten velen aan 8 procent. De Clercq zelf diende een dossier in van 12 procent. Toen België met 8,5 procent devalueerde overheerste in het buitenland de indruk dat we minder gekregen hadden dan noodzakelijk was. De speculatie hield nog een tijdje aan en het *écart* liep zelfs op tot 17 procent. De Clercq zal nu zeggen dat het om een Perzische markt ging waar men meer moest vragen om minder te verkrijgen.[6]

6° Toen Van Ypersele in maart 1984 naar het kabinet van de koning ging, bleef Martens enkele maanden zonder economisch kabinetschef. Op uitdrukkelijk en herhaald verzoek van Houthuys zou Martens Verplaetse in september tot kabinetschef benoemen. De liberale vice-premiers, Jean Gol en Guy Verhofstadt, zullen achteraf zeggen dat Verplaetse dikwijls het enthousiasme van Martens voor een voorgestelde besparingsmaatregel temperde met de bedenking dat het ACV of andere christelijk-sociale belangengroepen het daar zeer lastig mee zouden hebben. Dit werkte vaak zo op de zenuwen van Martens dat hij zijn kabinetschef publiekelijk terecht wees en hem zelfs eens met een lat op de vingers tikte.[7]

7° In de Poupehan-manier van werken is de overheid gedoemd de zwakste drukkingsgroep te blijven. Het inkomen van de gezinnen, de concurrentiekracht van de bedrijven, de sociale zekerheid en de uitkeringen kregen zeer veel aandacht, de schuldenberg van de staat veel minder. Zowel in de groep-Detremmerie als in Poupehan waren alle aanwezigen onder de indruk gekomen van de stelling van Verplaetse dat men geen twee zaken tegelijkertijd kon doen, namelijk de concurrentiepositie herstellen en de schuldaangroei verminderen. Het overheidstekort zou snel dalen, eenmaal het economisch leven terug op gang was getrokken. Hierin heeft men zich zwaar vergist. De doelstellingen van de regering om het tekort te beperken tot 7 procent van het BNP, werden jaar na jaar uitgesteld, na enkele spectaculaire mislukkingen. De invloed van de rentesneeuwbal was onvoldoend ingecalculeerd.

8° De inspanningen om de overheidsuitgaven te saneren waren wel tastbaar. Tijdens de eerste regering-Martens-De Clercq waarin de liberale inbreng marginaal is, zien we de overheidsuitgaven zonder rentelast dalen met 6,1 procent. Tussen 1986 en 1988 (Martens-Verhofstadt) lopen de overheidsuitgaven zonder rentelast terug met 2,6 procent en tussen 1988 en 1990 (Martens-Schiltz) eveneens met 2,6 procent. Het wijst erop dat de belangrijkste inspanningen dateren van vóór Verhofstadts aanwezigheid in de regering en dat de coalitie met de socialisten aanvankelijk een even grote inspanning deed als de vorige coalitie met de liberalen.[8]

9° Enig cynisme, noem het politiek realisme, kan de Poupehan-vrienden niet ontzegd worden. Zo zal herhaaldelijk de '600 miljoen van Gol' in de balans gegooid worden. Het gaat om een extra krediet voor de Luikse universiteit waar de liberale vice-premier zeer aan gehecht is. En als in 1986 de andere liberale vice-premier Verhofstadt 'voor zijn ego' absoluut 130 miljard besparingen nodig heeft, krijgt Verplaetse de opdracht bij de echte besparingen enkele tientallen 'papieren miljarden' te fabriceren.

10° Ten slotte nog dit: In Poupehan kwam niet de elite bijeen, niet de erfgenamen van een familiefortuin, noch grootgrondbezitters of belangrijke aandeelhouders. Het zijn mensen van eenvoudige komaf: Martens als boerenzoon, Houthuys de kleermaker, Detremmerie een begaafde jongere ontdekt door mijnheer Lambert van De Welvaartswinkel, en Verplaetse, de weinig gemanierde zoon van een veevoederfabrikant uit Zulte. Ze logeren in Poupehan in oncomfortabele omstandigheden.

Het is ook niet de intellectuele elite. De economische wetmatigheden worden er op eenvoudige, bijna karikaturale wijze uiteengezet aan de twee niet-economisten Houthuys en Martens. Wel zijn het alle vier gedreven mensen in deze niet-democratisch verkozen groep. Omdat vele anderen abdiceren is hun invloed immens want vanuit het Waalse dorpje kunnen ze hun tactiek en strategie binnenloodsen in machtige groepen zoals ACV, CVP, banken en kabinetten.

Maar Poupehan is ter ziele. Toen Houthuys in juli 1987 met pensioen ging, heeft Fons Verplaetse nog wel getracht Jean-Luc

Dehaene en de opvolger van Houthuys, Willy Peirens, in Poupehan bijeen te brengen. Dehaene heeft dat afgewimpeld met de bedenking: 'Er zijn methodes die misschien goed gaan met de ene, maar daarom niet met de andere.'

HOOFDSTUK 12

Op verzoek van de koning

Zondag 17 april 1988, acht uur 's morgens. In de Santa-Marta-building aan het Europaplein in Oostduinkerke, roekoert de telefoon op de vijfde verdieping. Lieve neemt op, hoort wie aan de lijn is en draagt het toestel eerbiedig naar de badkamer. 'Wilfried, de koning...' zegt ze.

De koning vraagt of de aftredende eerste minister die reeds drie weken tevoren, op 27 maart, na 24 uur bedenktijd geweigerd heeft formateur te worden van een regering met de socialisten, niet dadelijk naar het kasteel van Laken kan komen. Martens antwoordt dat dit onmogelijk is, want hij heeft een vergadering van het partijbestuur en nadien een lunch met CVP-voorzitter Frank Swaelen en formateur Jean-Luc Dehaene in het Pullman-Parkhotel te Antwerpen. De koning dringt aan. Afgesproken wordt dat Martens zich om 15 uur op het kasteel zal aanbieden.

De lunch in het Pullman-Parkhotel beschreven we vroeger al gedetailleerd.[1] Belangrijk zijn de woorden van CVP-voorzitter Swaelen: 'Wilfried, zeer velen, ook in de hoogste kringen van het land, dringen erop aan dat jij premier zou worden. Ook Spitaels wordt onder druk gezet om zijn voorbehoud tegenover jou op te geven.' Jean-Luc Dehaene voegt daaraan toe: 'Wilfried, als jij aanvaardt is er een waarborg dat het herstelbeleid wordt voortgezet. De coalitie wordt voor de buitenwereld voor ons beter verkoopbaar.' Martens laat zijn gesprekspartners in het ongewisse achter. Dehaene heeft zelfs de indruk dat hij zal weigeren omdat hij herhaaldelijk wees op het risico voor zijn eigen geloofwaardigheid.

Van Antwerpen laat Martens zich naar Laken rijden. Daar dringt ook de koning sterk aan opdat hij premier zou worden. Martens belooft na te denken en zegt dat hij nog vrienden moet raadplegen. Vandaar gaat de tocht naar het ACV-vakantiecentrum Zon en Zee in Westende waar de 'vrienden van Poupehan', Houthuys, Verplaetse en Detremmerie, hem opwachten. Hun advies is unaniem positief. Volgens Houthuys moet hij het doen. Detremmerie zegt dat Martens zijn Europese droom best even opzij zet. 'Je hebt wel veel verklaringen afgelegd dat je niet met de socialisten wilde regeren, maar de kaarten liggen nu volledig anders, met de liberalen is er toch geen voldoende meerderheid en formateur Dehaene zegt ons dat het herstelbeleid kan worden doorgezet.' Ook Verplaetse is van oordeel dat Martens het onderbroken herstelbeleid moet kunnen doortrekken en dat hij toch kan rekenen op de volle steun van zijn partij, het ACW en het Hof.

De koning of Swaelen?

Martens kent nu wel het advies van zijn syndicale vrienden, maar wil zich ook indekken aan de andere zijde. Maandag 18 april luncht hij op het middaguur in de ambtswoning aan de Lambermontstraat met zijn vriend Vaast Leysen, de gewezen VEV-voorzitter die hem ook bij de moeilijke beslissing van 1981 met raad en daad bijstond. Ze wegen pro en contra af en Leysen komt tot de slotsom: 'Alles samengenomen zou ik dat niet doen, de bedrijfswereld gaat dat niet begrijpen.'

'Kan ik straks een derde maal weigeren aan de koning?' vraagt Martens, waarop Leysen antwoordt: 'Dat wordt inderdaad een zéér moeilijke beslissing.'

Martens rijdt vandaar opnieuw naar Laken voor het beslissend gesprek. De koning nodigt hem uit voor een lange wandeling in het park. Ze worden overvallen door een regenvlaag en gaan schuilen onder een afdakje aan de rand van het park. Als Wilfried Martens koud en rillerig afscheid neemt van de vorst, heeft hij nog niet 'ja' gezegd ofschoon hij innerlijk overtuigd is. Hij wil de koning zijn instemming officieel laten kennen via formateur Dehaene.

's Avonds, op de vooravond van zijn 52ste verjaardag, dineert hij met onder meer Fons Verplaetse, formateur Jean-Luc Dehaene, kabinetschef van de koning Jacques Van Ypersele, Frans Verleyen directeur van *Knack* en Lou De Clerck hoofdredacteur van *Gazet van Antwerpen*. Ze bieden Martens een fraai portret van een Brugse kunstenares aan. Tijdens de vrij luidruchtige tafelgesprekken in *Den Gouden Harynck* wordt met geen woord gerept over het nakend premierschap ook al zijn ten minste drie aanwezigen (Dehaene, Verplaetse, van Ypersele) perfect op de hoogte van de innerlijke strijd die Martens uitvecht.

Pas 's anderendaags, op dinsdag 19 april 1988, geeft Martens zijn instemming tijdens een ontbijtgesprek met Dehaene en Swaelen. Achteraf heeft Martens in verscheidene interviews laten doorschemeren dat hij het premierschap van een regering met socialisten aanvaard heeft op uitdrukkelijk verzoek van de koning. In een interview dat ik met hem had in juni 1989, confronteerde ik Martens met een tiental uitspraken, gedaan tussen de verkiezingsdag van 13 december 1987 en 18 april 1988, waarin hij met veel nadruk stelde dat hij nooit een regering met de socialisten zou leiden. In zijn antwoorden zei Martens tot vijfmaal toe zéér nadrukkelijk dat het onderhoud met de koning de doorslag heeft gegeven.

'Ge ziet uit al mijn uitspraken dat ik geen premier wilde worden van deze regering... Ik heb het toch aanvaard omdat de koning het mij vroeg tijdens het fameuze gesprek van maandag 18 april op Laken. (...) Met het vertrouwen, waarover ik zovele jaren had beschikt, kwam ik tot de conclusie dat ik niet neen kon zeggen aan het staatshoofd. (...) Met de socialisten rees er een probleem van geloofwaardigheid. Politiek was het veel handiger voor mij op dat ogenblik te kunnen verdwijnen. De enige reden waarom ik toch premier geworden ben, is dus de vraag van de koning. (...) Ik heb inderdaad aan Verhofstadt gezegd dat ik ging trachten de aftredende coalitie te redden en dat ik geen zin had om een regering met de socialisten te leiden. Ik heb pas een andere beslissing genomen op 19 april omdat ik het verzoek van de koning niet kon afwijzen...'[2]

Sedertdien heeft de mening ingang gevonden dat Martens bijna op bevel van de koning het premierschap heeft aanvaard. Die stelling verdient echter genuanceerd te worden. Natuurlijk was er voor het staatshoofd reden tot ongerustheid over de wending die de staatshervorming nam onder leiding van formateur Jean-Luc Dehaene. Er was in de teksten nauwelijks sprake van het behoud van de monetaire en economische unie. Het verdragsrecht en de restbevoegdheden waren zo summier omschreven dat ze zelfs een bedreiging konden uitmaken voor het voortbestaan van een normale federale staat en sporen in zich droegen van confederalisme. Ten slotte kon de geschetste hervorming van het parlement ertoe leiden dat te weinig politici zich nog verantwoordelijk zouden weten voor de samenhang van het geheel.

De kabinetschef van de aftredende premier, André Alen, had naar het einde van het formatieberaad toe trouwens enkele kritische, waarschuwende en zelfs alarmerende nota's hierover opgesteld ten behoeve van de kabinetschef van de koning.

De koning kon zich evenwel niet verzetten tegen de unanieme

wens van de onderhandelaars om formateur Dehaene die getoond had zijn taak aan te kunnen, de regering te zien leiden. Het staatshoofd vond echter een bondgenoot in CVP-voorzitter Frank Swaelen die om andere motieven Dehaene liever niet als premier zag. Na zijn verkiezingsnederlaag van 13 december 1987 waarbij de CVP bijna 100.000 kiezers en zes kamerzetels verloor en de PVV 60.000 kiezers en drie kamerzetels won, vreesde Swaelen dat een regering met de socialisten, geleid door een uitgesproken ACW-figuur als Dehaene, de rechtervleugel in zijn partij volledig zou vervreemden van de CVP. Met Martens werd de voortzetting van het herstelbeleid ook geloofwaardiger. Swaelen heeft toen zowat iedereen die invloed kon uitoefenen op Martens, inclusief het Hof, ingeschakeld om Martens ervan te overtuigen op zijn vroegere afwijzende verklaringen terug te komen.

Op 9 mei 1988 legt de nieuwe regering na 148 crisisdagen de eed af op het koninklijk paleis. Martens VIII kan van start. Elke regeringspartij krijgt een vice-premier: Philippe Moureaux (PS), Jean-Luc Dehaene (CVP), Willy Claes (SP), Melchior Wathelet (PSC) en Hugo Schiltz (VU). In zijn eerste interviews is Martens vrij afstandelijk. Hij spreekt over het regeerakkoord als 'het evangelie volgens Johannes-Lucas', en zegt dat hij met de meerderheidspartijen een 'resultaatscontract' of een 'resultaatsverbintenis' heeft aangegaan. Het klinkt erg afstandelijk vooral als je het vergelijkt met wat hij het jaar voordien over de CVP-PVV-coalitie zei: 'Ik heb de ambitie om deze coalitie een ziel te geven, een doel om voor te vechten en de smaak om te winnen.'[3]

In juni 1989, na afhandeling van fase I en II van de staatshervorming zal Martens zeggen: 'De twee fasen van de staatshervorming die nu gerealiseerd zijn waren eigenlijk maar een uitdieping van wat ik in 1980 heb gerealiseerd. Er is meer duidelijkheid in de bevoegdheden en er zijn meer financiële middelen voor de gemeenschappen, maar fundamenteel is er eigenlijk niets gewijzigd in de structuren van de staat.' Hij zal er onmiddellijk aan toevoegen: 'De derde fase is wél van wezenlijk belang, daar kan op gewogen worden.' Wij noemden dat toen reeds een gewaagde uitspraak voor een premier.[4]

Johannes-Lucas Dehaene, architect van het regeerakkoord, zal enkele weken later wijzen op de complexiteit van punten, zoals het afschaffen van het dubbel mandaat, het verdragsrecht voor de gemeenschappen en de restbevoegdheden, en hij voegt eraan toe dat sommige zinnetjes wat ondoordacht het regeerakkoord zijn binnengeslopen. Hij pleit meteen voor een 'herdefiniëren' van het regeerakkoord terzake.[5] Vergeten we ook niet dat Herman Van Rompuy op 1 januari 1989 al zegt: 'Liever geen, dan een slechte derde fase.'

Komt die terughoudendheid van de CVP-top voort uit unitaire reflexen, uit wenken van het staatshoofd, uit bekommernis om het geheel leefbaar te houden of nog om electorale motieven zoals het compromitteren van de Volksunie en het veilig stellen van de eigen getalsterkte in de Senaat en het hoofdstedelijk gebied? Allicht is het een mengeling van alle vier maar voor Martens staat zeker het leefbaar houden van de staat duidelijk voorop.

De vriendschap met een vorst

Dat het staatshoofd hierin ook een rol heeft gespeeld, ligt voor de hand. Wilfried Martens gaat nu reeds meer dan twaalf jaar elke maandagmorgen om half twaalf naar de koning om verslag uit te brengen over het regeringswerk. Tijdens crisismomenten en bij belangrijke gebeurtenissen zien ze elkaar haast dagelijks. Vorst en premier hebben elkaar reeds meer dan 600 à 700 uren gesproken. Dat schept banden.

Martens heeft het zelfs over zijn vriendschap met de koning: 'De persoon van de koning is voor mij een boei, iemand die zekerheid geeft. Hij is voor mij een lichtbaken.'[6] Er is alleszins een grote affiniteit gegroeid tussen beide mannen voor wie politiek niet alleen een machtsspel is, geen loutere confrontatie van ideologieën, maar een levensopdracht met een ethische dimensie.

Martens was nauwelijks eerste minister of hij moest reeds een 'koningskwestie' oplossen. Op 22 mei 1979 heeft er aan een afrit van de autoweg tussen Luik en Verviers, een georganiseerde ontmoeting plaats tussen de 'bendeleider' José Happart (toen nog geen burgemeester, noch Europarlementslid) en Boudewijn I. De koning moest een nieuw stadhuis in Verviers inhuldigen. Om een protestbetoging van de *Action Fouronnaise* te voorkomen werd tussen de minister van Binnenlandse Zaken Gramme (zelf van Verviers) en de kabinetschef van de koning Jean-Marie Piret afgesproken dat Happart in een rijkswachtcombi naar de afrit zou worden gebracht om de woelmaker toe te laten een petitie te overhandigen, in ruil waarvoor hij zijn 'troepen' niet naar Verviers zou sturen. Deze ontmoeting moest geheim blijven, maar nauwelijks was de koninklijke wagen naar Verviers doorgereden, of Happart verspreidde reeds een mededeling. Daarin zei hij dat hij een lang vriendschappelijk onderhoud had gehad met de koning die hem beloofd zou hebben bij de eerste minister tussenbeide te komen in de zaak van de vijf Waalse manifestanten die enkele dagen voordien waren aangehouden bij relletjes in de Voerstreek. 's Anderendaags, 23 mei, worden ze inderdaad vrijgelaten.

Een en ander verwekt enorme beroering in Vlaanderen: op 24 mei betogen vierhonderd Vlamingen voor het koninklijk paleis in Brussel. Op suggestie van premier Martens gaat de koning dan naar Hasselt voor een eerherstellend onderhoud met een delegatie Vlaamsgezinde Voerenaars. Op 25 mei verdedigt Martens de koning in het parlement. Hij beklemtoont dat de koning gehandeld heeft onder de verantwoordelijkheid van de minister van Binnenlandse Zaken en dat het in de lijn van de traditie ligt sommige burgers toe te laten petities aan het staatshoofd te overhandigen bij een koninklijk bezoek. Volgens Martens was de ontmoeting georganiseerd na een suggestie van de ordediensten, maar was tevens bedongen dat zij zonder onderhoud én zonder publiciteit zou geschieden.

Iedereen is het erover eens dat de koning hier een grote politieke flater beging en zijn reputatie in Vlaanderen nodeloos op het spel zette. Minister van Staat P.W. Segers zei toen niet te zullen rusten vooraleer de verantwoordelijken hiervoor uit de omgeving van de koning zouden verwijderd zijn.

Enkele maanden later, op 9 oktober 1979, moet Martens opnieuw in de bres springen voor de koning die was aangevallen door Karel Van Miert. De jonge SP-voorzitter had er zich over verbaasd hoe het Hof zich voor de wagen van een gangster had laten spannen in de zaak van het failliet gegane *Eurosystem Hospitalier* in Saoedi-Arabië. In het parlement logenstrafte de premier dat de koning bemiddelend was opgetreden, maar bevestigde wel dat Prins Albert 'op uitdrukkelijk verzoek van de regering' de bedrijfsleiders bij de Saoedische nationale wacht had geïntroduceerd.

Ook de koning is van het begin af aan erg vriendelijk voor Martens. Op donderdag 20 december 1979, enkele dagen na het voor Martens onprettige CVP-congres op de Heizel, brengt de vorst hem een opvallende en ongebruikelijke hulde. In een toespraak tot de overheden van het land bij de jaarwisseling zegt de koning tot zijn eerste minister die nauwelijks een half jaar in de Wetstraat 16 zit: 'Sedert uw ambtsaanvaarding aan het hoofd van de regering hebt u zovele blijken gegeven, niet alleen van begrip en verzoeningsgezindheid, maar ook van vastberadenheid en zin voor verantwoordelijkheid.'

Op paasdag 6 april 1980 zal de ontslagnemende Martens 's avonds plots weemoedig tot Lieve, zijn vrouw, zeggen: 'Weet je, de koning zit nu helemaal alleen in dat grote paleis. Voor hem is het ook niet de mooiste Pasen, maar ik moest hem toch hier (in het land) houden.'[7]

Het jaar daarop, enkele weken na zijn ontslag in de lente van 1981, komt de koning hem samen met de koningin thuis bezoeken in de Van Monckhovenstraat te Gent. In augustus 1983 omringt de koning zijn eerste minister met alle mogelijke zorgen als die aan het hart moet geopereerd worden. De koning zal, samen met de koningin, drie dagen na de operatie al aan het ziekbed in het Sint-Rafaëlziekenhuis van Leuven staan en hem nadien de koninklijke villa van Opgrimbie ter beschikking stellen tijdens zijn herstelperiode.

Over de relatie tussen het staatshoofd en zijn eerste minister bestaat niet veel literatuur. Professor Jan De Meyer schrijft wel: 'De koning is de eerste raadgever van de regering. Hij kan, uit hoofde van de onafhankelijke en onpartijdige plaats die hij bekleedt en door de continuïteit van zijn functie, aan de ministers zéér waardevolle adviezen verstrekken. Zij zullen deze adviezen zeker met de grootste aandacht moeten onderzoeken, voor ze tot een definitieve beslissing komen.'[8]

Als staatshoofd en vertrouwensman van meerderheid en oppositie verneemt de koning bijzonder veel. Kan hij, mag hij de aldus verkregen informatie doorspelen aan zijn eerste minister? Wij weten niet wat de koninklijke deontologie terzake is. Alleszins is het wekelijks gesprek met de koning een allereerste informatiebron voor Martens. Meer nog dan in andere beroepen, staat voor een politicus kennis gelijk met macht.

Op zoek naar nieuw project

Halverwege zijn achtste regering, in de zomer van 1989, na de al met al vlotte afwerking van de eerste fasen van de staatshervorming en na de publikatie van begrotingscijfers die erop wijzen dat het herstelbeleid wordt doorgetrokken, wil Martens zich inzetten voor een nieuw project. Hij zegt:

'Ik heb mij verbonden tot de uitvoering van het regeerakkoord, maar over die verbintenis heen heb ik mijzelf een ruimere opdracht toebedeeld: een nieuwe ambitie te geven aan dit land. Ik denk dat de periode tussen september 1990 als koning Boudewijn zestig jaar wordt, en juli 1991, de veertigste verjaardag van zijn troonsbestijging, een heel belangrijk moment wordt voor ons land en zijn uitstraling. De koning is het staatshoofd met de grootste anciënniteit in de hele wereld. Hij heeft ook een belangrijke nieuwe functie: hij werd staatshoofd van een federaal land. Daardoor is hij een lichtbaken.

'Door die vieringen heen zal het tot iedereen doordringen welke centrale plaats de koning inneemt in de nieuwe staatsstructuren. De koning wenst dat de viering in het teken staat van de jeugd, maar ook in het teken van de verstandhouding binnen het nieuwe België. Onze culturele verscheidenheid, onze verschillende talen zijn jarenlang een handicap geweest. Nu zijn ze onze grootste troef om van het land het belangrijkste Europese centrum te maken. Daaraan wil ik de volgende jaren werken. Ja, ik weet dat de pers en de politici daar sceptisch tegenover staan. Maar vanuit de bevolking krijg ik een zeer goede respons. Wij kunnen een prototype worden voor de Europese gemeenschap.'[9]

Martens zet dadelijk een aantal mensen aan het werk voor dit groots project. De Koning Boudewijnstichting werkt een schema uit over de positionering van België in Europa. Naarmate de plannen concreter worden, stuit de premier echter niet alleen op scepticisme, maar ook op bevoegdheidsconflicten, onder meer met het Brussels gewest, en op onwil van de Franstalige gemeenschap en het Waals gewest die erg lauw tot afwijzend reageren op alles wat met de koningsfeesten verband houdt.

Daar bovenop komt de weigering van de koning om zijn handtekening te zetten onder het abortusontwerp, gevolgd door de betwistingen rond de migrantennota's met manifestaties van het Vlaams Blok, de discussies over de zetel van het Europees parlement, de voor het buitenland ondoorzichtige besluitvorming van

België in de Golfoorlog, de Walid Khaled-zaak, de VVB-betoging tegen de Eurocraten, omstreden wapenleveringen...

Onder die omstandigheden het Belgisch model tot voorbeeld van de wereld stellen zou als bijzonder pretentieus en ongeloofwaardig overkomen. De nieuwe ambitie die Martens het land wil meegeven ter gelegenheid van het koninklijk jaar, krijgt hierdoor zoveel tegenwind te verduren dat ze nauwelijks van de grond komt. Martens zal ze een jaar later nieuw leven proberen in te blazen door zich kandidaat te stellen in het kiesarrondissement Brussel.

De abortusboodschap van Lenssens

Wilfried Martens is erin geslaagd op een opvallende wijze de regering buiten het abortusdebat te houden dat nochtans vanaf 22 februari 1989, toen het ontwerp van mevrouw Michielssens in de Senaatscommissie in bespreking werd genomen, tot april 1990 bij het uitbreken van de mini-koningskwestie het politiek leven zou beheersen.

Tijdens de regeringsonderhandelingen van begin 1988 is vooral onder druk van Karel Van Miert, en tegen het verzet van de CVP in, de passus over de gewetensvrijheid van de parlementsleden inzake zwangerschapsafbreking opnieuw in het regeerakkoord opgenomen.

Martens doet wel enkele zéér duidelijke uitspraken, wat zijn persoonlijk standpunt betreft. Zo zegt hij na de zomervakantie van 1989 in een VTM-interview dat hij het volledig eens is met de opvatting van de Belgische bisschoppen volgens wie het wetsvoorstel op een radicale manier afbreuk doet aan het recht op leven in het beginstadium. 'Maar', zo voegt hij eraan toe, 'ik blijf volledig loyaal ten aanzien van het regeerakkoord dat zegt dat het een kwestie is van gewetensvrijheid en opvatting. Ieder parlementslid zal dus volgens zijn gewetensovertuiging moeten stemmen. Voor mij betekent dat: tegen stemmen.'

Martens spoort na de goedkeuring in de Senaat zijn partij aan om een eigen voorstel in te dienen en spant zich in om alsnog een consensus te bereiken. Begin februari 1990 komt er een drietal gesprekken tussen de Franstalige socialisten Spitaels en Lallemand en de Vlaamse christen-democraten Jean-Luc Dehaene, Herman Van Rompuy en Martens zelf. Daar worden allerlei formules uitgetest die een vergelijk mogelijk zouden maken, maar aan PS-zijde heeft men geen vertrouwen meer in de CVP die ze verdenken van maneuvers.

Velen hebben zich de vraag gesteld of Wilfried Martens, die hierover toch talrijke gesprekken met het staatshoofd moet hebben gehad, vooraf wist dat de koning zijn handtekening zou weigeren. Immers indien Martens dit van tevoren zou geweten hebben en zijn partij daarover niet zou hebben ingelicht, dan had hij een valkuil voor de CVP geopend en meegewerkt aan gezichtsverlies voor zijn partij. Want heel wat reacties na de koninklijke weigering luidden: de koning heeft ontslag genomen maar in feite had de CVP dat moeten doen.

Dehaene zegt hierover: 'Naar mijn gevoelen wist Martens niet dat de koning zijn handtekening zou weigeren. Hij heeft daar lange tijd voor gevreesd, maar op een zeker ogenblik een signaal gekregen, of als dusdanig geïnterpreteerd, dat het probleem was opgelost. Ik heb daar met Martens verscheidene keren over gesproken, hij is daar enorm mee bezig geweest, maar hij zei me op een zeker ogenblik dat er geen probleem meer was. Zover ik Wilfried ken, was hij daarin oprecht.'[10]

Martens zelf bevestigt dat: 'De weigering was voor mij een verrassing in die zin dat ik enkele weken voordien een signaal had gekregen dat het probleem van de handtekening van de baan was.'[11]

Vanwaar dan dat misverstand?

Aangemoedigd door hun partijvoorzitter Van Rompuy stellen de CVP-ministers van de Vlaamse Executieve beleidsnota's op om preventief op te treden tegen de abortuskwaal. Hugo Weckx (Volksgezondheid), Jan Lenssens (Welzijn) en Daniël Coens (Onderwijs) werken teksten uit voor hulp aan ongewenst zwangere vrouwen en voor een aangepast beleid inzake anticonceptie. Het betreft meer mogelijkheden voor kinderopvang, positieve discriminatie van ongehuwde moeders, opleiding van jonge mensen tot relatiebekwaamheid waarbij seksualiteit als een waardevolle menselijke activiteit zou worden gezien.

De koning toont zeer grote belangstelling voor die nota's en hij zal, nog vóór de abortusstemming in de Kamer (29.3.1990), de auteurs ervan in audiëntie ontvangen: Hugo Weckx op vrijdag 2 februari, Jan Lenssens op donderdag 15 februari en Daniël Coens op vrijdag 9 maart.

Uit zijn onderhoud met de koning heeft Jan Lenssens de overtuiging opgedaan dat het staatshoofd de abortuswet wel zal ondertekenen. Lenssens deelt dit dadelijk mee aan zijn partijvoorzitter Herman Van Rompuy en eerste minister Martens die opgelucht herademen.

Het is niet uitgesloten dat die mededeling de houding van de CVP diepgaand heeft beïnvloed. Zolang er twijfel bestond over de houding van het staatshoofd, had de CVP in haar besprekingen met haar coalitiepartner een soort geheim wapen achter de hand, want geen enkele beleidspartij wenste een open crisis rond de troon.

Toen dat wapen na de mededeling van Lenssens onbestaande bleek, heeft de CVP het politiek alarm afgeblazen. Nog vóór het debat in de openbare kamerzitting verklaart voorzitter Van Rompuy dat de CVP niet op verkiezingen aanstuurt als het abortusontwerp wordt goedgekeurd in de Kamer. Het is alleszins een wending in zijn houding want tot 23 februari heeft hij het zwaard van een regeringscrisis boven het hoofd van de coalitie laten hangen.[12]

Wanneer dan op vrijdag 30 maart 1990, de dag na de goedkeuring van het abortusontwerp in de Kamer, de koning aan de premier laat weten dat hij het met zijn geweten niet in overeenstemming kan brengen het ontwerp met zijn handtekening te bekrachtigen, is de verbazing oprecht.

Vanuit de koninklijke omgeving wordt een Noorse oplossing gesuggereerd waardoor de handtekening van de koning onder wetten niet meer noodzakelijk zou zijn. Dit veronderstelt een wijziging van artikel 26 van de grondwet (de wetgevende macht wordt gezamenlijk uitgeoefend door de koning, de Kamer van volksvertegenwoordigers en de Senaat). Het houdt ook in dat artikel 69 (de koning bekrachtigt de wetten en kondigt ze af) moet gewijzigd worden maar dat artikel is niet voor herziening vatbaar verklaard. Los van de juridische bezwaren plaatst die oplossing de CVP in een onmogelijke positie. Van die partij zou immers gevraagd worden de twee derde meerderheid te leveren, nodig om de macht van de koning in te perken (wat die partij niet wil) teneinde een abortuswet te kunnen bekrachtigen (wat die partij evenmin wil).

In politieke kringen, vooral bij de CVP, is toen vrij laatdunkend gesproken over de koninklijke raadgevers. De Noorse oplossing opende immers de weg naar een nieuwe koningskwestie, een regeringscrisis en verkiezingen met abortus en koning als inzet.

Martens bevestigt nu dat de 'kreupele oplossing', namelijk de koning 36 uur onbekwaam verklaren om te regeren, wel degelijk van hem persoonlijk is gekomen. Hij herinnerde zich in het boek van Stengers *Leopold III et son gouvernement* een passus gelezen te hebben over de parlementaire besprekingen van september 1944, waarin Leopold III in ballingschap in de onmogelijkheid werd verklaard te regeren. Dat zette hem aan het denken. Toen bleek dat alle coalitiepartijen een koningskwestie wilden voorkomen, lanceerde hij zijn voorstel.[13]

Constitutioneel en juridisch is zij een misbaksel, maar politiek wordt de Martens-oplossing een meesterwerk. Ze redde immers de koning, de regering, de wet en beperkte het gezichtsverlies voor de CVP.

Wanneer de koning niest

Een ander boek speelde in die periode een grote rol in het leven van Martens: *Mission au Rwanda* door kolonel Guy Logiest[14] waarin deze Gentenaar verhaalt hoe hij in november 1959 als militair resident met volmachten helemaal alleen het lot van dit land in het hart van Afrika heeft veranderd. Logiest beperkte zijn opdracht niet tot het stoppen van het fysieke geweld tussen de Hutu-meerderheid en Tutsi-minderheid, maar gooide op 17 november 1959, in een vergadering met de gewestbeheerders, de traditionele politiek van het voogdijland België volledig om. In plaats van de Tutsi-dominantie te bestendigen besloot hij systematisch en massaal leden van de Hutu-meerderheid tot chef te benoemen.

Aan dat boek moet Martens denken als hij op 2 oktober 1990, via de Belgische ambassade van Rwanda, verwittigd wordt van de Tutsi-aanval en nadien om assistentie verzocht wordt. Martens zal zich een maand lang haast uitsluitend bezighouden met de pacificatie in die streek en, vergezeld van de ministers van Defensie en Buitenlandse Zaken, Coeme en Eyskens, tweemaal tien dagen ter plaatse een groot politiek initiatief proberen te ontwikkelen. In hoeverre zijn interventie hierin bepalend is geweest, zal de historicus moeten uitmaken. Hijzelf zegt hierover:

'Als je in de Wetstraat 16 komt, leef je met de obsessie van Afrika. Er zijn 1500 landgenoten in Rwanda en 15.000 in Zaïre. Elke dag kan hen iets overkomen. In Zaïre is het moeilijker om nog iets te doen. Maar het conflict in Rwanda konden wij de baas.

Het volstond 500 para's rond de vlieghaven te legeren om niet alleen de Belgen te beschermen, maar ook om bloedige moordpartijen te voorkomen.'[15]

Ook hier kwam de persoonlijke relatie met het staatshoofd ter sprake. De zeer katholieke Rwandese president Habyarimana is bevriend met Boudewijn, beide staatshoofden ontmoetten elkaar nog op de Unesco-kindertop in New York enkele dagen vóór de opstand en de Rwandese president bracht een bezoek aan België op de vooravond van de beslissing om Belgische para's te sturen.

Als achteraf uitlekt dat de koning een met de hand geschreven brief aan Martens heeft gestuurd om zijn aandacht te vestigen op de ernst van het probleem, is wekenlang geschreven over de inmenging van de koning in een politiek controversiële zaak. Mettertijd is er zelfs sprake van de steun van een katholieke koning aan een katholieke president via een katholieke eerste minister.

Ook de Zaïre-politiek zorgt voor soortgelijke conclusies. Martens is zich na enkele jaren premierschap van dichtbij gaan interesseren voor Zaïre. Toen hij voor de eerste maal naar Kinshasa reisde klikte het onmiddellijk tussen hem en de zwarten. Hij werd verliefd op het land, op de uitbundige, sensuele mensen. Mobutu charmeerde hem en begreep snel hoe Martens in te palmen: niet met praal, maar door terreincontact. Vandaar de nogal opvallende verklaring die Martens op 27 februari 1981 in Inga aflegde: 'Ik hou van dit land, zijn volk en zijn leiders.'

Wilfried Martens is sedertdien gaan ijveren voor verbetering van de zogenaamd bevoorrechte samenwerking. Hij poogt zich in te werken in de veelvoudigheid van de Zaïrese maatschappij, maar wordt zo opgeslorpt door Belgische problemen dat hij daarin maar gedeeltelijk slaagt.

Telkens hij naar Zaïre afreist, wordt hij daarin aangemoedigd door de koning. Geleidelijk heeft de verloedering van de Zaïrese maatschappij hem ook ontnuchterd. De vriendschap met Mobutu koelt af. Het akkoord van Rabat, gesloten in juli 1989 tussen Mobutu en Martens in de Marokkaanse hoofdstad is geen lang leven beschoren. Na de crisis waarin het Zaïrese persbureau Azap Laken en de koninklijke familie zwaar beledigt, heeft ook Wilfried Martens zich meer afgewend van Zaïre. Toen Mobutu in november 1989 bijvoorbeeld Manu Ruys polste om als *go between* op te treden, teneinde de goede relatie met Wilfried Martens en België te herstellen, vroeg de premier aan Ruys daar niet aan te beginnen.

Het is niet verwonderlijk dat, na de meer zichtbaar geworden invloed van de koning op de politiek, onder meer in verband met de mini-koningskwestie en de uitgelekte Rwanda-brief, bij vele andere politieke besluitvormingsprocessen — zoals de derde fase van de staatshervorming, de besparingen bij het leger, de verwijdering van een trouwe maar weinig protocollaire medewerker en de Belgische houding in het Golfconflict — een bemoeienis van het staatshoofd wordt vermoed.

Overigens speelt Wilfried Martens in heel wat privé-gesprekken zijn biezondere relatie met de koning uit, wat hem het verwijt oplevert té onderdanig te zijn voor de wenken van het staatshoofd. Deze 'schrik voor de Overbuur' wordt door zijn politieke vrienden én tegenstrevers in verband gebracht met zijn nederige afkomst.

Professor Senelle heeft hierover een ophefmakende *Vrije Tribune* geschreven onder de titel 'Wanneer de koning niest, moeten de ministers hun neus snuiten'. Hierin betoont de grondwetsspecialist dat de eerste minister een aantal opvallende fouten heeft gemaakt in de Rwanda-kwestie, onder meer het feit dat hij over het lek van de koninklijke brief geen duidelijke verklaring heeft afgelegd. Hij vraagt zich ook af waarom het staatshoofd eerste minister Martens, bij diens terugkeer uit Rwanda, om vijf uur in de morgen in audiëntie ontving. 'Ongewild werd hier de verkeerde indruk gewekt dat de Rwandese perikelen belangrijker waren dan het politieke gebeuren in België. Ook in dat geval hadden de ministers erover moeten waken dat dit contact met zijn eerste minister op minder spectaculaire wijze zou geschieden'... En professor Senelle gaat verder:

'De ministers — en vooral de eerste minister — moeten de koning, als dat moet, met raad en daad bijstaan. Niemand immers is onfeilbaar. Ook de koning niet. Oordelen de ministers dat een bepaalde handeling of houding van de koning niet opportuun of te riskant is of van aard is om het land of de monarchie schade te berokkenen, dan moeten ze de politieke moed opbrengen om dit beleefd, maar kordaat aan het staatshoofd te zeggen. Door aldus te handelen treden ze conform de grondwet op en bewijzen het land en de koning een grote dienst. Ten slotte zijn zij de enigen die aan de soevereine Kamers uitleg en verantwoording verschuldigd zijn. Wanneer de koning niest, moeten de ministers hun neus snuiten.'[16]

Tot zover professor Senelle. Toch kan men niet aan de vaststelling voorbij dat tijdens de twaalf voorbije Martens-jaren de populariteit en het prestige van de koning stegen naarmate het ontzag van de bevolking voor de politieke klasse daalde.

HOOFDSTUK 13

Een meevoelende vrouw

'Ja ik word nog weleens verliefd, veel minder dan vroeger. Daar is nu ook niet veel tijd voor. Ik weet niet of het iets met de leeftijd te maken heeft. Ik denk van niet. Ik ben vrij stabiel in die zaken. Men kan perfect verliefd zijn op iemand zonder daarom ontrouw te zijn. Het type vrouw dat mij aantrekt is een intellectueel-knappe vrouw. Het fysiek-knappe komt op de tweede plaats bij mij. Haar verstand, haar stijl, haar taal is voor mij belangrijk. Een prachtige vrouw om te bekijken heeft bij mij onmiddellijk afgedaan als zij bijvoorbeeld dialect zou spreken. Ik kan daar gewoon niet tegen.'

Tijdens mijn rondgang bij vrienden en tegenstrevers van Martens heb ik een achttal vrouwen ontmoet. Drie daarvan dachten dat de premier op hen doelde als hij bovenstaande zinnen uitsprak in het populaire radioprogramma *Barabas* van 30 december 1982.

Het valt trouwens op hoe vrouwen de premier anders beoordelen dan mannen. Meestal ook positiever. Mannen klagen over zijn geslotenheid. Vrouwen veel minder. Enkele vrouwencitaten:

'Martens is niet ongevoelig voor vrouwen. Kijk naar zijn ogen als er een mooie vrouw in de buurt is, ze worden donker. De foto van de opening van het autosalon waarop alle officiële ogen op de wagens zijn gericht en hij alleen met zichtbare bewondering naar Miss Glasnost staart, is tekenend voor hem, evenals zijn parmantige danspasjes met de filmvedettes op het jaarlijkse filmfestival van Gent.'

'Wilfried is een zachte, lieve man, aan zijn rug zie je al hoe hij zich voelt.'

'Hij moedigt u door zijn houding aan een beter politicus te zijn en af en toe zie je een twinkeling van plezier in zijn ogen als je zelf voor iets vécht.'

'De emotionaliteit trekt hem aan en stoot hem tegelijkertijd af. Hij heeft een groot respect voor intelligente vrouwen, maar nog meer voor hun professionaliteit.'

Wilfried Martens zegt zelf daarover: 'Ik heb inderdaad een beter contact met vrouwen dan met mannen. Ik spreek vrijer met hen.

Ik ben minder geneigd om met mannen open te praten. Ik ben 300 procent heteroseksueel.'[1]

Martens heeft uit zijn jeugd een geïdealiseerd beeld van de vrouw meegekregen. Hij koestert een diepe bewondering voor zijn moeder Stella die vijf kinderen grootbracht en liet studeren, ondanks oorlog, relatieve armoede, overlijden van eerste en tweede echtgenoot.

Alle buren herinneren zich Stella als een dappere, felle, bedrijvige vrouw die slechts leefde voor haar kinderen. Als haar toekomstige schoondochter Lieve (die ze omschreef als: 'een rap ding') vanuit Antwerpen naar Sleidinge kwam, was ze dagen in de weer. Ze ging bij buren raad vragen hoe ze haar moest ontvangen en was radeloos toen Wilfried eens ziek te bed lag en Lieve haar komst onverwachts had gemeld.

Martens zal er persoonlijk over waken dat zijn moeder, opgeleefd op 58 jaar en ongeneeslijk ziek, in het ziekenhuis van Bonheiden de beste zorgen ontvangt. Op haar doodsprentje schreef de toen zesentwintigjarige Wilfried:

'Vrouwen en moeders als deze dierbare afgestorvene komen niet in het nieuws. Ze zijn te klein en te bescheiden voor de wereld. Ze hebben geen troebelen geschapen, ze hebben geen sensatie verwekt. Als mens en christen dacht zij alleen haar kinderen op te voeden, de kansen van hun leven te onderkennen en zich daarvoor de zwaarste beproeving en offers op te leggen. Bovenmenselijk was de zorg voor haar gezin, maar de kracht van haar handen, van haar geest en haar geloof overwon elke hindernis en tegenslag. Haar gezin groeide en haar kinderen had zij als een grote vrouw de weg van hun talenten op geleid. Maar meteen geraakten haar krachten opgebruikt. Goede en dierbare moeder, wij erkennen u als onze grote en geëerde moeder en wij danken u om het leven, om uw offer en uw liefde.'

Hoe vrouwen vooruit helpen?

Martens heeft steeds getracht vrouwen politiek vooruit te helpen. In zijn Wonderbureau zaten er twee: Miet Smet en Rita Mulier. Miet Smet benoemde hij, als CVP-voorzitter, tot IPOVO-directeur en nadien, als eerste minister, tot staatssecretaris. Over Rita Mulier zegt hij later dat hij voor haar een belangrijke ministerportefeuille voor ogen had. Als de onder zijn voorzitterschap opgerichte actiegroep *Vrouw en Maatschappij* gecontesteerd wordt omwille van té progressief geachte ideeën, zal hij in het partijbureau voor de vrouwen in de bres springen.

De politiek is echter nooit vrouwvriendelijk geweest. In de regering Eyskens die op 17 juni 1968 gevormd werd, had geen enkele vrouw een ministerportefeuille. Wanneer Eyskens ook in zijn tweede regering (1971) geen vrouwen opneemt en een woord van hem de ronde doet: 'Ja, vrouwen, ik wil wel, maar geef mij er één goeie', verlaten de vrouwen bij de voorlezing van de regeringsverklaring op 25 januari 1972 ostentatief en verontwaardigd het parlementair halfrond.

In de regering Leburton die Martens als voorzitter helpt vormen, zijn er wel twee vrouwelijke staatssecretarissen: Maria Verlackt (CVP) voor Gezin en Huisvesting en Irène Petry (PSB) voor Ontwikkelingssamenwerking. Om de door het RTT-schandaal in opspraak gebrachte minister Anseele, een minder eenzame uittocht te bezorgen, worden beide vrouwen, op 23 oktober 1973 mede afgevoerd. Dit verwekt een geweldig tumult. Op het CVP-congres van Hasselt, vijf dagen later, zijn de gemoederen nog verhit. Unaniem wordt volgende motie goedgekeurd:

'Het congres betreurt de afwezigheid van vrouwen in de omgevormde regering. Het dringt erop aan dat de politieke besluitvorming tot op het hoogste vlak niet meer zou gebeuren zonder rechtstreekse deelname van vrouwen.'

Voorzitter Wilfried Martens die zich moet verantwoorden tegen het verwijt dat hij persoonlijk mevrouw Verlackt geslachtofferd heeft, zegt in zijn slottoespraak:

'Het was in de partij de ongeschreven regel dat iedere provincie in de regering dient te zijn vertegenwoordigd: dat bracht mee dat mevrouw Verlackt niet kon aanblijven. Het congres heeft nu echter een motie goedgekeurd. We zullen die stipt naleven: voortaan zullen er dus altijd vrouwen in de regering zetelen.'

In de eerste regering-Tindemans (1974-1977), wordt Rika De Backer benoemd tot minister voor Nederlandse cultuur en ze zal zes jaar in die functie aanblijven. Wanneer Martens eerste minister wordt, zal ze in de ministerraad gedurende negen maanden het gezelschap krijgen van een andere vrouw, Cecile Goor-Eyben. Maar bij de vorming van zijn vierde regering in oktober 1980 'degradeert' Martens beide vrouwen tot staatssecretaris. Na hen zullen de vrouwen het nog slechts tot staatssecretaris of lid van een executieve brengen, met uitzondering van Paula D'Hondt die negen maanden het uitstervend departement van Openbare Werken als minister mag beheren. Martens zal haar achteraf Koninklijk Commissaris voor de Migranten maken en einde juni 1991 zeggen dat het de beste benoeming is geweest die hij ooit aan de koning voorstelde.[2]

Martens slaagt er echter niet in de partijleiding te doen toevertrouwen aan een vrouw, ofschoon hij zowel in 1985 als in 1987 ernstige pogingen deed om Wivina Demeester op de voorzittersstoel van de CVP te brengen. Hij had echter de weerstand van de fracties, de naijver tussen vrouwelijke politici en het conservatisme van de oudere ACW-leiding onderschat. Nu nog beschouwt hij dat als een vergissing en wijst hij met bewondering naar de PVV die wél het experiment van de vrouwelijke voorzitter heeft aangedurfd in de persoon van Annemie Neyts.

Twee sterke polen

Mevrouw Martens, Lieve Verschroeven is een intelligente, joviale, meevoelende vrouw. Wilfried en Lieve zijn twee sterke polen waartussen nogal wat vonken kunnen overspringen. Een huisvriend zal over dit koppel zeggen: ‘Ik zie ze beiden even graag, maar liefst apart.’

Hun huwelijk is geen romantisch ideaal, maar ze zijn goede partners, trouwe kameraden. Mannen of vrouwen die getracht hebben een wig tussen hen beiden te drijven, moesten soms tot hun scha en dikwijls tot hun schande ervaren dat ze aan het kortste einde trokken.

Samen hebben ze veel gedragen. Er waren de financieel moeilijke eerste huwelijksjaren, de gezamenlijke inzet voor het welslagen van Wilfrieds carrière, het verkeersongeval met beenamputatie van zoon Kris in 1978, de hartoperatie in 1983 en dan, enkele jaren later de groeiende zekerheid dat Kris een ernstig, alsnog ongeneeslijk psychiatrisch probleem had. Aanvankelijk hielden de premier en zijn echtgenote dat angstvallig voor de buitenwereld verborgen.

Lieve Martens verbrak echter halfweg 1989 het stilzwijgen met een interview waarin zij onder meer zei:

‘Sedert dat probleem in ons leven kwam, ging er voor mij een onbekende wereld open. Ik kwam nooit eerder in contact met iemand die geestesziek was. Het was heel nieuw voor mij. Sedertdien kwam ik te weten dat veel meer mensen dan ik ooit vermoedde, met die tragiek moeten leven... Als ouder ben je doorgaans geneigd lang te wachten alvorens je psychiatrische hulp inroept. Er schijnen zoveel voor de hand liggende verklaringen te bestaan voor het vreemde gedrag van je kind. Het kan de puberteit zijn, een identiteitscrisis, een ongeval met zeer zware gevolgen, zoals onze zoon overkwam. Maar op een bepaald moment weet je dat het zo niet langer kan. Je zoekt hulp in de psychiatrie, en dat is het begin van een lange lijdensweg.'[3]

Wilfried Martens zelf zal op tweede kerstdag 1990 in een radioprogramma met Martin Dejonghe zeggen:

'Natuurlijk trachten wij onze zoon te beschermen en hopen wij op beterschap. Dank zij vele medicamenten gaat het iets beter, treedt er een stabilisatie op. Het is een zeer zwaar drama in ons leven. Je moet trouwens weten dat circa één procent van de Belgische bevolking in mindere of meerdere mate aan deze ziekte lijdt.

'In een beroemd boek wordt over deze ziekte gezegd dat je de energie van Prometheus en het geduld van Job moet bezitten om ermee te kunnen leven. We trachten er iets positiefs aan te doen. Mijn vrouw leidt een campagne voor het Fonds voor menselijke erfelijkheid dat misschien een oplossing kan brengen. Maar het taboe hebben we willen verbreken. Dit type van aandoeningen moet door fundamenteel onderzoek worden opgelost, en laten we hopen dat in de komende jaren ook de nodige middelen worden gevonden.'

HOOFDSTUK 14

De Europese dimensie

Was Tindemans op 11 oktober 1978 niet naar de koning gegaan, dan zou Martens de EVP-lijst hebben aangevoerd voor de Europese verkiezingen van 10 juni 1979. Allicht had de Belgische politiek een totaal andere wending genomen.

Dit blijkt uit gesprekken met zijn toenmalige privé-secretaris Raf Chanterie en met nationaal CVP-secretaris Jan Gysen. In de periode van zijn CVP-voorzitterschap (1972-1979) zei Martens geregeld: 'Tindemans zal de partij in België bezielen, ik zal mij vooral op Europa toeleggen.'

In 1975 schrijft Martens een rapport over de Europese Unie van Christen-democraten. Het is een niet geringe opdracht de Europese nationale partijen onder een gemeenschappelijke vlag te scharen. De socialisten in Europa vallen uiteen in een zogeheten Latijnse groep met François Mitterrand en André Cools die een soort Volksfront-coalitie nastreven, en in een meer pragmatische Germaanse groep met Bruno Kreisky, Helmut Schmidt, Olaf Palme en Willy Claes. Ook bij de christen-democraten is er een vergelijkbare tweedeling: aan de ene kant de hang van de Duitsers en Oostenrijkers om alles wat niet socialistisch is te groeperen in een conservatief kamp en aan de andere kant de Nederlanders, Spanjaarden, Italianen en Belgen voor wie de christen-democratie een specifieke inhoud heeft en die in hun nationale partijen een sterke arbeidersvleugel hebben.

Ook als voorzitter van de programmacommissie van de Europese Volkspartij, met de Duitser Hans A. Lücker als verslaggever, stuit Martens permanent op die uiteenlopende opvattingen. In 1978 is het programma klaar. Bij de voorstelling ervan op 6 maart 1978 op het eerste EVP-congres legt Martens een federalistische geloofsbelijdenis af:

'Voor ons moet de Europese eenmaking uitmonden in een Europese Federatie omdat de federale structuur de enige is die eenheid in de diversiteit en diversiteit in de eenheid kan bewerkstelligen en vrijwaren. De federale structuur is voor ons de meest geëigende vorm om het subsidiariteitsbeginsel gestalte te geven: slechts wat we beter op het niveau van de grotere entiteit kunnen doen, moeten we naar dat niveau overhevelen. Zo beantwoordt de federale structuur het beste aan onze pluralistische visie die wars is van alle monopolies.

Kortom het federalisme is de politieke vormgeving van ons personalisme. Dit samengaan van solidariteit en rechtvaardigheid met de persoonlijke vrijheden die ons dierbaar zijn, vormt de originele maatschappijvisie van de christen-democraten, een visie waarin de medezeggenschap en participatie, pluralisme en decentralisatie geen ijdele woorden zijn. Wij christen-democraten bevinden ons niet ergens halverwege tussen links en rechts: wij staan er recht tegenover.'

Enkele maanden na dit congres antwoordt Martens op de vraag of hij niet liever eerste minister in België wordt dan een ster in het nog zeer vage Europese firmament:

'Als er niemand een risico neemt voor Europa, wordt het zeker nooit wat. Jawel, ik geloof dat de Europese dimensie bij mij het sterkst doortrilt.'[1]

Stortbaden zijn uitdagingen

Bij zijn aantreden als premier in april 1979 wordt Martens wat argwanend bekeken door zijn Europese collega's. Voorganger Tindemans had zich in de Europese *inner circle* een stevige reputatie opgebouwd. Diens onverwachte vervanging door Martens, die inzake de Europese financiële en economische problemen minder op de hoogte leek, evenals de herhaalde regeringscrisissen tussen 1979 en 1981, kwamen het Belgisch prestige niet ten goede.

Wanneer Martens op maandag 23 maart 1981 met uren vertraging op de Europese top van Maastricht verschijnt met het zogeheten *Vastenplan* — dat in besparingen van 33 miljard voorziet om de uit de hand gelopen budgettaire toestand recht te trekken en de toenemende speculatie tegen de Belgische frank tegen te gaan — weten de Europese topmensen al dat CVP-voorzitter Tindemans het plan diezelfde ochtend 'verdienstelijk maar onvoldoende' heeft genoemd. Bondskanselier Schmidt, de Franse president Giscard d'Estaing en EG-voorzitter Ortoli reageren koel tot afwijzend en maken Martens duidelijk dat de Belgische automatische indexkoppeling niet langer houdbaar is. Een week later stelt Martens een veel ingrijpender noodplan voor en neemt, na de verwerping ervan, ontslag.

Na dit 'stortbad van Maastricht' zal Martens vastberaden zijn Europese klim aanvatten. Overigens met veel succes. De economische heropleving in België na de devaluatie en gedeeltelijke indexontkoppeling van februari 1982 trekt binnen Europa de aandacht. De manier waarop Martens, ondanks de vredesbeweging en de tegenkanting van de linkervleugel binnen zijn partij in maart 1985 de kernraketten in Florennes laat installeren, dwingt in dit milieu bewondering af. Vooral zijn verkiezingsoverwinning in oktober 1985, na vier jaar onpopulair beleid van versobering en inlevering, geeft hem aanzien bij de andere Europese leiders die met dezelfde problemen geconfronteerd, minder succesrijk waren geweest of het toneel al hadden moeten verlaten.

Martens is nu geen kleine jongen meer aan de Europese tafel. Hij speelt mee. Hij bouwt een goede relatie op met voorzitter Jacques Delors en steunt op de EG-toppen loyaal de voorstellen van de Commissie. Martens neemt ook deel aan apartjes met de Duitse bondskanselier Kohl en de Spaanse premier Gonzalez om lastige dossiers in de ministerraden door te drukken.

Tijdens het Belgisch voorzitterschap kan hij op 30 juni 1987 in een memorabele stemronde over het pakket-Delors de Britse premier Margaret Thatcher isoleren door een omkering van de stemvolgorde, zodat zij pas als laatste en als enige haar negatieve stem kon uitbrengen tegen de verhoging van de financiële middelen van de Gemeenschap.

Op 24 november 1987 ontvangt hij in Parijs de gouden Robert Schuman-penning als verdienstelijk Europeaan. Intussen is er steeds meer sprake van Martens als opvolger van Commissievoorzitter Delors van wie gezegd wordt dat hij de nieuwe Franse premier kan worden.

Martens zelf begint zich in die rol in te leven en zinspeelt in interviews af en toe op zijn Europese roeping. Opmerkelijk is bijvoorbeeld dat CVP-voorzitter Frank Swaelen, tijdens de reeds geciteerde geheime Pullman-lunch op 17 april 1988, tot Martens zegt:

'Wilfried als je eerste minister wordt, waarop ik zeer aandring, behoud je je volledige kansen om voorzitter van de EG-commissie te worden. Ingeval je naar de EG zou gaan, volgt Dehaene je op als premier.'

Duel met Iron Lady

Martens voelt zich in de herfst van 1988 sterk genoeg om op 28 september als eerste Europese regeringsleider een aanval in regel in te zetten tegen de nationalistische speech die Margaret Thatcher de week voordien in het Brugse Europacollege hield en waarin zij een eengemaakt Europa zelfs vergeleek met de Sovjet-Unie.

Fel en bewogen verwerpt Martens één na één haar provocerende stellingen op een internationale persconferentie. Hij wijst erop dat de EG zonder economische eenheid een groot deel van haar beslissingsmacht aan derde machten zal moeten afstaan en dat zonder gezamenlijke soevereiniteit geen economische en politieke onafhankelijkheid van Europa mogelijk is. Dat de Gemeenschap zal uitgroeien tot de 'Verenigde Staten van Europa' staat voor Martens vast. Zijn voorkeur gaat daarbij uit naar een sterk gedecentraliseerde bondsstaat die aansluit bij de historisch gegroeide verscheidenheid van Europa. In tegenstelling tot Thatcher die vreest dat een Fransman geen Fransman en een Brit geen Brit meer kan blijven in een eengemaakt Europa, meent Martens dat eenheid in verscheidenheid Europa's rijkdom is. Onze diverse talen, culturen en volksaarden zullen niet op zijn Amerikaans in een smeltkroes verdwijnen.

Waar voor Thatcher de Europese superstaat een nachtmerrie is, noemt Martens een sterke uitvoerende macht met beperkte maar belangrijke bevoegdheden een noodzaak om onze soevereiniteit op het vlak van buitenlandse betrekkingen, de munt en de defensie te vrijwaren. Maar dan moet een volwaardig Europees parlement niet alleen de Europese Commissie, maar ook de Europese ministerraad kunnen controleren.

Na dit opvallend duel met de *Iron Lady* wordt er in alle Europese hoofdsteden met nog meer nadruk gesproken over de mogelijke kandidatuur van Martens voor het EG-voorzitterschap. Op een vraag in *De Zevende Dag* (23.10.1988) ontkent hij weliswaar dat zijn uitval naar Thatcher moet gezien worden als een voorbereiding van dat voorzitterschap, toch zegt hij: 'Ik zal mijn Europese ambities pas trachten te vervullen na het beëindigen van de huidige legislatuur die theoretisch tot 1991 loopt.'

Inmiddels doet Martens grote inspanningen om de sociale aspecten van het pakket-Delors te helpen realiseren en de monetaire, economische en politieke integratie in de gemeenschap te versnellen. De eerste ministers in de EG-landen treden steeds nadrukkelijker op de voorgrond op internationaal en Europees vlak. De aanwezigheid van de Franse president op de Europese toppen doet hen soms vergeten dat ze geen staatshoofd zijn en de ministers van Buitenlandse Zaken niet hun hulpje. De Raad van staatshoofden en regeringsleiders maakt *de facto* het Europese mooie weer, vaak tot ongenoegen van de ministers van Buitenlandse Zaken. Terwijl hun 'bazen' bij het haardvuur hun informele maar vaak beslissende gesprekken voeren, vragen zij zich in het salon ongerust af welke beslissingen enkele meters verderop worden voorbereid.

In die periode zal Martens herhaaldelijk krachtig pleiten voor Brussel als politiek centrum van Europa. In mei 1990 wordt hij voorzitter van de Europese Volkspartij, een taak waaraan hij opvallend veel tijd en energie gaat besteden maar waarin hij opnieuw geconfronteerd wordt met de twee visies op de christendemocratische fractie in het Europees parlement naar aanleiding van de (nog niet definitief beslechte) vraag van de Britse Conservatieven om aansluiting te krijgen bij de EVP-fractie.

Zijn Europese ambities tracht hij intussen te verbergen door tegenstrijdige signalen uit te zenden: 'Ik kan in de Wetstraat 16 geen tien jaar meer blijven,' zegt hij twee dagen voor nieuwjaar 1990.[2] Twee dagen na nieuwjaar zegt hij: 'Ik wil hier blijven tot 2001.'[3]

Waarheid is dat hij, en velen met hem, beginnen te twijfelen aan zijn kansen op het voorzitterschap van de Commissie waarvoor de naam van de Nederlandse premier Ruud Lubbers steeds nadrukkelijker wordt genoemd. Martens legt begin 1990 enkele verklaringen af waarin hij beklemtoont dat hij zijn Europese roeping ook en zelfs beter als eerste minister gestalte kan geven.

De strijd om Brussel

De Europese ambitie van Martens krijgt een ander uitzicht wanneer op 17 september 1990 de Belgische fractieleiders in het Europees parlement komen aandringen op een duidelijker standpunt in de zetelkwestie. Sedert de top in Maastricht in 1981, verdedigde Martens immers de status-quo en was hij ervan overtuigd dat België vanuit tactisch oogpunt de zaak best niet te hard speelde want dat de druk van de Europese parlementsleden zelf en de bestuurlijke logica haast automatisch alle politieke instellingen van de Gemeenschap naar Brussel zouden trekken.

Ingevolge een nieuw Frans offensief ten gunste van Straatsburg — waarvoor de Italianen niet ongevoelig blijken — verhardt Martens in september 1990 zijn standpunt en dreigt zelfs met een Belgisch veto indien er einde oktober op de EG-top van Rome wordt gestemd over een definitieve vestiging van het Europees parlement in Straatsburg.

De catharsis komt echter met een verklaring van het Europees parlementslid Ernest Glinne die op 25 oktober 1990 in de wandelgangen van het Europees parlement zegt uit 'zeer betrouwbare Franse politieke bron' vernomen te hebben dat premier Martens in 1992 Jacques Delors zou opvolgen in ruil waarvoor, zo laat men in Straatsburg verstaan, België niet langer Brussel zou claimen als zetel voor het Europese parlement. Martens doet prompt de verklaring van Glinne af als 'idioot' en zegt helemaal niet verwikkeld te willen raken in dit soort onderhandelingen.

Na de EG-top van Rome laat Mitterrand zich bijzonder strijdlustig uit over de Europese zetelkwestie en betoont dat alle Europese instellingen dringend op één plaats moeten worden gegroepeerd: het zal dan misschien niet Straatsburg, maar zeker ook niet Brussel zijn, zo meent de Franse president.

Martens neemt in een persbriefing nog meer afstand van zijn Europese ambitie door te stellen dat wie ervoor wil vechten het Europees parlement naar Brussel te halen, politiek een vrij man moet zijn:

'Ik kan geen kandidaat zijn voor een Commissiemandaat zolang Brussel in de strijd is om de thuisbasis van het Europees parlement te worden. Ik wil niet het voorwerp zijn van een soort compromis waarbij de positie van Brussel op de een of andere manier in het gedrang komt.'

Waarom is hem zoveel aan Brussel gelegen, dat hij er zelfs zijn oude vertrouwde kiesomschrijving Gent voor verlaat om senator van Brussel te worden?

Martens: 'De dag dat het Europees parlement definitief in Straatsburg wordt gelocaliseerd, is het evident dat binnen de tien jaar zowel de Europese Commissie als de ministerraad uit Brussel vertrekt. Ik maak me daarover geen enkele illusie. Als we Brussel als politiek centrum van de Europese Gemeenschap moeten opgeven, verzeilt België in de periferie van Europa. Dat is catastrofaal voor onze uitstraling en onze financiële en economische aantrekkingskracht. Daarvoor wens ik niet verantwoordelijk te worden gesteld.

'Ons land verliest ook een gemeenschappelijk doel. Een land dat zo gefederaliseerd is als België, moet een zichzelf overstijgend project kunnen nastreven, zoniet wordt het zeer hachelijk het nog bij mekaar te houden. Voor mij is dat project: Europa.

'Met het oog op het evenwicht binnen de Gemeenschap heeft ook Europa belang bij Brussel als politiek zenuwcentrum. De Belgische hoofdstad is bovendien een waarborg dat de culturele identiteiten van Europa zich, na integratie, niet laten elimineren. België is ten slotte een federalistisch prototype.'[4]

En zo is de Europese ambitie van Martens omgezet in een verdediging van Brussel, de stad waarin hij in 1961 en 1962 Vlaamse marsen organiseerde.

Drieëndertig jaar nadat hij op de IJzerbedevaart uitriep dat de machthebbers ook Brussel als Europese hoofdstad zullen hanteren om de Vlamingen verwijderd te houden van de kernpunten van de macht, tracht Martens als Vlaming, zelf in de kern van de macht, Brussel uit te bouwen tot Europees politiek zenuwcentrum. Het is een lange mars geweest.

HOOFDSTUK 15

Sfinx en communicator

Wilfried Martens gaat door voor een gesloten man, een sfinx, iemand die niet graag in zijn privé-leven laat kijken. Toch vertelt Martens in interviews met familiale bladen, radio en televisie, ontelbare details die onmiskenbaar tot zijn privacy behoren. Zo weten we dat hij bij zijn huwelijk Meurop-meubeltjes kocht en dat 'het onvermijdelijke gebeurde': hij zakte met zijn vrouw door het bed.[1] We vernemen dat de eerste minister dikwijls 'foeterend' door het huis loopt na een moeilijke vergadering[2]; dat hij zondagavond op het bankstel zijn arm om zijn vrouw heen slaat bij het kijken naar een TV-film; dat hij weleens verliefd wordt op een intellectueel knappe, stijlvolle vrouw[3]; dat hij in zijn portefeuille een rood boekje heeft, waarin staat opgetekend dat hij de ene dag een half pilletje en de andere dag een kwart pilletje *Marcoumar* (een bloedverdunnend middel) moet nemen.[4]

Na zijn hartoperatie van vrijdag 5 augustus 1983 heeft Martens in een zevental interviews tekst en uitleg verschaft over het lek aan zijn aortaklep, de catheterisatie, het doorzagen van zijn sternum, het inplanten van de kunstklep. Geen detail bleef de lezer bespaard. We leren dat hij bijna veertig jaar was toen Monica Steens, sportleidster van de Seghersclub in Estepona, hem dwong te leren zwemmen en dat hij dat nu regelmatig doet in de militaire school te Brussel. We weten dat hij een hartslag van 54 heeft en dat hij een zeemvel in zijn broek steekt als hij gaat fietsen.[5]

Film en foto's tonen ons een premier in korte broek, in zwembroek, in wieleruitrusting, gekwetst na een val, met een gestroomlijnde valhelm op, zwemmend in Zuid-Frankrijk, wandelend tussen zonnebaadsters, dansend met de filmsterren Jane Birkin en Charlotte Rampling, vissend in de Noordzee, vissend in de Middellandse Zee, vissend in het Zaïrese Virunga-natuurpark, achter het roer van een zeiljacht, in familiekring verjaardagskaarskens uitblazend in Gent of aan zee.

Verder zijn de Belgen ervan op de hoogte dat hun eerste minister op de Europese top van Versailles tijdens de uiterst verfijnde etentjes door chefs met wereldfaam bereid, verlangde naar rode kool met braadworst, naar preskop en bloedbeuling.[6]

Geen eenduidige beoordeling

Al deze 'intieme' details leren ons de ware Martens echter niet kennen en nog minder het geheim van zijn politiek overleven. Daarom stelden wij aan de meer dan vijftig mensen die wij over bepaalde episodes uit zijn leven ondervroegen, ook de vraag hoe zij de mens en de politicus in hem zagen.

Al de geïnterviewden stonden ten minste vijf jaar in zijn onmiddellijke omgeving. Een vierde van de ondervraagden was Franstalig en een vijfde van het vrouwelijk geslacht. Naar de partij-aanhorigheid behoorden 34 van de ondervraagden tot de christen-democratie van wie circa een vierde veeleer kritisch tegenover Martens stond. Verder waren er vier Volksunieleden, vier socialisten, vijf liberalen en de overigen hadden geen duidelijke partij-aanhorigheid. Bij de politici waren er drie gewezen premiers, acht vice-premiers of gewezen vice-premiers, zes ministers of gewezen ministers, vijf parlementsleden en negen kabinetsmedewerkers of partijfunctionarissen. Verder ondervroegen we zes buren en jeugdvrienden, vier bedrijfsleiders, vijf leiders van vakbewegingen of drukkingsgroepen en zes journalisten.

Uit deze gesprekken traden kenmerken, eigenschappen of minder goede kanten van Wilfried Martens duidelijk op de voorgrond. Hierbij lieten we zowel de ongeremde ophemeling van verliefde fans als de rancuneuze afrekening van gefrustreerde medewerkers terzijde. Het resterende geven we weer in een twintigtal rubriekjes. Maar let wel: wat positief klinkt, is het bij nader toezien veel minder, wat negatief geformuleerd wordt, vertoont vaak positieve aspecten.

De appreciaties zijn niet eenduidig. Is een mens trouwens te vangen in woorden? Toch een poging:

Martens is van koppige boerenkomaf, eenzaam en gesloten, timide, moedig, loyaal en niet rancuneus, luisterbereid. Hij is een trage besluitvormer, een overlegfiguur, heeft een goede verwoordingskracht, is een groot communicator, is hard voor partijgenoten, is opportunist, heeft zin voor timing, bezit politieke intuïtie, geeft ruimte aan zijn medewerkers, kan niet zonder Jean-Luc, vereenzelvigt zich met zijn functie, is gewiekst, voorzichtig en rationeel. Martens is een bedachtzaam, ambitieus leider, net boven de Belgische middelmaat en een gelovig christen-democraat.

1) Van koppige boerenkomaf: Martens wordt in eigen ogen soms terug de arme boerenjongen. Als je hem daaraan herinnert worden zijn ogen donker. Hij cultiveert dat beeld van pachterszoon van Sleidinge. Hij is als een boer van Streuvels die leerde vechten, verwerken, zwijgen en hopen. Ook de boeren kunnen dagen achter hun venster liggen sakkeren, vloeken omdat het vriest, stormt of regent, maar weten zeer goed dat de zon terug gaat doorbreken. In zijn onderhandelingen doet Martens daar dikwijls aan denken. Op cruciale momenten was de gelijkgezindheid van de arme boerenzoons Van Miert, Coens en Martens, mooi om te zien. Als hij de troepen moet schouwen, stapt hij als een parmantig boertje. Zelfs in het Europese topmilieu liep hij aanvankelijk met een boers confectiepak rond. Dat is verbeterd, maar je kunt er niet kwaad op zijn als zijn das verkeerd zit of zijn mouwen te kort uitvallen. Martens is nog altijd de volksjongen die iedere maandag verschiet dat hij naar het koninklijk paleis mag gaan. Hij biedt daar ook te weinig weerwerk. Jean-Luc heeft op honderd dagen de koning meer gezegd dan Wilfried op tien jaar. Hij is niet ongevoelig voor gevlei en kijkt op naar de Europese groten. In de rakettenkwestie hebben de Duitse bondskanselier Kohl en de Britse premier Margaret Thatcher dat trouwens handig uitgespeeld. Hij was ook bijzonder geschokt door het stortbad van Maastricht in maart 1981 op de Europese top en door de vergadering in Washington met Reagan, begin 1985, over de raketten. Beide douches hebben hem tot politiek handelen gedwongen. Het huidig internationale prestigeverlies van België moet hem dan nu ook zéér zwaar vallen.

2) Eenzaam en gesloten: Martens was een eenzelvig jongetje dat zichzelf grotendeels heeft opgevoed. Hij moest vechten om zijn jeugdhandicaps te overwinnen en is nadien ook getekend door tegenslagen. Hij weet wat verdriet is. Familiaal heeft hij heel wat meegemaakt, hij zwijgt daar meestal over, blokkeert zelfs. Toch zie je dat het hem zeer zwaar weegt. Zijn hartoperatie greep hem erg aan, maar hij verschanste zich achter een uitvoerige technische uitleg. Het is een eenzaam type. Hij verwerkt zijn overwinningen en nederlagen alleen en zijn conflicten verwerkt hij van binnen. Hij koestert geen vriendschappen, waardoor hij minder kwetsbaar is. *Un poisson froid*. De politieke intimi waarderen hem eigenlijk niet als mens. Hij is gesloten en wantrouwig geworden uit desillusie omdat men zijn confidenties misbruikte. Als hij de oplossing niet ziet en intriges voelt, kruipt hij als een schildpad in zijn schelp. Soms is hij totaal op zichzelf teruggeplooid, luistert hij naar niemand en is hij dagenlang geestelijk ontoegankelijk. Na zo'n zombieperiode is hij bijna gelukkig dat er weer nieuwe problemen op hem afkomen. Hij zal zelden anderen uit eigen beweging consulteren en telefoneert zelf zelden of nooit. Veel vice-premiers beklagen zich daarover. In feite is hij ondoorgrondelijk, een donkere kamer. Martens is onbereikbaar geworden en heeft goed geleerd zich af te schermen. Nooit laat hij zijn eerste reactie spontaan zien, tenzij hij zwaar geprovoceerd wordt. 'Hij is niet echt gesloten, eerder enigmatisch en heeft meer contrasten dan je denkt,' zegt een bevriend koppel.

3) Timide: Martens is een verlegen man, kan zich moeilijk een houding geven. Hij is helemaal niet autoritair maar zeer schuchter, wat schuilgaat onder een stuurs uiterlijk. Hij spreekt niet gemakkelijk van man tot man en is beter in een groep. In gezelschap zal hij peroreren, met twee valt het gesprek snel stil. Als hij in Parijs, Madrid of Dublin met enkele vrienden aan tafel zit, ontdekt men een totaal andere Martens: hij lanceert dan mooie, interessante theorieën over mens en politiek. Maar ook dan wordt het een monoloog en geen dialoog. Hij is geen vechter in de *face to face*-boksmatch. Vandaar dat hij zo moeilijk kan optreden tegen iemand die iets verkeerd heeft gedaan. Heel wat ministers begingen in zijn regeringen deontologische fouten, alleen staatssecretaris Pierre Chevalier heeft hij aan de deur durven zetten. Zijn kritiek zal hij eerder formuleren via algemene verklaringen en interviews, maar nooit recht op de man af.

Zijn omgang met het volk heeft steeds iets kunstmatigs. Hij voelt zich ongemakkelijk in een massa. Zijn ideaal is te staan tussen koning en volk. Ik zie Martens als een standbeeld, de ene arm de hoogte in, de andere naar beneden. De hand van de koning heeft hij al vast, die van het volk nog niet. Het persoonlijk contact met hem is zeer moeilijk. Soms zit hij meer dan een uur zwijgend naast vrienden in de wagen. Hij is een vriendelijke, maar geen galante tafelbuur. Zijn gevoelsleven zit als het ware opgesloten in een ijzeren keurslijf.

4) Moedig: Martens is moedig, niet alleen politiek maar ook fysiek. Dat bleek op de tweede mars op Brussel in 1962 toen hij zich tussen vijandige tegenbetogers een weg baande. In de zomer van 1981 wilde hij 's nachts op de Atlantische Oceaan, ondanks ingewandskwalen en misselijkheid, niet ontslagen worden van het wachtlopen op het zeiljacht. Ongemeen koelbloedig bleef hij ook bij de aanslag op het kruispunt van Groot-Bijgaarden, op dinsdag

31 januari 1989, toen een gepantserd geldtransport van GMIC door anderhalve kilo TNT werd opgeblazen, terwijl hij zich in de ministeriële wagen op nauwelijks twintig meter vandaar bevond. Ook de wijze waarop hij zich heeft voorbereid op zijn open-hart-operatie getuigt van moed. Martens heeft vanuit zijn jeugd steeds met de dood voor ogen geleefd, maar die doodsgedachte werkte op hem stimulerend. Hij wilde nog iets doen of bereiken vóór het einde. Dat begon met het welsprekendheidstoernooi, vervolgens wilde hij de beste leerling, de beste student, de beste leider zijn. Elke nieuwe taak, partijvoorzitter of premier heeft hij dus aangevat met de idee: als ik dit nu uitstekend doe, dan heb ik toch iets bereikt in mijn leven.

5) Loyaal en niet rancuneus: Martens heeft een geweldig aanpassingsvermogen. Hij zal verdedigen wat hij gedaan heeft in een bepaalde periode en loyaal blijven jegens zijn partners van toen. Maar in een nieuwe constellatie, zal hij andere dingen doen met dezelfde ijver en loyaliteit. Hij is meer een advocaat die een dossier verdedigt. Zijn loyaliteit heeft een bijna juridisch-contractuele inhoud en dat heeft alles te maken met zijn zorg voor de politieke stabiliteit. Ondanks aanvankelijke handicaps is hij erin geslaagd het vertrouwen van de politici te winnen. Hij is geloofwaardig geworden bij alle belangrijke drukkingsgroepen. Hij is eerlijk, ook tegenover politieke tegenstrevers en daardoor betrouwbaar. Martens heeft uiteraard sympathieën en antipathieën, maar kan ze beter wegsteken dan andere politici. Hij kwetst nooit iemand en kan veel slikken. Hij heeft een geweldig incasseringsvermogen en blijft bij sommige dingen niet stilstaan. Hij is correct met Tobback die hem uitschold voor strontvlieg, kwakzalver, Caligula en die de uitspraak lanceerde 'dat Martens erger is dan Janus want die had maar twee gezichten'. Ook in zijn conflict met Tindemans is hij nooit openlijk in de aanval gegaan, ondanks het feit dat sommige vrienden hem aanraadden 'uit zijn pijp te komen'. In een meer recent conflict met Verhofstadt zal hij steeds het beleid dat hij met de jonge liberaal gevoerd heeft, verdedigen en abstractie maken van de aanvallen die hij uit die hoek moet verduren. Hij is niet rancuneus, hij zal mensen wel laten vallen, maar niet achtervolgen. Hij heeft zich geen erfvijanden gemaakt en presenteert geen rekeningen. In privé-gesprekken met directe medewerkers heeft hij wel oor voor roddel en kleinmenselijke kanten van medestanders of tegenstrevers en zal zich daar in beperkte kring soms zeer cynisch over uitlaten.

6) Grote luisterbereidheid: Martens is een van de weinige politici die nog kan luisteren. Hij heeft een onbegrensde luistercapaciteit. Maar je moet goede argumenten hebben, zoniet zie je hem zo afdwalen. Als je met hem spreekt moet je trouwens nooit naar zijn mond, maar naar zijn ogen kijken, dan zie je hoe alert hij is. Vroeger apprecieerde hij het als je hem de volle waarheid zegde, ook al was die onaangenaam. Nu luistert hij liever naar mensen die goed nieuws brengen. Hij heeft graag dat hij over de bol wordt geaaid. Hierdoor ontstaat het gevaar dat mensen die hem de waarheid willen zeggen door hovelingen verdrongen worden.

7) Trage besluitvormer: Wilfried Martens is niet de manager die op korte tijd beslissingen afdwingt, maar veeleer de man die de synthese maakt en de consensus ontvangt. De lengte van de besluitvorming bewijst de gehechtheid van Martens aan een zaak. Hij blijft zitten tot de anderen dood zijn. Wie denkt Martens snel over de brug te kunnen jagen met delicate dossiers, vergist zich. Martens schijnt wel te zeggen: je gaat hier op het kasteel kamperen tot het gedaan is. Je kunt niet zomaar een akkoord maken, dat moet duren. Het mag niet 'te simpel' en 'te vroeg' zijn. Nieuwkomers hebben daar wat last mee, maar na zekere tijd aanvaarden ze dat, omdat het resultaten oplevert. Ze brengen om de tijd te doden dan ook kranten en boeken mee. Martens kan een vergadering kaarsrecht uitzitten. Dat werkt sommigen geweldig op de zenuwen. 'Is het nu niet het moment om te beslissen?' fluisteren ze dan in zijn oor, maar hij doet alsof hij het niet hoort. Martens kent de kracht van het zittende gat. Martens is een typische CVP'er want hij moet kunnen kneden, wroeten en zoeken om het regeerakkoord om te buigen. Hij is de notaris van de regering, die wacht op het compromis. Hij is de ober die opdient, niet de kok die het eten bereidt. Die moeizame besluitvorming is inherent aan de Belgische situatie waar men leeft naar de volgende vervaldag toe. Er wordt onderhandeld tot aan de rand van de vertwijfeling, dan kan Martens er plots de zweep op leggen en de grote stap vooruit doen. Martens heeft steeds met kleine comités in de regering gewerkt, maar die kernkabinetten hadden wel een juridisch bestaan. Thans werkt hij met een college van vice-premiers, zonder officiële agenda en zonder notulen. Toch worden daar de belangrijkste beslissingen genomen of uitgesteld of verwezen naar werkgroepen. De kabinetsraad moet wachten tot de besluitvorming daar klaar is en wordt dan een soort *chambre d'entérinement*. Dat is prettig voor de vice-premiers, maar minder voor de andere ministers van de koning.

8) Overlegfiguur: Martens is een centrumfiguur, noemde zichzelf eens extreem-centrum. Hij wantrouwt nu travaillistische en friedmaniaanse overacting. Hij is ook een coherente figuur, geen zwalpende populist, noch pure opportunist. Hij streeft steeds consensus na en staat los van de standen. Hij doet geen krasse uitspraken alleen om het plezier deining te veroorzaken, zoals een Theo Lefèvre of een Mark Eyskens. Hij zal zich slechts in een bijkomstig conflict mengen als het werkelijk niet anders kan. Zijn loyaliteit jegens de groep is voor hem belangrijker dan een persoonlijke ontgoocheling. Dat toonde hij zeer duidelijk toen hij in 1981 in de fractievergadering van de CVP Mark Eyskens dedouaneerde als eerste minister.

9) Goede verwoordingskracht: Martens hecht zeer veel belang aan de taal en vindt gemakkelijk de juiste formulering. Een interview met hem kun je zo uitschrijven. Het is bij hem geen zoekerig taalgebruik zoals bij veel andere politici. Zijn verwoording is exact, maar toch vind je er steeds een *restrictio mentalis* in. Zo zal hij niet gemakkelijk op tegenspraak betrapt worden. Hij heeft een gefilterde manier van spreken, hij heeft bij zichzelf de synthese al gemaakt als hij de dingen naar buiten brengt. Dat is een van zijn sterkste kanten: zijn synthese is niet alleen gebaseerd op zijn persoonlijke voorkeur, maar op een analyse van het probleem. Hij kent beter dan wie ook de kracht van het goedgekozen woord. Hij is een knap inleider, want assimileert grondig en goed. Hij kan een moeizaam bereikt compromis verkopen in respect voor de geest waarin het tot stand kwam. Hij haalt het beste uit een tekst.

10) Groot communicator: Martens is een goed communicator, super voorzichtig maar met groot gevoel voor de weerslag van zijn woorden. Hij zal zich niet te sterk profileren, geen vedette-allures aannemen, maar overtuigen. Sedert zijn hartoperatie is zijn communicatievermogen met de bevolking vergroot. Hij heeft er een instinct voor. Als woordvoerder heb je met hem goud in handen. Je moet hem maar laten doen. Hij kan hetzelfde dossier op BRT en RTBF verdedigen met verschillende argumenten, andere gevoeligheden bespelen en toch niet in tegenspraak komen met zichzelf. Hij heeft een overtuigingskracht aan beide zijden van de taalgrens. De media hebben hem steeds geobsedeerd, hij bespeelt ze meesterlijk en de pers is fair jegens hem, zelfs welwillend. Hij onderkent onmiddellijk de kwaliteit van een vergelijk en verkoopt het met grote flair. Hij heeft zijn gelijke niet om een compromis te verdedigen tegenover grote groepen zoals parlement of partijcongressen. Hij slaagt er zelfs in een zeker lyrisme of grootsheid te geven aan moeizaam tot stand gekomen apothekersakkoordjes. Hij zal zich zo inleven in zijn rol van communicator dat hij aan de mensen die het compromis bedacht hebben zal uitleggen hoe belangrijk en goed het wel is. Na een zekere tijd zal hij de indruk geven dat hij zelf het compromis gevonden heeft. Niet iedereen is zo opgetogen over zijn communicatiegaven: een regeringsverklaring waarin een gespierd beleid wordt aangekondigd leest Martens voor zonder enig reliëf, niet als een straal van hoop maar als vogeltjespis.

11) Hard voor partijgenoten: Wilfried zou met andere partijen niet moeten proberen wat hij met de CVP doet. Nochtans blijft hij in de partij aanvaard. In de CVP overheerst vaak de indruk dat hij de andere partijen meer naar de mond praat. Hij is harder voor de ministers van de eigen partij. Je hebt soms de indruk dat hij zijn partij liever ziet als ze geslagen is. Hij laat de CVP niet vallen, maar biedt haar evenmin actieve steun. Hij arbitreert liever, komt niet uit zijn pijp. Als premier is hij herleid tot besluitmaker. Dat is een handicap voor de partij die de premier levert. De eerste minister mag geen partijman zijn, wel een verzoeningsfiguur. Hij komt haast nooit naar de vergaderingen van de CVP-ministers na de kabinetsraad van vrijdag, noch laat hij zich zien op vergaderingen met ACW-politici. Hij heeft eigen discrete informatie- en contactkanalen. Op het partijbureau zoekt hij zich vaak een gewillig slachtoffer uit, verheft zijn stem alsof hij aangevallen is, schiet op alles en iedereen. Als je dan dekking zoekt en vraagt waarom hij kwaad is, repliceert hij: ‘Ik ben niet kwaad, ik roep alleen hard.’ Soms denkt hij dat de verhoging van het aantal decibels het peil van zijn argumentatie optrekt. Je moet hem tegenspreken, anders houdt hij geen rekening met je. Hij respecteert alleen degene van wie hij schrik heeft. Pas als hij ziet dat de partij echt niet volgt, neemt hij de bocht.

12) Zin voor timing, politieke intuïtie: als tacticus heeft Martens zijn gelijke niet, zelfs zijn medestanders kijken in een donkere kamer. Hij springt zorgvuldig om met de troeven die hij in handen krijgt. Hij heeft altijd een iets betere strategie dan zijn tegenstrevers. Hij weet wanneer hij een wissel moet verzetten. Als het dreigt te ontaarden, zal hij de zaak uitstellen of de brand trachten te blussen. Hij weet wanneer hij gas moet terugnemen of moet doorstoten. Hij heeft een zesde zintuig, hoort met vier oren. Hij kan dossiers laten sudderen of een probleem eruit afzonderen. Hij weet intuïtief wat kan en niet kan, wanneer hij mag doorduwen en wanneer hij moet afremmen. In zijn gevoel voor timing zitten ook dingen zoals agenda's van Kamer en Senaat, nakende vakanties, televisie-optredens, en zo meer. Met zijn politieke feeling zal hij zich nooit trachten te profileren op het terrein van anderen. Zijn zin voor timing wordt zodanig opgehemeld dat zelfs besluiteloosheid en aarzeling tot staatsmanskunst worden verheven. Zijn intuïtie heeft hem in de steek gelaten toen hij met het Egmontpact de diepe Vlaamse onderstroom onderschat heeft die in ruil voor een theoretisch federalisme geen terrein wil prijsgeven.

Ook in concrete gevallen komt Martens politieke intuïtie soms in botsing met zijn legalisme. In de Walid Khaled-zaak was zijn spontane reactie dat Eyskens moest aftreden en via CVP-voorzitter Van Rompuy liet hij zelfs Jan Huyghebaert polsen voor de opvolging. Toen Eyskens hem echter een document voorlegde waaruit men kon afleiden dat de kabinetsleden waren opgetreden zonder expliciete toestemming van de minister, kreeg de legalist in Martens de bovenhand en nam hij zijn minister in bescherming.

13) Geeft ruimte aan medewerkers: de capaciteiten die Martens bij medewerkers veronderstelt zijn loyaliteit, van je laten horen als hij in moeilijkheden zit, laten voelen dat je in zijn kamp blijft. Hij laat veel ruimte aan zijn medewerkers, op voorwaarde dat ze tonen dat ze de zaak kennen. Hij heeft bewondering voor professionaliteit. 'Er is maar één manier om iets te doen: de goede.' Dit citaat van Golda Meir herhaalt hij voortdurend. Wie met Wilfried Martens werkt, moet zeer autonoom kunnen werken. Als dit lukt kun je daarin zeer ver gaan. Als je denkt dat je in zijn lijn een oplossing kunt aanbrengen, kun je initiatieven nemen zonder hem ervan te verwittigen. Hij heeft in zijn medewerkers een immens vertrouwen, op de limiet van het blinde. Als medewerker moet je weten dat je dikwijls zonder vangnet werkt, dat als je aan Wilfried Martens een nota of een speech geeft, hij in staat is om naar het parlement of een vergadering te gaan en ze voor te lezen zonder op voorhand te weten wat erin staat. Gelukkig bestaat het netwerk-Dehaene nog dat nota's kan onderscheppen, zodat Dehaene rechtstreeks bij Martens kan tussenbeide komen.

14) Kan niet zonder Jean-Luc: Jean-Luc Dehaene is een aanvulling van de persoonlijkheid van Martens. Hij heeft diens onvoorwaardelijke steun. Als de tandem Martens-Dehaene breekt, betekent dat het einde van Martens. En allicht ook van Dehaene. Tijdens de vier eerste regeringen Martens (1979-1981) was het de groep van de kabinetschefs Dehaene, Moureaux en Deprez die heel wat compromissen klaarstoomden. In de periode van het inleveringsbeleid (1982-1987) heeft Fons Verplaetse op sociaal-economisch gebied die rol overgenomen maar het waren Jean Gol en Jean-Luc Dehaene die de politieke compromissen maakten. Nadien, in de regering met de socialisten, heeft een tijdlang de tandem Moureaux-Dehaene het mooie weer gemaakt. De beste motivatie voor de medewerkers van Martens is het gevoel te werken voor een staatsman. Het geeft je grote voldoening dat hij met jouw ideeën succes heeft. Je moet tegen een stootje kunnen en er niet al te zeer om geven als je publiekelijk uitgekafferd wordt door de premier want dat gaat wel over. Fons Verplaetse werd soms belachelijk gemaakt door Martens in het bijzijn van de topministers, maar hij wist dat te verbijten. Als je het temperament hebt om een stuk achter de schermen te werken, en meer belang te hechten aan de werkelijke macht dan aan schijnmacht, dan kun je met Wilfried Martens magnifieke dingen doen. Als Martens de laatste tijd zwak overkomt is dat toe te schrijven aan een kabinet waarin wel knappe mensen zitten maar uitstraling missen.

15) Vereenzelvigt zich met zijn functie: Martens vereenzelvigt zich met zijn functie. *La fonction crée l'homme.* Al zijn daden worden die van een politicus. De politiek overwoekert alles, zodat hij haast kinderlijk onvolwassen gaat reageren op de gewone problemen van het leven. Hij is 24 uur per dag bezig met zijn premierschap, op kantoor, in de wagen, thuis, zelfs op vakantie. Hij luistert naar BRT, RTBF, BBC, bekijkt Bistel. Martens is totaal beschikbaar voor de politiek op gelijk welk ogenblik van de dag. Zijn wekelijks contact met de koning, nu gedurende twaalf jaar, is een zeer sterk wapen. Een politicus waarschuwt: 'Hij monopoliseert die relatie met de koning al te zeer, want de koning is niet alleen de vertrouwensman van één minister, zij het de eerste.'

16) Gewiekst en voorzichtig: Wilfried koppelt een zeer scherpe intelligentie aan een gevoel voor tactische ontwikkeling. Martens vecht nooit met heel zijn lichaam, spreekt zich zelden uit over een zaak, toont nooit volledige adhesie. Opportunisme is hem niet vreemd. Hij zal je nooit echt ongelijk geven in een gesprek van man tot man, maar ook nooit helemaal gelijk. Hij tracht schroomvallig zijn eigen persoon buiten het conflict te houden. Martens zal nooit de sterken aanvallen, of slechts zijdelings via interviews of algemene verklaringen. Hij heeft een insinuerende manier van spreken: 'Astemblief, ik zou andere dingen kunnen zeggen, je weet zelf wel beter...' Hij kiest feilloos het winnende kamp en zal nooit onberekende risico's nemen. Martens heeft in de kabinetsraad een gewiekste methode ontwikkeld om anderen uit te testen, hij leest een tekst voor die hij toeschrijft aan 'een excellente medewerker' en lokt op die manier reacties uit van andere ministers, zonder zichzelf te moeten verbranden. Met die excellente medewerker kan hij zichzelf, een andere minister of een kabinetslid bedoelen.

17) Rationeel vakpoliticus: Wilfried Martens is *Realpolitiker*. De realiteitszin heeft het geleidelijk gehaald op zijn jeugdidealen. De politieke haalbaarheid primeert nu. Martens kan zich van de ene dag op de andere inleven in een totaal gewijzigde situatie en dan met de ijver van een bekeerling het nieuwe beleid verdedigen. Hij heeft zich steeds goed onder controle. Hij is zeer beheerst en laat maar uitzonderlijk zijn diepste emoties losbreken. Hij kan cynisch zijn in de politieke analyse en legt zijn hart dan in de diepvries. Dit stuk onmenselijkheid is eigen aan alle grote leiders. Je kunt politiek immers niet met gevoel bedrijven, zeker niet met fijngevoeligheid. Eigenlijk is hij een schaakspeler, er zit een stuk wreedaardigheid in. Hij herleidt de problemen tot rechtsbeginselen, ook al schendt dat soms de rechtvaardigheid of drukt het elk enthousiasme de kop in. Hij is loyalist en legitimist soms tot in het absurde toe. Emotionaliteit stoot hem af. Wilfried zal eindigen zonder vrienden. Soms vraag je jezelf af: is hij dat nu totaal vergeten?

18) Bedachtzaam, ambitieus leider: van in zijn jeugd werd het bij hem ingelepeld dat de intellectuele elite zich voor de gemeenschap diende in te zetten. Hij heeft altijd chef willen zijn en werd daarin bevestigd door zijn omgeving. Als voorzitter is hij een gedrevene met een enorme inzet en verdedigt zijn ideeën strijdlustig. Als premier wordt hij steeds omzichtiger. Ambitie overheerst veel in zijn leven. Het leiderschap van Lefèvre en De Schryver sprak hem zeer aan. Het machtscentrum volgt Wilfried Martens: Universitas,

VVB, CVP-Jongeren, CVP-voorzitter, premier. Als hij weggaat, verliest zijn vorige functie ook veel van haar glans. Als hij senator zal zijn, wordt de Kamer allicht minder belangrijk. Wanneer hij een spoor gevonden heeft, weet hij er de macht voor te verwerven. Hij is dus geen theoretisch staatsman. Voor Vlaanderen is hij bijvoorbeeld groter dan een Van Cauwelaert. Met een uitzonderlijke wilskracht weet hij op welke plaats hij de andere oever wil bereiken. Hij zal zich wel wat laten meedrijven met de stroming, maar komt precies uit waar hij wil. Hij heeft grote zin voor verantwoordelijkheid en misprijst de mensen die de problemen ontvluchten of niet willen zien. Hij is een politiek *Streber*, maar heeft ideaal en geloof. Hij heeft een koppig zendingsbewustzijn met een ingebakken verantwoordelijkheidsgevoel. Niet iedereen is zo positief: het politiek leiderschap is voor hem het enige middel om te overleven en zijn zelfrespect te behouden. Neem dat weg en zijn wereld stort in mekaar.[7] Martens' glas is vol; hij zit nog met de macht op schoot, terwijl hij niet meer de kwaliteit heeft om ze uit te oefenen. Hij is het leiderschap gaan beoefenen als een ambacht. Hij is geen leider, maar heeft een feilloos instinct waar de meerderheid ligt en zal die volgen, hoewel hij de indruk wekt voorop te gaan.

19) Net boven de Belgische middelmaat: in een land zonder intellectuele elite die zich met het algemeen belang wil inlaten, staat Martens net iets hoger dan het gemiddeld politieke peil. België heeft behoefte aan een overlegfiguur. Niemand weet beter dan hij hoe de Belgische politiek in mekaar zit. België verdraagt geen uiterste geprofileerdheid en wordt graag gematigd-progressief bestuurd. Martens zag de staatshervorming als een historische opdracht. Hij maakte zich onvervangbaar in het *sui generis*-federalisme en kent als geen ander de *engineering* van het stelsel. Hij is bijzonder goed op de hoogte van het evenwichtsspel tussen de Belgische krachten. België heeft zo'n neutrale figuur nodig. Hij is een gedroomde premier en heeft bovendien niveau bij zijn optreden. Hij is definitief gegoten in de Belgische gietvorm en voelt zich daar behaaglijk in. Zijn opdracht wordt meer en meer op een intelligente manier op de winkel passen, een goede bestuurder zijn van de *civitas*, zijn verdomde plicht van staat doen. Zijn politieke sterkte maar ook zijn zwakheid is het gebrek aan een echte uitdager in eigen rang of in andere partijen.

20) Gelovig christen-democraat: Martens heeft een ideologische waardenschaal en stelt zich dus niet tevreden met louter technische oplossingen. Zoals bij vele christen-democraten is zijn persoonlijk engagement gesteund en geïnspireerd door het evangelie. Ja, hij gelooft in God, dat wil zeggen dat er een zin is aan alles, dat wij eeuwig zijn en dat wij zullen voortleven. Hij beschouwt zijn machtspositie dus niet zomaar als *a tool of power*, een machtsinstrument, maar als een instrument om de schepping te helpen voltooien. Hij heeft grote diepgang en een ethische opvatting over zijn functie. Martens is niet lichtzinnig. *Il ne fera pas n'importe quoi*. Hij is zeer humaan, toont dat niet altijd, maar een trek om de mondhoek, een flikkering in zijn ogen verraadt dikwijls zijn sociale bewogenheid bij het verdedigen van een dossier. Wat in Martens treft is zijn grote medemenselijkheid, een zeer groot mededogen voor de mens, vooral voor de geringe mens. Hij bouwt de christelijke dimensie in in zijn leven, na de familiale en persoonlijke problemen met zijn zoon en zijn hart. Hij is katholiek, maar niet slaafs: zoals hij tegen de liberalisering van abortus gekant was, zo is hij ook niet akkoord met de stelling van de paus die voorbehoedmiddelen verbiedt in ontwikkelingslanden. Hij vindt dat niet redelijk omdat, gezien de bevolkingsexplosie, ook geboortenplanning moet worden aanvaard. Op dat stuk verschilt hij van mening met het hoogste kerkelijk leergezag.

De spankracht van de dood

We weten nu wat anderen die hem van nabij hebben gekend, over hem denken. Maar weten we *what makes Sammy run?* Want zoveel is duidelijk: Martens is een gedreven man. *Luctor et emergo*, al worstelend kom ik boven, dat is zijn lijfspreuk. De meest intrigerende gedachte is wel deze van een vrouw die Wilfried vanaf zijn jeugd kent en zegt dat de doodsgedachte stimulerend op hem werkte, dat hij iets wilde bereiken tijdens de korte tijd die hem kennelijk slechts gegund was. Is dat de sleutel? En verdween dan de spankracht van de dood na zijn operatie?

Van die doodsgedachte vinden we een spoor terug in zijn lectuur. In de vakantie van 1986 leest of herleest hij Mémoires d'Hadrien van Marguérite Yourcenar. Hij streept enkele alinea's aan in de *Carnets de notes* van de schrijfster achterin het boek: 'Ik begin het gelaat van mijn dood te ontwaren... En dan spreek ik nog niet over de ervaring van de ziekte, en andere meer geheime ervaringen die ze met zich draagt en evenmin over het eeuwig aanwezig zijn van de liefde of de zoektocht ernaar.'

Wat zegt Martens daar zelf over?

'Het leven van een mens heeft slechts zin als hij zich helemaal voor iets inzet. Dat draag ik mee vanuit mijn jeugd. Het engagement richt zich voor wie het voorrecht had te studeren, bij voorkeur op een zaak van algemeen belang. Ik heb een opdracht aanvaard en wil die te allen prijze tot een goed einde brengen, ook al is het zeker dat anderen er de vruchten van zullen plukken. Na mijn operatie heb ik leren relativeren, de betrekkelijkheid van vele dingen leren inzien. Ik voel me serener. Ik zie mensen en gebeurtenissen op een andere manier. Twee grote passies kunnen ons beheersen, maar ook tot sublieme dingen drijven: de dienst aan de gemeenschap en de liefde. Maar niemand, ook de politicus niet, is in staat grote dingen te doen, als hij zich emotioneel niet gesteund voelt. De dienst aan de gemeenschap is het doel van de politiek en de populariteit die er soms mee verbonden is voert naar de massa, maar verbreekt de afzondering niet, zoals Theo Lefèvre ooit zei. De liefde daarentegen breekt de afzondering wel en verlost de mens uit de eenzaamheid. En voorts is er het geloof dat alles wat ik doe een betekenis heeft die verder reikt dan het leven hier. De waarden die in het *Boek der Boeken* liggen, daar put ik ook uit. Het leven dat ik hier ken, is maar een voorbereiding op een ander leven. Als mijn leven niet onopgemerkt voorbijgaat en voor de hele samenleving iets betekent, dan heeft mijn ster in Gods heelal toch even geflikkerd.'[8]

Het is bijzonder gemakkelijk ironisch te doen over dit niet banale leven: de marcheerder op Brussel en de volksmenner van de randgemeenten die nu de steun komt vragen van de Franstaligen van datzelfde Brussel en van diezelfde randgemeenten. De felle Vlaamse kemphaan die nu een van de pijlers is geworden van het Belgisch *establishment*. De progressieve frontvormer die zijn beste en gelukkigste jaren als eerste minister beleefde met de liberalen. De verdediger van de pluralistische school die als eerste minister het katholiek onderwijs tot grote bloei bracht. De volksjongen die, nu omringd door lijfwachten, tochtjes maakt met een peperdure fiets of met rijke vrienden gaat zeilen.

Maar welk mensenleven is rechtlijnig? En is dit van Martens minderwaardiger dan dat van zijn generatiegenoten die vanuit hun lederen fauteuils in hun droomvilla's 's avonds op hun scherm wat meewarig zitten te kijken naar de politici die ze wel willen gebruiken maar niet navolgen?

De weemoed van de leider

De vraag die niet onbeantwoord kan blijven luidt: is Wilfried Martens een politiek leider?

Hij vertoont er veel kenmerken van. Hij bezit het vermogen tot concentratie, is gedisciplineerd. Hij is in staat het probleem te vereenvoudigen en de essentiële punten te scheiden van de onbelangrijke details. Hij heeft het vermogen een beslissing te nemen. Zijn persoonlijk leven brengt hem niet in opspraak en men kan hem geen geldelijke baatzucht verwijten. Hij heeft een grondige kennis van zijn taak, studeert en zet zich in om bij te blijven. Hij heeft het vermogen om te domineren en de bekwaamheid om de gebeurtenissen naar zijn hand te zetten. Hij laat zich niet van de wijs brengen door weifelaars, die hij links laat liggen of uit zijn omgeving verwijdert. Hij zal zijn weg gaan, tegen kritiek in van mensen of groepen waarvan de energie meer gericht is op omlaag halen dan op opbouwen.

Maar het echte leiderschap uit zich vooral in de bekwaamheid om mannen en vrouwen rond zich te verenigen voor een gemeenschappelijk doel. Voor een politiek leider betekent dat zijn volk leiden naar een beloftevolle toekomst die een blijvend karakter in zich draagt. Kortom: het *Grote Project*, het *Grand Dessein*, de *New Frontier*, het *Plus est en vous*.

Als we Martens daarover aanspreken, verwijst hij naar het economisch herstel, de federalisering van België en de Europese droom. Het herstelbeleid beantwoordt nog het best aan dat nieuwe project. Of Martens er nu al dan niet zelf de architect van was of slechts de vertolker, de man die het opdiende en niet de kok, hij heeft zeven jaar lang de bevolking in de ban van de versobering en de inlevering kunnen houden, was daarin een meesterlijke communicator en boekte resultaten. In de doodbloedende, jammerende, in zelfbeklag ondergaande natie die haar welvaart in de eerste plaats van de staat verwachtte, heeft hij een nieuw dynamisme en vitaliteit helpen losmaken. Uiteraard werd hij daarin gesteund door een economische opgang en de impuls die uitging van initiatieven zoals *Flanders Technology International.* Maar hij bevrijdde het land van de donderprekers en doemdenkers en gaf het een nieuw elan.

De erfzonde blijft echter dat hij bij de aanvang van zijn premierschap niet kon beletten dat de staatsschuld uit de hand liep en dat hij ze nadien niet voldoende wist in te tomen. De Belgische schuld bedroeg 1578 miljard bij zijn aantreden in 1979, nu 7500 miljard. Dat is 135 procent van het nationaal inkomen, of meer dan het dubbele van de meeste Europese landen.

We schreven reeds dat bij de ontwerpers van het herstelbeleid te weinig bekommernis leefde voor de schuldenlast van de gemeenschap en dat de corporatistische aanpak van de Poupehan-vrienden zich nu wreekt. Het is een povere troost dat de Belgen zelf hun eigen staatsschuld willen torsen en voldoende vertrouwen bewaren om hun spaarcenten te steken in de zevenduizend miljard hoge schuldenberg, waarvan ze zelf de rente betalen via hogere belastingen of lagere uitkeringen. Maar voor de jongere die bij zijn geboorte al een schuld meekrijgt van 764.034 frank is het pijnlijk te moeten vaststellen dat de jaarlijkse schuldaflossing meer middelen opslorpt dan bijvoorbeeld de begrotingen van onderwijs of sociale zekerheid.

Men zou haast zeggen dat de staatsschuld, naast de monarchie, het enige echte cement is dat België samenhoudt, want de verdeling van die schuld is zo moeilijk of zo gevaarlijk voor onze internationale monetaire positie, dat niemand daaraan durft te beginnen.

Is de staatshervorming dan het begeesterende project om een leven aan te wijden? Martens heeft een aantal elementen van zijn jeugddroom kunnen waarmaken, maar de echte kroon op het werk ontbreekt vooralsnog. Als studentenleider, VVB-organisator, kabinetsadviseur, Jongerenvoorzitter, CVP-voorzitter en eerste minister heeft hij aan die kar geduwd, tegen veel weerstand, tegenwerking en scepsis in, ook en vooral in eigen CVP-rangen. Hierin valt dikwijls niet zozeer de kracht van zijn aanval op als wel de zwakheid van het verweer. Federalisme, de dwanggedachte van Martens werd een gemeenplaats.

Maar wat begon als een enthousiasmerende strijd, is geëindigd in een ingewikkeld, ondoorzichtig kluwen van grondwetsartikels, van elkaar neutraliserende evenwichten, verlammende conflicten en een zichtbare verhoging van de ministermandaten, zonder een even zichtbare verbetering van de dienstverlening. De jongste staatshervorming was geen Praagse Lente, noch het spontaan slopen van een Berlijnse Muur. Er luidden geen klokken, er was geen vlagvertoon, geen ondersteuningsmars. Zelfs vergrijsde commentatoren die hun leven lang vochten voor een federale staatsordening zeggen nu: 'Dat hebben wij niet gewild.'

Het eindpunt is nog niet bereikt. Zal er in 1994 een punt achter worden gezet? Immers, telkens opnieuw zal een landsgedeelte nieuwe eisen stellen die tegeneisen zullen uitlokken. Actief overleg en *Bundestreue* zijn de sleutels voor het welslagen, maar voor welke partij, voor welke politicus is dat een prioriteit? Hooguit is er een groeiende onverschilligheid voor elkaars problemen.

Heeft men de zaken niet verkeerd aangepakt? De blauwdruk van het unionistisch federalisme was helder en klaar in 1962, maar het jaar daarop verliet de Vlaamse Volksbeweging, onder druk van de CVP, die klare lijn voor een pragmatisch federalisme. Dat betekende dat elke stap in de richting van een federalisme zou worden aangemoedigd en 'we zullen wel zien waar we uitkomen en hoelang het duurt'. Martens is erin geslaagd het federalisme *salonfähig* te maken in de CVP en vond in 1977, samen met Schiltz, de hefboom om de Walen actief te betrekken bij de realisatie hiervan. De autonome politieke structuren van 1962 zijn nog steeds niet aanwezig. Zij moesten het beginpunt zijn en niet het sluitstuk.

Was het de moeite waard dat een politieke generatie hiervoor gedurende meer dan vijfentwintig jaar haar beste mensen en beste krachten opofferde? In een wat weemoedig gesprek in Oostduinkerke stelde ook Martens zich deze vraag.

'De geschiedenis zal oordelen of ik daarin geslaagd ben. Ik behoor tot de eerste generatie die zichzelf kon zijn en geëmancipeerd is door het onderwijs. Wij leerden een beschaafde taal spreken en veroverden een politiek statuut in eigen land. Wij kunnen nu de ambitie koesteren om ook zo'n statuut te verwerven in Europa. De emancipatie van het volk is voltooid. Het is ook mijn frustratie dat dat niet gebeurd is met vlagvertoon, want het is een begeesterende gedachte.

'De twee of drie gemeenschappen doen samen leven en samen werken in een harmonie, moet van ons land een soort prototype voor Europa maken. Dat is de slotfase van mijn politiek leven. Op de laatste Europese Raad van staatshoofden en regeringsleiders waar Maggy Thatcher aan deelnam zei ze: "Nu gaat een federalist spreken." Ik antwoordde: "Inderdaad mevrouw, nu gaat een Europees federalist spreken."

'Als er een politieke lijn is in mijn leven, dan is het die. Het volstond voor August Vermeylen te zeggen: "Vlaming zijn om Europeeër te worden", om een historische figuur te worden. Moet ik daaruit besluiten dat je met één formule beroemder kunt worden dan met de inzet van heel uw leven?'[9]

Zo wil Martens zijn levensproject eindigen: als senator en als verdediger van Brussel als Europese hoofdstad. Er zit een zekere continuïteit in dat streven, maar in de politiek tellen niet zozeer de intenties, als wel de resultaten.

Taak voor een jonge Wilfried

Is een ander groot project denkbaar?

In een recent debat tussen de Franse, door Martens vaak geciteerde filosoof Paul Ricœur en de Franse (ex-)premier Michel Rocard (*Esprit*, januari 1991) wordt na de implosie van het communisme de meest actuele politieke vraag als volgt verwoord: welke goederen zullen voortaan volgens de regels van de markteconomie worden verdeeld en welke vereisen een andere verdeling en volgens welke normen? Men heeft naast de gewone consumptiegoederen en handelswaren ook goederen zoals gezondheid, opvoeding, veiligheid, nationaliteit en burgerschap. Wie gaat bepalen wat tot de marktmechanismen behoort en wat niet? Met welke waardenschaal gaat men de goederen rangschikken die men wil bevorderen of afremmen? En, aldus Ricœur, boven alles rijst de vraag: hoe gaan we de jeugd opvoeden? Gaan we elk engagement neutraliseren zodat we uiteindelijk leven in een maatschappij zonder overtuiging, dus zonder enige veerkracht, die alles van de staat, dus van de politici gaat verwachten? Zowel Michel Rocard als Paul Ricœur pleit in dat mooie, hoogstaande debat voor morele waarden, zonder dewelke de politieke geloofwaardigheid teloorgaat. En als die geloofwaardigheid ontbreekt, verliest de politicus zijn legitimiteit.

Dat is ook het probleem van België. Het herstel van de politieke geloofwaardigheid is een allereerste vereiste. Tijdens de Martensjaren kreeg die een flinke knauw. Een groot project om de geloofwaardigheid van de politicus te herstellen kan voor een nieuwe, jonge Martens levensvervullend zijn.

Maar is dat mogelijk in een land waar de middelmatigheid afstraalt op de politieke klasse, omdat de intellectuele elite die aan de universiteit wordt gevormd zich heeft teruggetrokken in het zakenleven, de financiële wereld, het kabinetsleven, aan het hoofd van de grote staatsdiensten en parastatale instellingen?

Als er morgen 'een leider met een nieuwe boodschap' zou opstaan, zal die niet in de kortste keren worden fijngemalen door onze drievoudige dualiteit en door de scepsis van de intellectuelen? Maar ook door gevestigde politici die er een geheim genoegen in scheppen de reinen door het slijk te halen. Daar kunnen Verhofstadt, Van Miert, Vandenbroucke en Van Rompuy van meespreken. Reine goden in de politiek moeten zich verbranden, moeten hun handen vuilmaken. En als het dan zo ver is wordt hun misstap in het politieke milieu befluisterd zoals in een gezin toespelingen worden gemaakt op het zusje dat voor het eerst haar maandstonden kreeg.

Martens heeft het premierschap in België uitgebouwd naar zijn beeld en gelijkenis. Niet groot, niet klein. Hij past op een intelligente wijze op de winkel. Het land heeft blijkbaar nood aan dit soort oplettende, behendige en betrouwbare overlegfiguren.

De slotvraag van dit boek is dan ook: had België in het voorbije decennium een andere eerste minister overleefd?

Spa, 11 juli 1991

Data in het leven van Wilfried Martens

19.4.1936:	geboren in Sleidinge, Oost-Vlaanderen
26.10.1943:	overlijden vader
sept. 1949:	begint Grieks-Latijnse humaniora in Sint-Vincentiuscollege van Eeklo
mei-aug. 1950:	te bed met acute gewrichtsreuma
1950:	sluit aan bij KSA en Congregatie
1952:	richt ABN-kern op in college
juli 1955:	diploma secundair onderwijs, studiebeurs voor universiteit
okt. 1955:	begint studies in rechten aan Katholieke Universiteit van Leuven: Pauscollege
okt. 1956:	woont op Universitas, kan. Dondeyne
juni 1957:	voorzitter Vlaams Jeugdcomité: Expo '58
17.11.1957:	spreekt dreigend op protestdag tegen Franstalig overwicht op Expo '58
20.2.1958:	wordt voorgeleid (en nadien veroordeeld) na ordeverstoring in parlement
17.4.1958:	wordt door politie opgepakt bij opening Expo '58
6.7.1958:	Vlaamse Dag op Expo, afwezig wegens examens
24.8.1958:	spreekt namens de jeugd op IJzerbedevaart
17.10.1958:	voorzitter Vereniging van Vlaamse Studenten
okt. 1959:	praeses Katholiek Vlaams Hoogstudentenverbond, acties tegen talentelling en voor taalgrens
okt. 1960:	einddiploma (onderscheiding) doctor in de rechten, licentiaat in notariaat, baccalaureus in Thomistische wijsbegeerte
	hoofd Informatiedienst van Vlaamse Volksbeweging en stagiair bij de balie in Gent
22.10.1961:	mede-organisator van eerste Vlaamse mars op Brussel
4.2.1962:	rapporteur op VVB-congres over federale staatsstructuur
26.7.1962:	huwt met Lieve Verschroeven in Assisi

14.10.1962:	mede-organisator van tweede mars op Brussel
8.12.1962:	overlijden van moeder
29.6.1963:	eist tijdens betoging in Wezembeek-Oppem ontslag van Vlaamse CVP-ministers wegens compromis over randgemeenten (op 2.7 biedt regering ontslag aan en op 5.7 wordt compromis van Hertoginnedal gesloten)
10.11.1963:	mede-organisator van 'federalistische mars' in Antwerpen
1963:	part-time leraar Nederlands in college Eeklo
26.9.1964:	aanwezig op studiedag van Vlaamse CVP over Waals-Vlaamse verhoudingen
begin 1965:	neemt lidkaart CVP
28.4.1965:	geboorte van zoon Kris
23.5.1965:	laatste plaats op CVP-kamerlijst van Gent, 1330 naamstemmen
17.8.1965:	opdrachthouder bij premier Harmel
10.9.1965:	Franstalige pers eist ontslag van 'extremist'
19.3.1966:	adviseur op kabinet van premier Vanden Boeynants
febr. 1967:	voorzitter CVP-Jongeren
31.3.1968:	geen kandidaat bij parlementsverkiezingen
12.5.1968:	pleit in Houthalen voor politieke hergroepering in progressieve formatie
juli 1968:	twee maanden seminarie in Harvard o.l.v. Kissinger
27.9.1968:	publikatie CVP-Jongerenmanifest voor Progressieve Frontvorming
1.10.1968:	opdrachthouder bij minister voor Communautaire Betrekkingen Tindemans
1.3.1969:	herverkozen tot CVP-Jongerenvoorzitter
26.4.1969:	verkozen tot lid CVP-hoofdbestuur en nadien tot lid van CVP-bureau
2.5.1969:	treedt 1 mei-oproep van BSP-voorzitter Collard bij
10.8.1969:	geboorte van dochter An
20.12.1970:	CVP-congres Kortrijk neemt enkele stellingen van CVP-Jongeren over
juni 1971:	studiereis van 10 weken in Verenigde Staten op uitnodiging van State Department
7.11.1971:	niet verkozen als zesde kandidaat op CVP-lijst van Gent, 3427 naamstemmen
27.1.1972:	groep van veertigers geeft voorkeur aan Martens voor CVP-voorzitterschap
1.2.1972:	hoofdbestuur CVP spreekt zich ten gunste van Martens uit voor voorzitterschap

5.2.1972:	zegt in interview niet meer te geloven in progressieve frontvorming
4.3.1972:	verkozen tot CVP-voorzitter met 84 procent der stemmen
8.10.1972:	kondigt op CVP-congres van Antwerpen nieuwe staatshervorming aan
22.11.1972:	premier Eyskens zegt voor CVP-fracties dat congres van Antwerpen zijn staatshervorming van 1970 impliciet wegveegt en geeft ontslag
21.1.1973:	CVP-congres keurt met slechts 60 procent drieledige regering Leburton goed
28.2.1973:	maakt met PSC-voorzitter gemeenschappelijk abortusstandpunt bekend
19.1.1974:	val van regering Leburton
febr. 1974:	besluit campagne in teken van Tindemans te plaatsen
10.3.1974:	eerste CVP-vooruitgang sedert 1958, voor het eerst kamerlid met 33.105 naamstemmen
8.12.1974:	herverkozen tot CVP-voorzitter met 1032 op 1084 uitgebrachte stemmen
13.12.1975:	doet scherpe uitval naar socialisten op CVP-congres van Dendermonde
17.4.1977:	parlementsverkiezingen, gekozen in Gent met 44.568 naamstemmen
24.4.1977:	sluit samen met socialisten, PSC, VU en FDF Egmontpact
18.12.1977:	herverkozen tot partijvoorzitter met 1304 op 1499 geldige stemmen
jan. 1978:	maakt lange reis in Zuid-Amerika
6.3.1978:	stelt Europees christen-democratisch programma voor op eerste EVP-congres
4.8.1978:	tijdens cruciale commissievergadering over Egmontpact heeft zoon Kris zwaar verkeersongeval in Spanje
4.9.1978:	been van zoon Kris wordt geamputeerd
11.10.1978:	ontslag van regering-Tindemans
17.10.1978:	weigert aanbod van partijvoorzitters om premier te worden
17.12.1978:	parlementsverkiezingen, 52.974 naamstemmen
9.1.1979:	formateur
12.2.1979:	geeft formatieopdracht terug
1.4.1979:	goedkeuring regeerakkoord in Magdalenazaal
2.4.1979:	opnieuw formateur
3.4.1979:	vormt regering van CVP, PSC, SP, PS, en FDF (MARTENS I)

10.6.1979:	eerste Europese verkiezingen: Tindemans haalt 983.600 naamstemmen
16.12.1979:	CVP-Heizelcongres over staatshervorming, congressisten willen FDF uit regering
16.1.1980:	zet FDF uit regering
23.1.1980:	herschikking van regering zonder FDF (MARTENS II)
6.3.1980:	Tindemans zegt op internationale persconferentie dat zijn openhartige relatie met Martens zoek is
9.4.1980:	ontslag na weigering van 8 dissidente CVP-senatoren om voorlopige staatshervorming goed te keuren
17.4.1980:	formateur
18.5.1980:	vormt klassieke drieledige regering met CVP-PSC, SP-PS en PVV-PRL (MARTENS III)
aug. 1980:	goedkeuring van de wetten tot hervorming der instellingen
okt. 1980:	liberalen worden uit regering gewerkt
19.10.1980:	zegt na CVP-congres van Gent dat hij zijn partij niet meer herkent
22.10.1980:	vormt regering met christen-democraten en socialisten (MARTENS IV)
febr. 1981:	ontmoet voor het eerst Fons Verplaetse
27.2.1981:	Inga-verklaring: 'Ik hou van dit land, zijn volk en zijn leiders.'
23.3.1981:	krijgt stortbad op Europese top van Maastricht
31.3.1981:	neemt ontslag na verwerping noodplan
6.4.1981:	Eyskens eerste minister
8.7.1981:	onderhoud met ACW-top en minister van Staat P.W. Segers
11.7.1981:	dineetje met PVV-voorzitter De Clercq
13.7.1981:	vertrek voor zeiltocht naar Azoren
31.8.1981:	geeft in interview kritiek op Eyskens
21.9.1981:	Eyskens neemt ontslag
3.10.1981:	neemt deel aan Flandria-boottocht
8.11.1981:	historische verkiezingsnederlaag voor CVP, 38.272 naamstemmen
7.12.1981:	formateur
17.12.1981:	vormt regering CVP-PSC en PVV-PRL (MARTENS V)
2.2.1982:	bekomt bijzondere machten van het parlement
18.2.1982:	brengt geheim bezoek aan IMF in Washington
19.2.1982:	kondigt aan gouverneur De Strycker nakende devaluatie aan
21.2.1982:	devaluatie van Belgische frank met 8,5 procent

april 1982:	eerste Poupehan-gesprek Martens, Houthuys, Verplaetse en Detremmerie
18-19.9. 1982:	Poupehan-weekeind waaruit 5.3.3-regeling ontstaat
5.8.1983:	ondergaat open hartoperatie
4-5.2.1984:	belangrijk Poupehan-weekeind
14.1.1985:	ontdekt tijdens bezoek aan Reagan in Witte Huis dat België zich reeds ver engageerde inzake kernraketten
15.3.1985:	plaatsing kernraketten
29.5.1985:	Heizeldrama
16.7.1985:	biedt ontslag aan na onenigheid over politieke verantwoordelijkheid van Heizeldrama; koning weigert ontslag.
sept. 1985:	CVP voert campagne met Martens als boegbeeld: 'Geen ommekeer'
13.10.1985:	CVP wint verkiezingen, 57.810 naamstemmen
28.11.1985:	vormt regering van CVP-PSC en PVV-PRL (MARTENS VI)
27.3.1986:	bekomt bijzondere machten van parlement
20.5.1986:	maakt herstelprogramma bekend (Sint-Annaplan)
1.1.1987:	zit Europese Ministerraad voor
30.6.1987:	isoleert Thatcher in EG-raad
20.9.1987:	kondigt op RTL regeringsinitiatief inzake Happart aan
18.10.1987:	geen akkoord over Happart
19.10.1987:	koning aanvaardt ontslag
20.10.1987:	vormt overgangsregering CVP-PSC en PVV-PRL (MARTENS VII)
nov. 1987:	CVP voert campagne met Martens als boegbeeld: 'Ja'
24.11.1987:	ontvangt Robert Schuman-penning als verdienstelijk Europeaan
13.12.1987:	CVP verliest verkiezingen, 53.867 naamstemmen (– 3934)
27.3.1988:	weigert formateurschap
17.4.1988:	gesprekken met Swaelen, Dehaene, koning en Poupehan-vrienden
18.4.1988:	lang gesprek met koning voorafgegaan door lunch met Vaast Leysen
19.4.1988:	deelt mee dat hij eerste ministerschap aanvaardt
9.5.1988:	vormt regering met CVP-PSC, SP-PS, Volksunie (MARTENS VIII)
8.8.1988:	goedkeuring van ruime bevoegdheden voor gewesten en gemeenschappen

28.9.1988:	wijst Margaret Thatcher terecht op internationale persconferentie
jan. 1989:	goedkeuring van diverse financieringswetten voor gewesten en gemeenschappen
sept. 1989:	houdt pleidooi voor nieuw project: van België Europees prototype te maken
15.2.1990:	verneemt van minister Lenssens dat koning abortusontwerp zal tekenen
30.3.1990:	verneemt dat koning abortusontwerp niet zal tekenen
3.4.1990:	stelt 'kreupele' oplossing voor waarbij koning in onmogelijkheid te regeren wordt verklaard terwijl ministers abortusontwerp bekrachtigen
5.4.1990:	verenigde Kamers herstellen na 36 uur koning in functie
17.9.1990:	zegt veto te stellen tegen vestiging Europees parlement in Straatsburg
2.10.1990:	verneemt inval Tutsi-rebellen in Rwanda
3.10.1990:	besluit para's te sturen naar Rwanda; gaat zelf tweemaal ter plaatse bemiddelen
25.10.1990:	ontkent dat hij EG-commissaris wordt in ruil voor prijsgeven van aanspraak van Brussel op zetel van het Europees parlement
14.4.1991:	doet voorstellen om derde fase van staatshervorming te deblokkeren
20.4.1991:	kondigt aan senator van Brussel te willen worden en blijft spilfiguur in CVP-campagne
2.8.1991:	bereikt akkoord over begroting 1992 en schuift verdere afwikkeling van de derde fase grotendeels naar volgende legislatuur
4.8.1991:	ondergaat oogoperatie om bijziendheid te verminderen.

De functie van eerste minister

De Wetstraat 16 is voor de Belgen wat voor de Britten Downing Street 10 is. Het gebouw bevindt zich op de straathoek van de zeer drukke Wetstraat en de Hertogstraat tegenover het Brusselse Warandepark. 's Avonds kunnen de voorbijgangers zien dat hun eerste minister nog aan het werk is als de lichten branden in de hoekkamer op de eerste verdieping.

Wanneer de ministers er samenkomen worden zij door hun chauffeurs op de stoep afgezet en moeten zij zich met volumineuze dossiers onder de arm een weg banen tussen de ambtenaren die zich naar het Centraal Station spoeden.

Op een ogenblik dat staatslieden het mikpunt zijn van aanslagen lijkt dit een primitieve toestand. Die ongedwongen haast joviale houding tussen bewindvoerders en de burgers is trouwens typisch Belgisch. Na elke kabinetsraad daalt de eerste minister af naar een zaaltje op de begane grond om plaats te nemen tussen de journalisten die over zijn schouder mee kunnen kijken in zijn aantekeningen. Thans wordt er op de binnenplaats van de 16 een ruime, ondergrondse perszaal gebouwd.

De 16 is echter niet de enige vergaderruimte voor de regering. De eerste minister heeft een ambtswoning, de Lambermont, een statig herenhuis aan hetzelfde Warandepark twee straathoeken verder. Voor belangrijke besprekingen trekt de regering zich vaak terug in kastelen of paleizen zoals het Egmontpaleis, het Stuivenbergkasteel, Hertoginnedal. Heel wat historische compromissen kregen de naam van de plaats waar zij tot stand kwamen. Zo sprak men in de jaren '77-'78 over het Egmontpact. Het besparingsplan van 1986 heet het St.-Annaplan omdat het in de St.-Annapriorij bij het Kasteel Hertoginnedal werd genegocieerd.

De jongste dertig jaar pleisterden haast uitsluitend Vlaamse christen-democraten (CVP) in de Wetstraat 16: Gaston Eyskens, Leo Tindemans, Wilfried Martens en Mark Eyskens. Het premierschap gaat immers in de regel naar de grootste partij en meestal is de eerste minister Vlaming. Slechts als er binnen de CVP onoverbrugbare rivaliteiten ontstonden of als die partij geen kandidaat op het veld wou sturen, kregen anderen een kans: de

Franstalige christen-democraten Pierre Harmel en Paul Vanden Boeynants en de Waalse socialist Edmond Leburton. Sedert 1958 waren de niet-CVP'ers slechts goed voor 40 maanden premierschap terwijl de CVP'ers 370 maanden 'de zestien' betrokken. Martens bereikt een historisch record met 142 maanden.

Het eerste ministerschap is slechts zelden onderwerp van strijd tussen Walen en Vlamingen. Kamervoorzitter Charles-Ferdinand Nothomb heeft als voorzitter van de Franstalige christen-democraten wel herhaalde malen gepleit voor een alternerend premierschap van Franstaligen en Nederlandstaligen. Zijn pleidooien vonden weinig gehoor.

Sedert de grondwetswijziging van 1970 is de ministerraad paritair samengesteld, dit wil zeggen dat er evenveel Franstalige als Nederlandstalige ministers zijn, de eerste minister eventueel uitgezonderd (bij een onpaar aantal ministers telt de eerste minister niet mee in de pariteitsregel. Hij is taalasexueel, zegt men dan).

Wie in de Wetstraat 16 zijn intrek neemt heeft een commandopost in handen waaruit aanzienlijke macht voortspruit. Hij heeft immers de agenda van het politieke leven onder controle. Alle regeringsinitiatieven, alle treinen passeren door het bureau van de premier. Hij kan ze triëren, snel laten vertrekken, aan een perron laten wachten of op een dood spoor zetten.

De bevoegdheid en de macht van de Belgische eerste minister staat nergens goed omschreven. De grondwet kent hem zelfs niet. Hij is de *primus inter pares,* de eerste tussen gelijken. De eerste minister zit niet alleen de kabinetsraad voor maar moet deze raad ook voorbereiden en dit gebeurt in een kernkabinet. De premier heeft vice-premiers naast zich. Vóór enkele jaren kreeg alleen de belangrijkste minister van één coalitiepartner die titel, maar sedert de communautaire opsplitsing van de Belgische partijen maken alle partijen die de coalitie vormen, aanspraak op een vice-premier.

Zelfs dit volstaat niet om het evenwicht binnen deze kleine groep te bewaren vermits de eerste minister door zijn functie zelf als scheidsrechter moet optreden en niet als vertegenwoordiger van zijn fractie binnen de kabinetsraad. Zo wordt de tweede belangrijkste minister uit de partij van de eerste minister betrokken bij het overleg met de vice-premier in het kernkabinet. De jongste tien jaar was dit onveranderlijk Jean-Luc Dehaene. Sedert 1988 heeft hij trouwens officieel de titel van vice-premier.

Het werken met een kernkabinet maakt de besluitvorming wel gemakkelijker maar heeft ook nadelen. De ministers die niet tot dit groepje behoren voelen zich gefrustreerd temeer omdat van hen een onvoorwaardelijke loyaliteit wordt gevraagd met beslissingen die ze soms via de media moeten vernemen en waarvan ze de echte motivering noch de juiste verwoording kennen. Inderdaad na zulke beperkte vergaderingen van het kernkabinet of van de vice-premiers ontstaan vaak lekken en worden soms zelfs persmededelingen verstrekt vóór een voltallige ministerraad de beslissingen heeft kunnen bekrachtigen.

De vergaderingen van de kabinetsraad zijn mettertijd uitgegroeid tot een parlementair gespreksforum. Steeds meer beslissingen moeten aan de voltallige ministerraad worden voorgelegd. De ontwerpen worden vaak tegen mekaar afgewogen niet in hun sociale, budgettaire of economische aspecten maar in partijpolitieke termen of in het Vlaams-Waalse compensatiespel.

De eerste minister treedt in die gevallen op als scheidsrechter en moet over een bijzondere behendigheid beschikken om deze vergaderingen tot een goed einde te brengen. Slechts bij uitzondering zal hij een ontwerp ter stemming leggen. Hij probeert een consensus te vinden waaraan alle ministers zich dan moeten onderwerpen ofwel ontslag nemen. Uiteraard is de rol van de eerste minister in deze vergaderingen cruciaal. Hij heeft meestal zorgvuldig de thema's uitgekozen die ter bespreking komen. Hij zorgt er voor dat niet alle problemen samen komen en dat er ruimte ontstaat voor de coalitiepartners om een toegeving te vermunten.

Toen Wilfried Martens op 3 april 1979 de zaal van de kabinetsraad in de Wetstraat 16 betrad had hij geen enkele ministeriële ervaring en kende dus ook niet de tradities die aan de ministervergaderingen eigen waren. Hij heeft sedertdien met vallen en opstaan een eigen stijl ontwikkeld.

In zijn gedicteerde autobiografie 'Een gegeven woord' beschrijft Wilfried Martens de ideale voorzitter van de ministerraad: 'Hij moet een juridisch brein hebben zodat hij een conflict snel tot zijn voornaamste bestanddelen kan herleiden. Hij heeft ook grote mensenkennis nodig. Het is belangrijk te weten wat de persoonlijkheid, de psychologie, de gevoeligheden van zijn belangrijkste ministers zijn. Onhandigheden op dat stuk worden snel bestraft.'

Noten

1. De spiegelscène

[1] *Politiek in België: geprofileerde machtsverhoudingen*, Acco, Leuven.

2. Van Sleidinge naar Diksmuide

[1] *Panorama*, 26.3.1976.
[2] Bekroond opstel verschenen in *Hernieuwen*, juli 1953.
[3] *De Standaard*, interview met auteur 15.6.1972.
[4] Vrije Tribune in *De Standaard*, 1.12.1954.
[5] *Ons Leven*, 71e jaargang, 1958-1959, nr. 1 pp. 14-15.
[6] *Ons Leven*, 72e jaargang 1959-1960, nr. 2, pp. 4-5.
[7] Interviews in *Humo*, 11.4.1985; *Story*, 29.9.1987; *Zondagblad*, 1986.

3. Unionistisch federalisme

[1] Gesprek van auteur met Martens, op 5.3.1991. (De vermelding 'gesprek van auteur met...' geeft aan dat de geciteerde passus door de geïnterviewde werd nagelezen. Andere getuigenissen die bijv. worden toegeschreven aan een *VVB-hoofdbestuurslid*, een *Tindemans-getrouwe*, een *Martens-volgeling* werden eveneens door de betrokkenen nagelezen maar ze verkozen anoniem te blijven.)
[2] *Études sur le Fédéralisme*, R. Bowie en Carl V. Friedrich, Parijs, 1960.
[3] *Gazet van Antwerpen*, 5.2.1962.
[4] *De Standaard*, 6.2.1962.
[5] *De Standaard*, 8.2.1962.
[6] *Gazet van Antwerpen*, 9.2.1962.
[7] *Gazet van Antwerpen*, 23.2.1962.
[8] *De Linie*, 2.3.1962.
[9] Gesprek van auteur met Martens, op 5.3.1991.

[10] Gesprek van auteur met Coppieters, op 4.2.1991.
[11] *Dagboek van de Werkgroep Eyskens*, Tindemans, p. 147. Van In, Lier.
[12] Gesprekken van auteur met Coppieters, op 4.2.1991 en met De Bondt, op 19.2.1991.

4. Een schuimbekkend personage

[1] *Radikaal*, arrondissement Gent-Eeklo, 2e jaargang, nr. 1, 20.10.1968, vraaggesprek van Pol Pataer.
[2] *Humo*, 11.4.1985.

5. Mei '68 in Houthalen

[1] *Kultuurleven*, 35e jaargang, nr. 8, Verkiezingen 1968, Bob Gijs, pp. 564-580.
[2] *Het Volk*, 28.4.1969.
[3] *De Nieuwe Maand*, april 1986.
[4] Samenvatting verschenen in *De Nieuwe Maand*, april 1986.
[5] Gesprek van auteur met Swaelen op 21.2.1991.

6. The making of a president

[1] *Faze*, oktober 1985; *Veto*, oktober 1985; *Knack*, 20.11.1985; *De Morgen*, 23.2.1991.
[2] Brief van Ruys aan auteur, 8.2.1991.
[3] *De Standaard*, 3.2.1971.
[4] Gesprek van auteur met Martens, op 5.3.1991.
[5] *De Standaard*, 8.2.1972.
[6] Onder meer aan *Le Soir*, 7.2.1972; *Gazet van Antwerpen*, 12.2.1972; een *Vrije Radiotribune van de CVP*, 14.2.1972; *Spectator*, 15.2.1972.
[7] *Volksgazet*, 7.2.1972.
[8] *De Nieuwe Maand*, april 1986.
[9] *De Nieuwe Maand*, april 1986 en deels een ongepubliceerde tekst van Hancké aan auteur.
[10] *De Nieuwe Maand*, april 1986 en een gesprek van de auteur met Dehaene, op 16.3.1991.
[11] Gesprek van auteur met Deleeck, op 3.4.1991.

[12] *Het geld van de CVP*, Peter Franssen en Ludo Martens, EPO, Antwerpen.
[13] *De waarheid mag gezegd*, autobiografie van Charles-Ferdinand Nothomb, p. 100, Elsevier.
[14] *De Standaard*, 31.8.1972.
[15] *Het laatste gesprek*, Gaston Eyskens, uitgeverij Pelckmans.
[16] Gesprek van auteur met Nothomb, op 21.3.1991.

7. Hertekening van het profiel

[1] Gesprek van auteur met Martens, op 5.3.1991.
[2] In *Pourquoi Pas ?* van 8.10.1970 had Leburton gezegd: 'fédéralisme jamais'.
[3] Interview met Carl Bevernage en Pol Pataer, in *Zeg*, 3.2.1973.
[4] *Knack*, 7.2.1973.
[5] Gesprek van auteur met Gysen, op 27.2.1991.
[6] Zie *Zes maanden met dossier Demaegt* door Hugo de Ridder, De Nederlandsche Boekhandel, 1973.
[7] *De Standaard*, 20.6.1974.
[8] *Knack*, 17.12.1975.
[9] Gesprek van auteur met Houthuys, op 22.2.1991.
[10] Zie onder meer *De Prinsen van Stuyvenberg*, door Mark Platel, Davidsfonds 1979, *De keien van de Wetstraat*, door Hugo de Ridder, Davidsfonds 1982.
[11] *De keien van de Wetstraat*, p. 198.

8. Het Magdalenatrauma

[1] Daar moesten ook velen tegen hun zin applaudisseren.
[2] *Het Belang van Limburg*, 30.6.1977.
[3] *De Standaard*, 1.7.1977.
[4] *Knack*, 21.12.1977; ook in *Le Soir* van 1.8.1978 en in *La Libre Belgique* van 18.9.1978 verdedigt Martens zich tegen insinuaties als zou het tussen hem en de eerste minister niet goed meer gaan.
[5] *De Standaard*, 30.10.1978.
[6] *Het Laatste Nieuws*, 6.12.1978.
[7] *De Morgen*, 13.12.1978.
[8] *Spectator*, 16.12.1978.
[9] Zie ook *De keien van de Wetstraat*, p. 188.
[10] Gesprek van auteur met Martens, op 4.4.1991.

[11] Zie thesis van Stefaan Lechat: *Het profiel van Wilfried Martens in Knack-magazine, tussen 1971 en 1985*, Gent 1988.
[12] *Knack*, 27.6.1979.
[13] *La Libre Belgique*, 23.1.1980.
[14] *Panorama*-uitzending 11.4.1980.

9. Ommekeer in Horta

[1] *Geen winnaars in de Wetstraat*, Hugo de Ridder, pp. 45 e.v., Davidsfonds.
[2] *Geen winnaars in de Wetstraat*, pp. 100-101.
[3] Gesprek van auteur met Martens, op 4.4.1991.
[4] *Spectator*, 23.1.1982.
[5] De groep-Detremmerie mag niet verward worden met het groepje Leuvense economisten dat af en toe bijeenkwam in het salonnetje van Marcel D'Haeze, vice-gouverneur van de Nationale Bank. Maakten daar deel vanuit: Louis Baeck, Paul De Grauwe, Dirk Heremans, Karel Tavernier en Fons Verplaetse.

Ook deze economisten waren einde 1981 tot de slotsom gekomen dat een devaluatie noodzakelijk was, maar ze dierven dit taboe niet bespreken in de gebouwen van de Nationale Bank. Daarom kwamen ze op 11 december bijeen ten huize van professor Louis Baeck waar tijdens een inleidende gedachtenwisseling Paul De Grauwe het bij een devaluatie van 6,5 procent hield en Marcel D'Haeze 12 procent verdedigde.

Louis Baeck hield de pen voor dit groepje. Het resulteerde onder meer in een nota die 's anderendaags (12.12.1981) aan formateur Martens en de CVP-onderhandelaars werd overhandigd en in een brochure 'Herstelbeleid, vroeger en nu' in de reeks *Leuvense Economische Standpunten* (1982/4). Hierin verdedigde Louis Baeck een devaluatie van circa 10 procent gekoppeld aan een herstelbeleid. Via de scharnier-figuur Verplaetse is er ongetwijfeld een grote wisselwerking geweest tussen de groep-Detremmerie en de Leuvense salonvrienden van Marcel D'Haeze.
[6] *Het Belang van Limburg*, 31.8.1981.

10. De nacht van Buyle

[1] *De Morgen*, 23.2.1991.
[2] *De keien van de Wetstraat*, pp. 228-230.

[3] *Het Belang van Limburg,* 24.12.1976.
[4] *Het Belang van Limburg*, 18.12.1979 en 8.4.1980.
[5] Gesprek van auteur met Martens, op 4.4.1991.

11. De vrienden van Poupehan

[1] Tindemans zal minister van Buitenlandse Zaken blijven tot aan de Europese verkiezingen van 18 juni 1989, ook al overschreed hij in april 1987 de leeftijdsgrens.
[2] Gesprek van auteur met De Clercq, op 5.4.1991.
[3] Gesprek van auteur met De Clercq, op 5.4.1991.
[4] *Topics*, 18.4.1984.
[5] *Geen winnaars in de Wetstraat*, p. 100-109.
[6] Gesprek van auteur met De Clercq, op 5.4.1991.
[7] Gesprekken van auteur met Verhofstadt, op 18.3.1991, en Gol op 19.4.1991 en 13.5.1991.
[8] Brief van Nationale Bank aan auteur, 28.2.1991.

12. Op verzoek van de koning

[1] *Sire, geef me honderd dagen*, Hugo de Ridder, pp. 216-218.
[2] *Sire, geef me honderd dagen*, pp. 230-238.
[3] *De Standaard*, 24.5.1988 en 31.8.1987.
[4] *Sire, geef me honderd dagen*, p. 249.
[5] *De Standaard*, 5.7.1989.
[6] *Het Belang van Limburg*, 29.3.1989.
[7] *Het Belang van Limburg*, 8.4.1980.
[8] *Bedenkingen bij de parlementaire monarchie*, Res Publica III, 1961.
[9] *La Libre Belgique*, 4.9.1989; *De Standaard*, 18.12.1989.
[10] Gesprek van auteur met Dehaene, op 16.3.1991.
[11] Gesprek van auteur met Martens, op 4.4.1991.
[12] 'Wij zullen dit abortusvoorstel bestrijden met al de ons ter beschikking staande parlementaire middelen,' zegt Van Rompuy bij de aanvang van het senaatsdebat eind oktober 1989 en op 26 februari 1990 schrijft hij in *Zeg*: 'Wij willen hierover geen vervroegde verkiezingscampagne voeren. Het onderwerp is te intiem en te verscheurend om in een toch al verziekt politiek klimaat gegooid te worden.'
[13] Gesprek van auteur met Martens, op 4.4.1991.

[14] *Mission au Rwanda - Un blanc dans la bagarre Tutsi-Hutu*, Guy Logiest, Didier Hatier.
[15] Gesprek van auteur met Martens, op 4.4.1991.
[16] *De Standaard*, 13.11.1990.

13. Een meevoelende vrouw

[1] Gesprek van auteur met Martens, op 4.4.1991.
[2] VTM, Telefacts, 25.6.1991.
[3] *De Standaard*, interview met Tilly Stuckens, 30.6.1989.

14. De Europese dimensie

[1] *Knack*, 7.6.1978.
[2] *Vers l'Avenir*, 29.12.1989.
[3] *Het Laatste Nieuws*, 2.1.1990.
[4] Gesprek van auteur met Martens, op 15.6.1991.

15. Sfinx en communicator

[1] BRT Limburg, *Barabas*, 30.12.1982.
[2] *Story*, 29.9.1987.
[3] *Barabas*, 30.12.1982.
[4] *Topics*, 18.4.1984.
[5] *De Morgen*, 6.7.1985.
[6] *Spectator*, 10.2.1982.
[7] In een intimistisch interview in het weekblad Panorama-De Post (26.7.1991) zegt Martens: 'Rust, daar ben ik in feite al heel lang naar op zoek. Ik zeg altijd dat ik geen moeite zal hebben om de macht te verlaten. Vrienden van me denken dat ik me daarin vergis, maar ik weet dat ik gelijk heb.'
[8] Gesprekken van auteur met Martens, op 13.6.1989, 4.4.1991 en 15.6.1991.
[9] Gesprek van auteur met Martens, op 4.4.1991.